Beate Block
Uwe Rodacker

Doppelpack

Die Motorradreisebücher im
HIGHLIGHTSVERLAG

Fotos Titel

oben: Bolivien – Salar de Uyuni
unten: Chile – Salar de Surire

2. Auflage 2008

Fotos: Beate Block und Uwe Rodacker
Lektorat: Martin Schempp
Gestaltung: Sylva Harasim
Druck und Bindung: CPI-Ebner & Spiegel, Ulm

ISBN 978-3-933385-33-8

Inhalt

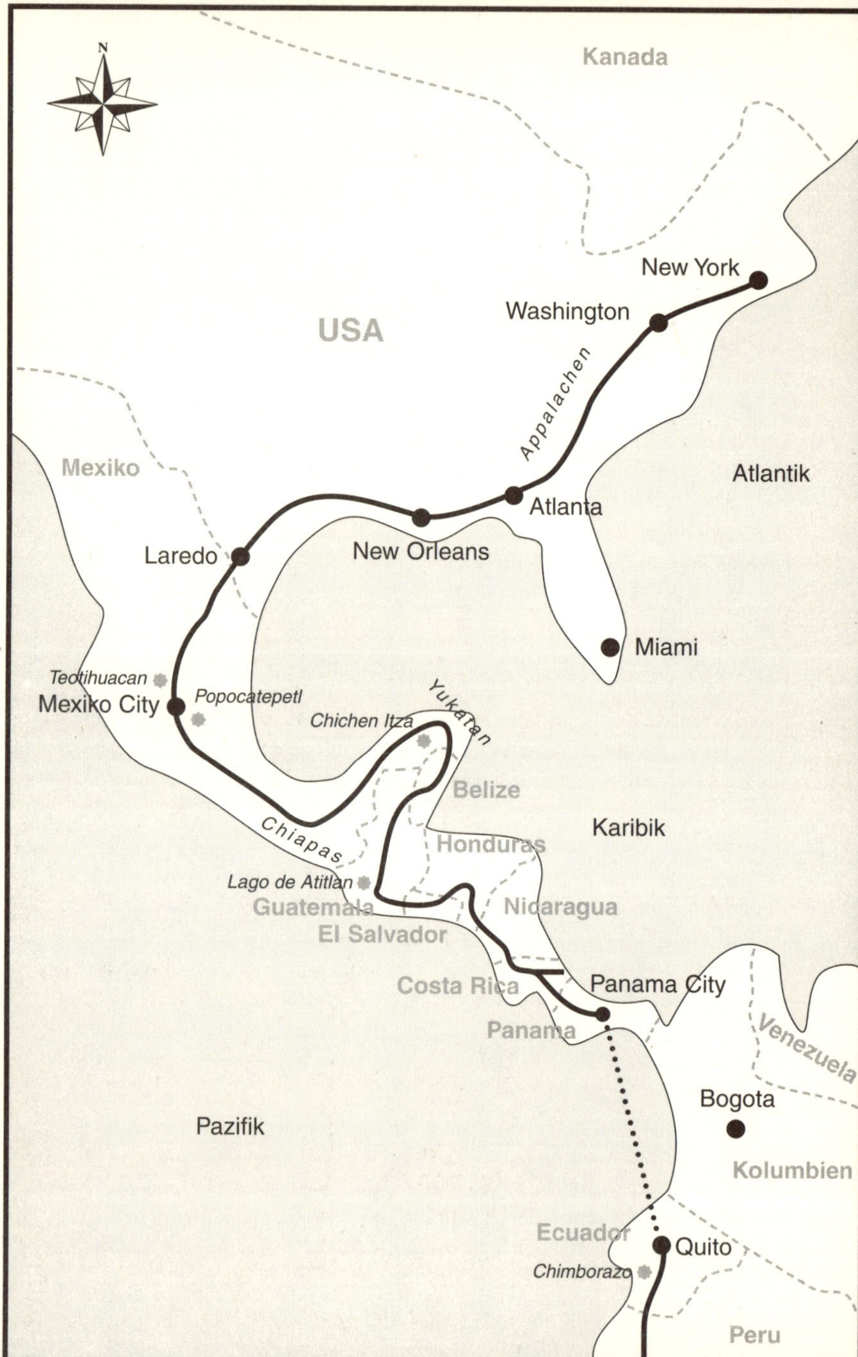

N
Kanada
USA
New York
Washington
Appalachen
Atlantik
Mexiko
Atlanta
New Orleans
Laredo
Miami
Teotihuacan
Mexiko City
Popocatepetl
Yukatan
Chichen Itza
Belize
Karibik
Chiapas
Honduras
Lago de Atitlan
Guatemala
Nicaragua
El Salvador
Costa Rica
Panama City
Panama
Venezuela
Bogota
Pazifik
Kolumbien
Ecuador
Quito
Chimborazo
Peru

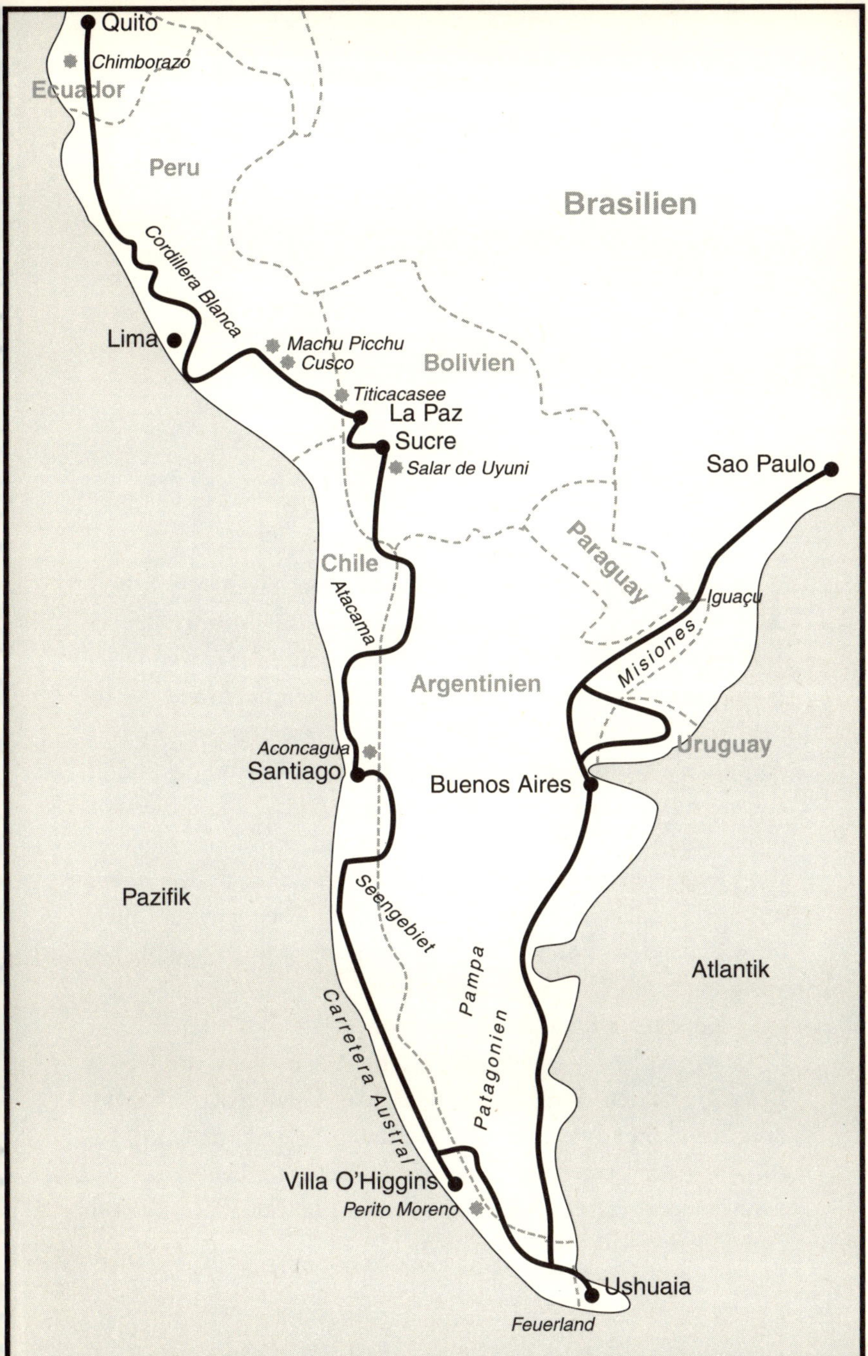

Quito
Chimborazo
Ecuador
Peru
Brasilien
Cordillera Blanca
Lima
Machu Picchu
Cusco
Bolivien
Titicacasee
La Paz
Sucre
Salar de Uyuni
Sao Paulo
Paraguay
Chile
Atacama
Iguaçu
Misiones
Argentinien
Uruguay
Aconcagua
Santiago
Buenos Aires
Pazifik
Seengebiet
Pampa
Patagonien
Atlantik
Carretera Austral
Villa O'Higgins
Perito Moreno
Ushuaia
Feuerland

»Ich für meinen Teil reise nicht um irgendwo anzukommen, sondern um des Weges willen. Ich reise um zu reisen. Das Besondere ist die Bewegung.«

Robert Louis Stevenson
(Autor der Schatzinsel)

Es geht los!

Der 9. April 2004: Wir sitzen zwischen Taschen und Beuteln. Vor drei Wochen haben wir die Motorräder im Schneesturm zum Verpacken gebracht, heute fliegen wir nach New York, werden sie irgendwo überholen, während sie auf dem Schiff über den Atlantik schippern. Irreal kommt uns das vor, unsere Wohnung ist aufgelöst, unsere Jobs sind gekündigt. Alles, was uns das nächste Jahr begleiten wird, ist in diesen wenigen Taschen. Schon jetzt ist alles fremd, wir sind aufgeregt. Ein Jahr reisen, weg von allem, was wir gewohnt sind, weg von unserer Familie, von unseren Freunden. Aber wir sind nicht traurig, sondern können es nicht erwarten. Monatelang haben wir geplant, in Landkarten gestöbert. Der gesamte amerikanische Kontinent hing schon ein halbes Jahr in unserem Flur, denn wir wollen ja nicht nur in den USA bleiben, sondern in Richtung Süden durch Mexiko, Belize, Guatemala, El Salvador, Honduras, Nicaragua, Costa Rica, Panama, Ecuador, Peru, Bolivien, Chile und Argentinien bis nach Feuerland und dann wieder nach Norden bis Brasilien fahren. Eben so weit und so lange, wie wir Lust haben.

Auch wenn unsere Eltern uns nicht gerade zu Weltenbummlern erzogen haben, hat es uns irgendwie erwischt. Vielleicht, weil sie uns alles gegeben haben und wir nicht mehr wissen, was wir noch erreichen wollen und sollen. Vielleicht ist es einfach die Suche nach einem Sinn in diesem konsumorientierten Leben, das nicht alle unsere Wünsche nach innerer Ruhe erfüllt, wer weiß?

Wie kommt man als 34-jährige Germanistin und 37-jähriger Ingenieur auf die Idee, eine monatelange Reise zu unternehmen, dafür Job und Wohnung zu kündigen, die herrliche Sicherheit aufzugeben, die uns in Deutschland umgibt, Familie und Freunde zu verlassen? Die Antwort gibt der britische Schriftsteller Samuel Johnson: »Curiosity is, in great and generous mind, the first passion and the last.« Neugier, die erste und letzte Leidenschaft. Und wie neugierig wir sind. Neugierig auf andere Kulturen, andere Menschen, auf wilde und unentdeckte Natur. Neugierig aber auch auf uns selbst, wir wollen unsere Grenzen austesten und eine Freiheit genießen, die es nur beim unabhängigen Reisen gibt. Wir erwarten nichts und alles, vor allem aber wollen wir eines: Leben und Bewegung! Wir wissen nicht, was uns erwartet, aber wir wissen, dass es schön und spannend sein wird. Wir haben keine Angst, denn wir haben uns.

»I want to wake up in a city that never sleeps.«

Frank Sinatra

New York – Stadt der Giganten

Uwe Rodacker

Manhattan leuchtet, und ich weiß, warum man von Wolkenkratzern spricht. Ich fühle mich zurückversetzt in die dreißiger Jahre, dunkle Häuserfluchten grinsen unheimlich, und ich erwarte, dass die Gangs von New York um die Ecke biegen. Aber friedlich ist es hier. Konrad holt uns mitten in der Stadt ab, er lacht, freut sich, und schon haben wir ein Zuhause in seinem kleinen Appartement in New Jersey, direkt am Hudson River, mit Blick auf Manhattan, auf den Big Apple. Big Apple, so wurde die Stadt benannt, weil alle Menschen, die nach New York einwanderten, hofften, etwas von dem großen Apfel, von dem Reichtum abzubekommen. Wir hoffen nicht auf Reichtum, oder vielleicht doch, aber wir sind Kinder des 20. Jahrhunderts, wir wollen Erfahrungen machen, etwas sehen, den Sinn finden. Das ist Reichtum.

Am nächsten Morgen schleichen wir uns aus der Wohnung, um Konrad nicht zu wecken. Es ist kühl trotz der Sonne.

Am Hudson River ist der Blick frei: Manhattan liegt vor uns, alles funkelt, blitzt majestätisch. Ich werde ruhig, endlich ruhig, wir sind angekommen, ich schließe die Augen, öffne sie wieder: Es ist alles noch da, diese Riesenstadt, der Fluss und Beate, die neben mir lächelt.

New York, das sind Wolkenkratzer, die in Wolken verschwinden und in der Sonne leuchten. Ein alter Mann, der in der Subway geigt, und eine Gruppe von Trommlern im Prospect Park in Brooklyn, die sich in Ekstase trommeln, zuckend, stampfend, lachend. Das sind kleine teure französische Restaurants, in denen wir mit der deutschen Community dinieren, und herrliche Pizzen auf dem Broadway, von denen das Öl tropft. Das ist die UNO mit den vielen Flaggen und zwei Straßen weiter die indische Vertretung mit einer märchenhaften Tür, die dem Tor eines Maharadscha-Palastes gleicht.

In New York leben heißt aber auch, zwei Straßen weiter einkaufen zu gehen und kein Wort zu verstehen, weil alle Spanisch oder Chinesisch sprechen. Ein paar Subway-Stationen weiter landen wir tatsächlich in den dreißiger Jahren, in einer europäischen Stadt, die noch nicht von Juden bereinigt ist: Williamsburg, ein Stadtteil von Brooklyn. Straßen- und Ladenschilder sind unlesbar, die Schrift verschnörkelt, hebräisch. Männer mit hohen schwarzen Hüten oder Kippas und Schläfenlocken in langen, dunklen Mänteln sehen uns an, die wir in bunten Jacken durch die Straßen wandern. Die Frauen sind ernst, haben klassisch zugeknöpfte Mäntel, tragen Baskenmützen und schieben uralt wirkende Kinderwagen. Die Kinder – Jungen mit langen, blonden Schläfenlocken unter den Kippas, Mädchen haben große, ernste Augen – erstarren bei unserem Anblick. Hier sind wir die Fremden. Fünf Blocks weiter verschwinden die hebräischen Schriftzüge, es wird wieder bunter, lauter, aufdringlicher. Immer in Bewegung ist New York. Als gäbe es keine Ruhezonen, als gäbe es kein Bedürfnis nach Ruhe.

Wir verlieren uns auf den Irrwegen des Central Parks, bewundern die Tänzer auf ihren Inlinern, feuern die Baseballspieler auf den Rasenflächen an und legen uns mit ein paar Hotdogs in die Sonne. Central Park, »Park des Volkes«. Allerdings hatte das »Volk« 1876, im Jahr der Einweihung, noch keine Zeit, den Park zu nutzen, Arbeiter mit Freizeit gab es erst ein paar Jahre später. Was haben wir für ein Glück.

Das weiße Schneckenhaus von Frank Lloyd Wright, das Guggenheim Museum, leuchtet in der Sonne hinter den kahlen Bäumen, aber für uns ist das Wetter zu schön, um den Tag im Museum zu verbringen.

Wir nehmen eine Fähre, die uns an der wohl berühmtesten Statue der Welt und an Liberty Island vorbeiführt. Die Freiheitsstatue ist überraschend klein vor den riesigen Hochhäusern Manhattans. Ich habe sie mir viel größer vorgestellt. Aber als die Franzosen sie den Amerikanern fast hundert Jahre nach der Unabhängigkeit als Zeichen der Verbundenheit zwischen den beiden Völkern schenkten, gab es hier ja noch keine Wolkenkratzer. Und überhaupt wollten zwar die Amis die Statue, waren aber nicht bereit, Geld dafür zu geben. Emma Lazarus nannte sie in einem Gedicht, mit dem sie Spenden sammeln wollte: »A mighty woman with a torch, whose flame is the imprisoned lightning, and her name Mother of Exiles.« Eine mächtige Frau mit einer Fackel, deren Flamme der eingekerkerte Blitz ist, ihr Name Mutter der Exile.

Erst der Zeitungsmagnat Joseph Pulitzer brachte das Geld zusammen, und 1886 konnte die Statue of Liberty, die auch die »Freiheit, die die Welt erleuchtet« genannt wird, endlich eingeweiht werden. »Miss Ellie«, sagt Beate bewundernd und verschmelzt damit unabsichtlich die kupfergrüne Freiheitsstatue mit Ellis Island, das daneben liegt. Hier kamen zwischen 1894 und 1954 mehr als 12 Millionen Menschen an, um in das große Land der Träume einzuwandern. Ob wohl einer dieser Menschen eine Vision von der Stadt im 21. Jahrhundert hatte?

Die Wolkenkratzer, die wir heute hier sehen, wirken unglaublich hoch. Es ist beinahe unvorstellbar, dass dort bis vor kurzem die fast doppelt so hohen Türme des World Trade Centers standen. Ground Zero ist nur eine Baustelle, doch um sie herum stehen Gedenkschilder für all die Menschen, die hier starben. Gleich nebenan im Financial District wird nicht gelebt, hier wird nur gearbeitet. In der Mittagspause joggen die Bürohengste auf den Laufmaschinen, und die Karrierejägerinnen schwitzen auf den Steppern der großen Fitnesszentren im Erdgeschoss der großen Banken. Zwischen all der Wirtschaftlichkeit steht die kleine dunkle Trinity Church mit ihrem Friedhof, erdrückt und befreiend zugleich von all der Modernität. Weiter nördlich ist alles ein bisschen älter: Die majestätische City Hall, das Rathaus mit seinen vielen Türmen, davor der Platz, an dem George Washington 1776 die Unabhängigkeitserklärung vorlas:

»Wir erachten folgende Wahrheiten als selbstverständlich: dass alle Menschen gleich geschaffen sind; dass sie von ihrem Schöpfer mit gewissen unveräußerlichen Rechten ausgestattet sind; dass dazu Leben, Freiheit und das Streben nach Glück gehören; dass zur Sicherung dieser Rechte Regierungen unter den Menschen eingesetzt sind, die ihre rechtmäßige Macht von der Zustimmung der Regierten herleiten; dass wann immer sich irgendeine Regierungsform diesen Zielen als abträglich erweist, es das Recht des Volkes ist, sie zu ändern oder abzuschaffen und eine neue Regierung einzusetzen …«

Klingt ja herrlich, wenn es auch nur so wäre. Ich wüsste gerne, ob das amerikanische Volk je eine Regierung absetzte mit der Begründung, diese würde nicht die Gleichheit der Menschen berücksichtigen oder die unveräußerlichen Rechte verteidigen. Wohl kaum.

Wir wandern auf der Brooklyn Bridge über den East River. Ich mag die grauroten, mächtigen gotischen Bögen zwischen all dem Wirrwarr der Stahlseile. Die Brooklyn Bridge war die erste Brücke, bei der ein tragendes Stahlseilsystem verwendet wurde. Über 120 Jahre ist sie alt, und trotzdem finde ich sie unglaublich modern. Sie ist länger als zwei Kilometer und 41 Meter hoch. Unter uns gleitet der Feierabendverkehr über den Fluss, wir genießen den freien Blick auf die Stadt. Brooklyn ist kleinstädtisch und wuselig mit heimeligen Wohnstraßen, in deren winzigen Vorgärten Blumen wachsen. Sonne erhellt die Stadt, wir lassen uns treiben, essen Pizza und Eis.

Passend zum Sonnenuntergang stehen wir auf dem Empire State Building auf der Plattform im 86. Stockwerk und schauen in die Schluchten der Stadt hinunter, wo die vielen Yellow Cabs wie winzig kleine gelbe Käferchen herumsausen. Was ich nicht erwartet habe: Ich Naturliebhaber beginne, diese moderne Berg- und Schluchtenlandschaft ins Herz zu schließen. Die Architektur ist so abwechslungsreich, dass die Augen permanent die Riesen abtasten und immer wieder etwas Neues finden. Die meisten Wolkenkratzer sind filigran und wuchtig zugleich, unglaublich, dass sie gebaut wurden, als die meisten Menschen noch in Pferdekutschen fuhren und kein elektrisches Licht hatten. Und ein paar mächtige Wirtschaftsbosse wie Chrysler und Rockefeller bauten in den 30er-Jahren Skyscraper.

Das Chrysler-Gebäude glitzert silbergolden in der Sonne, und wir sind so unglaublich hoch, dass mir fast schwindelig wird. Ich spüre, wie das Gebäude sich bewegt, langsam schwingt. Oben an der 448 Meter hohen Spitze direkt über uns hing schon King Kong brüllend über der Stadt. 1945 flog ein B-25-Bomber im Nebel in das 79. Stockwerk und ließ das Gebäude in einem Bogen um mehr als einen halben Meter schwanken. Viele Wolkenkratzer wirken mit ihren spitzen Dächern eher wie Kathedralen. Diese gibt es auch, aber sie sind so winzig, dass uns erst im Innern der Kirchen die Dimension dieser Stadt bewusst wird.

Nachts ist die Stadt am schönsten, wenn der Himmel die Lichter aufsaugt und purpurn leuchtet. Wir stehen am Hudson River und schauen zu, wie auf Manhattan Island ein Licht nach dem anderen ausgeht. Um 24.00 Uhr erlischt die Beleuchtung des Empire State Buildings, die jeden Abend eine andere Farbe hat. Aber richtig dunkel wird es nie.

Morgens gehen wir in einem der Top-20-Restaurants brunchen. Und zwar mit der deutschen Fraktion New Yorks – so nennen wir unsere New Yorker Freunde. Für 14 Dollar bekommt man hier einen wahrhaftigen French Toast. Verena, die in Downtown lebt, erzählt noch sichtlich schockiert vom letzten Sommer, als in New York die Stromversorgung zusammenbrach: »32 Stockwerke hoch zu steigen, ist nicht witzig. Ganz abgesehen davon, dass keine Wasserpumpe funktionierte – auch nicht auf den Toiletten. Was für ein Sch… – wortwörtlich«, sagt Verena lachend.

Abends sind wir bei Markus und Claudia zum deutschen Dinner eingeladen. Es gibt Mortadella, Mett mit Zwiebeln und Graubrot. Die Wohnung ist wunderhübsch, hat 80 Quadratmeter, geht über zwei Etagen, besitzt eine Miniterrasse und kostet bescheidene 4.500 Dollar im Monat. »Das ist ein ganz normaler Mietpreis in Midtown Manhattan«, grinst Markus, als er unsere ungläubigen Gesichter sieht.

Wie man das bezahlen kann, frage ich entsetzt und werde beruhigt: Die Gehälter seien den Lebenshaltungskosten angepasst. Ich überschlage kurz: Würden wir in New York bleiben, wäre unser Jahresbudget binnen eines Monats aufgebraucht.

Natürlich dürfte dabei auch das intensive Shoppen nicht fehlen. Vor allem Handtaschen und Schuhe von Top-Designern sind gefragt, allerdings als Fakes. In Chinatown in der Canal Street gibt es die nachgemachten Markenartikel an jeder Ecke, ein Handtaschenparadies. Claudia durchstöbert gerade die Regale, als die junge Chinesin am Ladeneingang plötzlich ihr Handy hebt und ihrer Kollegin etwas zuruft. Hektik bricht aus, wir werden mit lauten Rufen »Out! Out! Out!« aus dem Laden gedrängt, die schweren Rollläden rasseln hinter uns herunter. Als ich mich umsehe, bemerke ich, dass auch die umliegenden Läden blitzartig geschlossen haben. Die Kunden stehen auf den Gehwegen. Auch die vielen Straßenhändler mit großen Karren voller DVDs und CDs sind verschwunden. Ich habe keine Ahnung, was da eben passiert ist und vor allem warum? Als Antwort fährt ein Polizeiwagen um die Ecke. Markus erklärt: »Der Streifenwagen wurde angekündigt.« Es ist in New York generell verboten, Fakes zu verkaufen. Und solange die Rollläden zu sind, gibt es keinen Verkauf. Nach fünf Minuten gehen sie wieder hoch. Für wie lange, weiß keiner. Also stürmt Claudia wieder in den Laden, handelt weiter, als sei nichts gewesen und ergattert ein paar edle Stücke, die von den Originalen der Firmen Gucci oder Boss nicht zu unterscheiden sind. »Zu einem echten Schnäppchenpreis«, freut sie sich.

Neben all der Bewegung die Stagnation: Der Verkehr. Der Weg nach Long Island wird lang, wir müssen quer durch die Stadt. Vierzig Minuten Autofahrt auf den sechsspurigen Interstates, dann sitzen wir am Jones Beach, die Sonne brennt, der Wind ist kalt. In den dreißiger Jahren wurde dieser 6,5 Meilen lange Strand von Menschenhand geschaffen. Ich ziehe die Schuhe aus, wate in das kalte Wasser, spüre das Kribbeln. Der Sand ist fein, der Wind kalt, und noch ist der Hausstrand der New Yorker fast leer. Ein paar Kilometer weiter kann man Austern fischen und Hunderte von winzigen Buchten erforschen, an denen kleine Fischerhäuser und romantische Villen in großen Rhododendron-Gärten liegen. Bei Oysterbay lebte Theodore Roosevelt mit seiner Frau und sechs Kindern in einem Holzhaus, das malerisch auf einem kleinen Hügel liegt: Sagamore Hill. Abends braten wir Krabben, die nach Knoblauch und Meer schmecken.

Langsam werden wir kribbelig, wir wollen los. Von New York haben wir genug gesehen. Dann ein Anruf von Konrad: Wir können unsere Motorräder abholen. Unsere Sachen sind gepackt, Säcke und Koffer rappelvoll, hoffentlich brechen die Bikes nicht zusammen. Endlich können wir uns den Wind der Freiheit ins Gesicht blasen lassen, auf den jeder Mensch in diesem Land das Recht hat.

Es ist warm, die Skyline liegt vor uns, klein plötzlich, und wir fädeln uns auf der New Jersey Turnpike in Richtung Süden ein. Von Philadelphia ist nichts zu sehen, unsichtbar lassen wir es im Westen liegen. Baltimore schimmert mit wenigen dicken Wolkenkratzern, wir biegen ab von der sechsspurigen Straße, ich weiß nicht mehr, wo wir sind. Ist aber irgendwie egal, eines ist klar: We are on the road!

»Ist das nicht wunderbar hier?«, fragte Joe. »Einfach klasse«, antwortete Tom. »Was würden die anderen Jungen sagen, wenn sie uns jetzt sehen könnten?« »Sagen? Sie würden grün werden vor Neid ...«

Tom Sawyer von Mark Twain

Der Weg nach Süden

Beate Block

Washington ist weiß und heiß, das runde Capitol blendet die Menschen seit fast zweihundert Jahren mit all seiner Macht, Größe und Schönheit. Eigentlich ist Washington schon seit 1800 Hauptstadt der Union, aber erst 1887 begannen die Bauarbeiten an all den riesigen, Macht einflößenden Gebäuden. Wir sind da, wo die ganz Großen der Welt arbeiten, schlendern nicht arbeitend durch sonnenheiße Gärten und machen so die Welt für uns ein bisschen besser. Manchmal blinzelt ein neo-neo-klassizistischer Bau zwischen all den Monumenten hervor. Auf uns wirkt das Zentrum der Stadt – die so genannte »Mall«, die 300 Meter breit und 3,5 Kilometer lang ist – wie ein Präsidentenfriedhof mit riesigen Grabsteinen. Der alte Abe, Abraham Lincoln, sitzt noch immer auf seinem Thron und denkt über die Entwicklung des Landes nach. Fast grimmig sieht er aus mit seinen dicken Lederstiefeln und dem langen Mantel, als würde es ihn immer noch ärgern, dass er kurz vor dem Sieg der Union im amerikanischen Bürgerkrieg von einem Fanatiker aus den Südstaaten ermordet wurde. Aber vielleicht schaut er auch nur skeptisch auf das Capitol. Auch wenn er es nicht ganz sehen kann, weil das Washington Memorial ihm die Sicht versperrt. George Washington war eben schon vorher da. Wir setzen uns auf die weißen Stufen vor Abe und genießen die Sonne, vielleicht genau dort, wo Martin Luther King 1963 seine wohl berühmteste Rede hielt:

»I have a dream that one day on the red hills of Georgia, sons of former slaves and sons of former slave-owners will be able to sit down together at the table of brotherhood …

I have a dream my four little children will one day live in a nation where they will not be judged by the color of their skin but by the content of their character. I have a dream today!«

Irgendwo hinter schwarzen Eisenzäunen liegt das Weiße Haus, so abgeschirmt und von Straßen umgeben, dass bei der momentanen Washingtoner Bauwut kaum Blicke auf Georges Home übrig bleiben.

Jede Meile nach Süden bringt den Frühling näher. Weiße Häuser schmiegen sich in Virginia an dichte Büsche, Holzzäune leuchten in der Sonne. Ich sauge die Sonne in mich auf. Süchtig nach Grün und Ruhe sausen wir nach Südosten gen Appalachen und rauschen hinein in den Shenandoah National Park mit all dem Frühling, der hier langsam die Berge hochkriecht.

Die Straße, auf der wir fahren, heißt zunächst 110 Meilen lang Skywalk Drive, später 460 Meilen lang Blue Ridge Parkway. Das ist doch schon ein ganz anderes Gefühl als auf einer Landstraße ohne Namen. Wir haben das Eldorado für Motorradfahrer gefunden, hier sieht es aus wie in den

Voralpen oder im Weserbergland. Nur gibt es in Deutschland keine Passstraßen, die 570 Meilen lang sind. Fast 800 Kilometer – als ob man quer durch Deutschland auf einer Alpenstraße fahren würde.

Wir fliegen auf dem Kamm der Appalachen dahin. Dunkle Wolkenfronten explodieren über dem Big Meadow, einer weiten freien Fläche, die dunkelrot durch irgendwelche Moose leuchtet. Ein Reh steht auf dem Zeltplatz und schaut mit großen Augen zu, wie wir regensicher in einem Waschhaus Marshmallows essen.

Am nächsten Tag blinzelt die Sonne, um uns grünt Frühlingswald, die kleinen weißen Farmhäuschen sind wie in die Landschaft geworfen. Mit dem Auf und Ab der Landschaft wechseln auch die Jahreszeiten. Schwarze Kühe stehen zwischen weißen Steinen, und die grünen Farben des Waldes fließen in dieser hügeligen Landschaft ineinander. Kurz vor den Smoky Mountains erwischt uns der Smoke richtig. Das heißt, es regnet »cats and dogs«. Nach einem Tag haben wir den Regen satt, packen alles nass in die Säcke und rasen fünf Stunden nach Süden, nach Atlanta, denn dort haben wir Freunde.

Kerstin und John können es nicht glauben, dass wir bei diesem Regen einfliegen: »Wir dachten, ihr habt euch irgendwo in einem kleinen Motel eingenistet und sitzt den Regen aus.« Nikita, der fröhlichste Hund, den ich kenne, springt um uns herum. Sie freut sich über unseren Besuch, weil sie jetzt auch raus darf, während Kerstin und John arbeiten. Das Haus der beiden ist sehr amerikanisch: ein Holzhaus mit Veranda, Schaukelbank und einigen europäischen Accessoires.

Der große John ist ein völliger Racing-Fan. Nur extreme Rennmotorräder kommen für ihn in Frage, und er tut alles, um es dem Fahrer darauf noch bequemer zu machen. Seine neueste Erfindung: eine Trinkflasche mit Strohhalm und eingebautem Magneten, die auf dem Tank eines jeden Motorrades hält. »So oder ähnlich hat doch Bill Gates auch angefangen«, grinst er. Das ist wahrer Unternehmergeist. Sein Produkt bedarf allerdings noch ein bisschen Überlegung, denn es darf einerseits nicht vom Tank fallen, während man fährt, andererseits sollte man aber auch daraus trinken können. Wir sind gespannt. Wahrscheinlich werden wir diese Weltneuheit in ein paar Monaten in Deutschland kaufen können.

In Atlanta ist alles weit und breit. Viele kleine Wohngebiete mit Namen wie Golden Meadow oder Lost Forest umrunden die Stadt. Ein paar Wolkenkratzer leuchten in der Sonne. Atlanta ist die Stadt von CNN und Coca-Cola. Das Coca-Cola-Museum, im Grunde eine einzige große Werbeveranstaltung, macht uns so viel Durst, dass uns hinterher ganz schlecht ist. Die Mischungen für den asiatischen Markt schmecken ekelhaft süß. Am süßesten trinken die Chinesen, einfach widerlich.

Über Geschmack lässt sich in diesem Land ohnehin streiten. So kauften wir vor ein paar Tagen ein Getränk, das laut Etikett Mineralwasser mit einem Spritzer Zitrone hätte sein sollen. 0% Zucker, 0% Kohlenhydrate, 0% Fett, 0% Salz. Dabei war das Zeug so süß und klebrig, dass man damit locker zehn Gallonen Fruchtsaft hätte mischen können. Wir verwendeten es dann als Sirup. Aber wo zur Hölle kamen der ganze Geschmack und der Zucker her? Was haben wir da wohl getrunken?

Interessant ist auch das Thema Fett. Man glaubt es kaum: Hier gibt es fettige Nahrungsmittel völlig ohne Fett und süße Dinge absolut zuckerfrei. Sogar das »organische Rindfleisch« – wir wussten bisher nicht, dass es nicht-organisches Rindfleisch gibt – hat nur noch 72 Prozent seines ursprünglichen Fettgehalts. Wir fragen uns, wie man überhaupt das Fett aus der Nahrung herausbekommt? Im Land der Wunder anscheinend kein Problem. Ebenso wie die Freiheit, dem Essen beizufügen und zu entnehmen, was man will. Unbegrenzte Möglichkeiten eben.

Hier unten in den Südstaaten werden unsere Sprachkenntnisse extrem gefordert. Auf der Suche nach einem leckeren Eis im Supermarkt ruft uns ein freundlicher Markthelfer zu: »Breyers rrrrrrrrrrrrrrrrrrrr week!« Thanks a lot! Aber was meint er? Schließlich finden wir heraus, dass die Eiscreme der Marke Breyers diese Woche im Sonderangebot ist. Soviel zum Südstaatenenglisch. Übrigens kostet das Eis bei einem Sonderangebot nicht 50 Cent weniger, sondern es heißt: »Buy one, get one free.« Kein Wunder, dass viele Amerikaner so rund sind. Manche so breit wie Uwe und ich zusammen.

John und Kerstin nehmen uns am letzten Abend zu einem wöchentlichen Motorradtreffen mit. Eine Sozia heißt hier »bitch«, also Schlampe. Diese verdammten Chauvinisten! Manche Fahrer haben ein T-Shirt an, auf dessen Rücken steht: »If you read this, I lost the bitch.« Die Frauen schlagen zurück und tragen auf ihren schulterfreien Shirts den Spruch: »The bitch just passed you!«

Am Treff stehen fast nur Rennmotorräder und ein paar brüllende Harleys. Wir ahnen, dass dies kein normales Motorradtreffen wird. John klärt uns auf: Hier mischen Stuntrider mit. Die Eingeweihten bekommen einen Anruf, müssen sofort zu ihrer Maschine rennen, um den Anschluss nicht zu verpassen, dann rast die ganze Meute zu ständig wechselnden Locations. Das können geschlossene Highways oder gesperrte Plätze sein.

Klingt ziemlich verrückt. Und zunächst passiert auch

nichts. Alle sitzen an der Biker Bar und schlürfen ihr Bud Light. Plötzlich bekommt John den ultimativen Call. Innerhalb von Sekunden dröhnt die Luft, ich spüre den Thrill. Etwa 70 Maschinen biegen auf den Highway ein und folgen vier Stuntbikern. Einer hat seine Bitch hinten drauf, ihr dachsfarbener Pferdeschwanz weht im Fahrtwind. Die Motorräder der Stuntmen sind extrem umgebaut und tragen zu unserer Verwunderung kein Nummernschild. John lacht: »They are illegal like hell!« Klar, illegal, ist ja irgendwie logisch.

So ziehen wir auf sechsspurigen Highways durch die nachthelle Downtown von Atlanta. Vor uns erheben sich die Bikes zu Wheelies, bis die Metallschienen unter den Rücklichtern auf dem Asphalt Funken sprühen. Twelve-o-clock-Wheelie nennt man das. Wer besonders verrückt ist, sitzt dabei auf dem Tank und macht eine Grätsche über den Lenker. Oder fährt Hunderte von Meter weit auf dem Hinterrad, oft sogar durch Kurven.

Die Nacht ist heiß, die Motorräder auch. Der Pulk lässt an den roten Ampeln seine lauten Auspufftöpfe röhren. Wir bleiben allerdings nicht an allen roten Ampeln stehen. Ist ein Polizist oder ein Polizeiwagen in Sicht, klopfen sich alle Fahrer an den Helm. Dann ist es mit den Stunts schlagartig vorbei.

Die Gang zieht den Rausch des Verbotenen hinter sich her. Es herrscht eine Stimmung wie beim Hasenfußrennen zu James-Dean-Zeiten. Und wir sind ein Teil davon. Ich lache, fühle mich stark. Die Nacht ist heiß, wir sind die Easy Rider des 21. Jahrhunderts.

Tags darauf der Abschied von Kerstin und John. Wir lassen achtspurige Highways hinter uns. Ich verstehe, was Margaret Mitchell in »Vom Winde verweht« über Georgia sagt:

»Das Land war von beängstigender Röte, nach Regenfällen rot wie Blut, in der Dürre verwandelt in ziegelfarbenen Staub – der beste Baumwollboden der Welt …« Auch uns beeindruckt die Farbe, die ebenso rot ist wie die der kleinen Vögel. Baumwolle wird allerdings nicht mehr angebaut.

Irgendwann erwischt uns ein gigantischer Thunderstorm, der uns an die Golfküste nach Florida an den Pensacola Beach treibt. Die Häuser sind nun wieder bunt: hellgrün, rosa, hellblau, gelb. Hier liegt die so genannte Redneck-Riviera. Rednecks wurden früher die Angehörigen der Arbeiterschicht genannt, die vom Arbeiten im Freien einen roten, von der Sonne gebräunten Nacken hatten. Da in Florida keine Helmpflicht herrscht, gehören heute auch die Harleyfahrer zu den Rednecks. Und da viele von ihnen ihre wenigen Haare zu Zöpfen zusammengebunden haben, könnte man sie auch Redheads nennen. Sie halten uns vermutlich für bekloppt, weil wir bei der Hitze unsere dicken Motorradklamotten tragen. Pensacola Beach ist wie alle Strände in dieser Region schneeweiß. Auf dem Campingplatz hüpfen rote Vögel herum mit einem kleinen Kamm auf dem Kopf.

In Alabama gibt es Shrimps-all-you-can-eat, von den rassistischen Kapuzenmännern des Ku-Klux-Klan ist nichts zu sehen. Wie auch in Mississippi sprechen die Menschen hier furchtbares Englisch. Die Natur ist dunkel. Auf düsteren Teichen stehen zwischen toten Baumstümpfen Seerosen. Nachts rollt ein Gewitter erblindend über unser Zelt. Das Krachen lässt uns zusammenschmiegen.

Dann nur noch Wald und Wasser. Eine Brücke hebt uns über den Pearl River, wir sind im Amazonas: Grünes Land, tief bewachsen, so weit ich blicken kann. Durchzogen von braunen, sumpfigen Wasserarmen. New Orleans ist der alte Süden: Rauchige Jazzmusik von Louis Armstrong, der hier auftrat, zieht durch die engen Gassen des French Quarter mit seinen verzierten Balkonen. Ein französisches Viertel hier in den USA? Des Rätsels Lösung: 1699 kam Louisiana zu Frankreich und war somit die einzige französische Kolonie in den Staaten. Als »La Nouvelle Orleans« wurde New Orleans 1718 gegründet und die nächsten 100 Jahre von der französischen Sprache beherrscht. Im Jahr 1803 schließlich kauften die Vereinigten Staaten den Franzosen Louisiana ab.

New Orleans ist lebendig, herrlich bunt, europäisch in diesem Teil. Direkt nebenan leuchten die Hochhäuser des Business District in der Hitze. In den Schaufenstern der Voodoo-Läden funkeln gespenstisch Skelette und Glücksbringer. Über den Mississippi, der hier seine fast 4.000 Kilometer lange Reise durch Amerika beendet, ziehen hochschlotige Schaufelraddampfer durch braunsumpfiges Wasser, das die ganze Golfküste Hunderte von Meilen nach Süden bis Corpus Christi morastig aussehen lässt. Die uralten Bäume hängen voll mit dem grauen Spanish Moss, das von den Indianern nach den Bärten der Spanier benannt wurde.

Auf Highways, die auf Stelzen durch die Sümpfe gebaut sind, fahren wir wie auf einer riesigen Carrera-Bahn in Richtung Westen. Louisiana hat die schlechtesten Straßen der USA. Wen wundert es da schon, dass die Transalp eines Morgens einen Nagel im Reifen hat. Kürzlich hatten wir noch Glück, als bei der Africa Twin ein halbes Teppichmesser im Reifen steckte. Es schnitt nur den halben Stollen ab und schlitzte die Karkasse ein. Aber diesmal kommt es richtig hart: Nach dem Herausziehen des Nagels zischt es laut und lange, und wir müssen zum Werkzeug greifen.

10.00 Uhr: Wir sind hoch motiviert, haben ja alles Werkzeug, das wir brauchen und beginnen mit der Demontage des Reifens.

11.00 Uhr: Verzweifelte Versuche, den Reifen von der

Felge zu ziehen, scheitern trotz der beiden langen Montiereisen, mit denen die Generalprobe in Deutschland reibungslos klappte.

13.00 Uhr: Kein Fortschritt. Ich verhalte mich still. Uwe ist nervlich am Ende, schlägt den Reifen im Rhythmus seiner Worte »Geh-ab-du-Sau-geh-endlich-ab!« auf den Boden, um das steife Biest zu lockern. Aber nichts passiert. Ich befürchte, dass er gleich mit einem Messer auf den Reifen einsticht.

13.30 bis 17.00 Uhr: Kapitulation. Wir erfragen bei den Rangern die nächste Werkstatt. Doch wie sollen wir in die 20 Kilometer entfernte Ortschaft kommen? Unser Campingnachbar Bill taucht auf. Er besitzt einen großen Wohnwagen, der von einem nagelneuen Pick-up gezogen wird, den er den ganzen Morgen gewienert hat. Bill gibt Uwe ein paar schlaue Tipps bezüglich des Reifenproblems. Kurz bevor Uwe explodiert, erkennt Bill die Situation und bietet an, uns in die nächste Werkstatt zu fahren.

Als wir dort ankommen, stellen wir fest, dass man dort keine Erfahrung mit Motorradreifen hat. Also fährt uns Bill noch 20 Kilometer weiter zu einer Motorradwerkstatt, die auf Harleys spezialisiert ist. Drei Mann schuften eine halbe Stunde lang, dann ist das Mistding endlich ab. Dass beim Wiederaufziehen der neue Schlauch kaputt geht, kann uns nicht die Laune verderben. Wir flicken den alten und wissen nun, dass wir auf jeden Fall noch einen dritten, kleinen Montierhebel brauchen. »Besser wir lernen das hier als in Zentralamerika, wo es so was nicht gibt«, sagt Uwe und lacht endlich wieder.

18.00 Uhr: Beim Einbau des Reifens entdeckt Uwe, dass meine Bremsbeläge unregelmäßig abgefahren sind. Der Bremskolben klemmt.

20.30 Uhr: Wir sind fertig. Heute gibt es nur Nudeln.

Mitten in Texas haben wir weitere Verluste: Um unseren Proviant vor hungrigen Tieren zu schützen, hängen wir im State Park Lake Texana pflichtbewusst den Verpflegungsrucksack mit Bagels, Käse und Tomaten an einen zwei Meter hohen Mast. Nachts werden wir plötzlich von unsäglichem Geschrei geweckt. Im Lichtkegel der Taschenlampe erkennen wir, dass ein Waschbär den Mast hochgeklettert ist, ein Loch in den Rucksack geschlitzt hat und die Vorräte seinen beiden Kameraden zuwirft, die sich darum schlagen, wer den dicksten Bagel bekommt. Das war es also mit unserem Frühstück.

Am nächsten Tag gehen wir zu den Rangern. Sie machen sich über uns lustig. »Was glauben Sie, wie viel Arbeit das war, die Waschbären zur Teamarbeit zu dressieren?« Stirnrunzelnd sehen sie uns an, als wir ihnen von den Masten erzählen. Masten? Haken? Dann verstehen sie: »An die Masten müssen Sie Ihre Lampen hängen.« Lampen? Was für Lampen? Glauben die, echte Camper haben Lampen mit? Ich kann es nicht fassen. Camping und Lampen. Doch sind wir in der Tat die einzigen auf dem Campingplatz ohne Lampen. Allerdings auch die einzigen mit Zelt. Alle anderen fahren riesige Wohnmobile oder Wohnwagen und haben einfach alles dabei. Als es am nächsten Tag regnet, sehen wir, wie unsere Nachbarn fünf Liter Benzin über das nasse Grillholz schütten und es dann entzünden. Geht doch. Man muss nur wollen.

Die Ranger geben uns eine große Kühlbox mit, die absolut waschbärendicht sein soll, wenn man sie mit aller Kraft unter die Campingbank rammt und mit Seilen sichert. Genau so machen wir es, um morgens festzustellen, dass sie tatsächlich waschbärendicht ist. Leider nicht wasserdicht. Der Regenguss der Nacht flutete die Kiste und vernichtete so unser zweites Frühstück. Ein Trost: Wenigstens fiel es nicht den hungrigen Waschbären in die Hände.

Wie wir später hören, klettern Waschbären auch in Müllcontainer. Einer hält den Deckel auf, die anderen springen hinein. Wir halten das für einen Witz. Bis Uwe einen Container öffnet und ihm ein hungriger Waschbär entgegenhüpft.

Auch ohne die Waschbären-Nummer ist der State Park interessanter als jeder deutsche Zoo: Morgens schauen Rehe in unser Zelt, Stinktiere wuseln zwischen den Feuerstellen herum, Gürteltiere schleichen über die Wiesen, und Alligatoren liegen wie leblos in den flachen Teichen. Aber wir haben diese sumpfige Hitze, den Regen und die Moskitos satt. Wir wollen Sonne und Wüste, Trockenheit und weite Blicke.

Leicht zu sagen, wenn ein Regenguss dem nächsten folgt. Also kuscheln wir uns einen Tag lang in die Schlafsäcke, lesen und spielen. Nachmittags trampen wir nach Edna, in die nächste kleine Stadt und kaufen ein. Abends laden uns die Nachbarn auf ein Bier ein. Zwei Familien mit den typisch amerikanischen Recreation-Vehicles, RVs genannt – Wohnwagen mit mindestens 100 Quadratmeter Fläche. Mit kleinen Flammenwerfern zünden sie bei Regen erst den Grill, dann das Lagerfeuer an. Sie können nicht glauben, dass wir ein Jahr lang unterwegs sein werden. Als wir erzählen, dass wir nach Edna getrampt sind, lachen sie sich krank. »Hitchhiken in Texas!« Kopfschüttelnd stoßen sie mit uns an.

Wenn Louisiana die miserabelsten Straßen der Staaten hat, kommt Texas dicht dahinter. Sie erinnern mich an die alte A7 – tadamm-tadamm-tadamm. Langsam öffnet sich Texas, wird größer. Gelbe Propellerflugzeuge, ab und zu Doppeldecker, summen durch die Luft, landen auf den endlosen

Feldern. Wenig Bäume gibt es hier, rostige Farmschilder hängen schief im Wind, Sandstraßen verschwinden im Nichts. Ab und zu sind Häuser zu sehen, eher Hütten, aus Wellblech, heruntergekommen. Orangegrüne Ölpumpen schwingen langsam ihre dicken Köpfe, in der Luft hängt ein schwerer Geruch, der aus vielen kleinen Raffinerien kommt. Einsam ist es hier, ab und zu überholt uns ein Truck und verschwindet in der Weite der Straße.

Die meisten Texaner sehen aus wie J. R. in einer Dallas-Folge: Sie tragen einen beigen, steifen Cowboyhut, ein Hemd mit texanisch-kariertem Charme, eine am Hintern nicht optimal sitzende Bluejeans und Cowboystiefel. Bei den Stiefeln ist Schlangenleder oder Alligatorenhaut der letzte Schrei. Die Mexikaner in dieser Gegend mögen den Vokuhila-Haarschnitt (für Nicht-Mittsechziger-Geborene: Vorn kurz, hinten lang). Und zwar hinten besonders lang.

Auch wenn man es nicht glaubt: Europa ist hier niemals weit weg: Wir sind schon durch Glasgow, Vienna und Little Switzerland gefahren und haben uns vor allem bei dem Schild »Welcome to Otto County« so richtig heimisch gefühlt. Abends leuchtet Laredo vor uns, orange und hell und viel versprechend. Morgen fahren wir nach Mexiko.

»Nada cuesta una sonrisa« –
Ein Lächeln kostet nichts.
Mexikanisches Sprichwort

Im Land der Sombreros

Uwe Rodacker

Was gestern ein Problem war – die Anzahl der Buchstaben und Ziffern von Beates Motorrad-Identifikationsnummer – geht heute sogar ohne Inspektion des Motorrades. Wir haben die Erlaubnis in der Tasche, durch Mexiko zu fahren, und es geht weiter nach Süden in eine andere Welt. Nuevo Laredo ist ein Kulturschock, der Verkehr chaotisch, Menschen rufen uns unverständliche Sätze zu, drängeln. Die US-Amerikaner haben Angst vor Mexiko, vor den Mexikanern. »Bleibt auf jeden Fall auf den großen Mautstraßen, abfahren ist gefährlich!«, riet uns die Versicherungsvertreterin mit großen Augen. Wir lassen uns nicht abschrecken, fahren nur auf kleinen Straßen. In winzigen Orten stehen Kinder kichernd am Straßenrand, und die Erwachsenen staunen. Wie eine Halluzination erscheinen rechts von uns weit weg Berge, die schattig und dunkel werden. Links von uns sehen sie eher felsig aus, wie der Wilde Kaiser in Österreich. Ich trinke gierig die Berge. Hinter Aguascalientes führen uns weiche Serpentinen ins schroffe Land. Wir fragen nach dem Weg, um uns herum lachende Frauen, die die neue Straße fegen. Offroad geht es weiter, tief hinab zu einem kleinen Stausee. El Ocote, dunkles Wasser und Pferde, die scheu davongaloppieren. Wir waschen uns mit trübem Wasser aus einem Wasserloch, an unserem Zelt zieht ein mexikanischer Cowboy vorbei, an seinem Sattelknauf hängt ein Lasso. Außer den Krähen ist nichts zu hören. Endlich sind wir angekommen in unserem Mexiko.

Mit jedem Kilometer, den wir weiter nach Süden vordringen, wird auch der Genuss, auf dem Motorrad zu sitzen, größer. Auch wenn die Topes, die extremen Bodenwellen in den Ortschaften zur Reduzierung der Geschwindigkeit, uns ziemlich nerven. Vor allem, weil ich nie weiß, was ich zu erwarten habe. Es gibt die Guten, die mit Schildern angekündigt werden und farblich markiert sind. Diese sind zirka drei Meter lang und locker zu überfahren. Dann gibt es die Tückischen, die wirklich spitzen Dinger, bei denen Beates Transalp schon mal aufsetzt, und die man schräg im ersten Gang überfahren muss. Besonders hinterlistig sind die Topes, die überhaupt nicht angekündigt werden, farblich nicht gekennzeichnet sind, und für die es auch keinen ersichtlichen Grund gibt. Am liebsten sind mir die, die fünfmal angekündigt werden, so dass man schon mal vorsichtig bremsen kann, und die dann gar nicht existieren.

Trotz der Topes arbeiten wir uns nach und nach über Straßen, die über Hunderte von Kilometern zermürbend schnurgeradeaus durch blühende Kakteenfelder ziehen, auf die 2.000 Meter hohe Hochebene. Am Straßenrand liegen mit aufgedunsenen Bäuchen tote Hunde und Kühe, die todesstarren Beine in die Luft gestreckt, Aasgeruch verströmend, zum Bersten bereit. Daneben stehen hellblaue oder rosa Altäre mit winzigen Marien und plastikblumenbeschmückte Schreine für die im Verkehr Verunglückten. Uns umgibt eine grenzenlose Weite, Siedlungen mit zerfallenen

Häusern gibt es nur alle paar hundert Kilometer. Aus unserer Sicht sind es Baracken, graue Steinhäuser ohne Putz und Dach. Jedoch ein Zuhause für Mexikaner und Mexikanerinnen, die zu unserer Überraschung genauso modern gekleidet, gestylt und geschminkt sind wie Deutsche in Münchens Innenstadt.

Dieses Land ist voller Kontraste. Einmal sehen wir in einer kleinen Straße einen teuren Audi TT, und wenige Meter weiter zieht ein mit Heu beladener Eselskarren durch die Gassen. Ab und zu ruft man uns in hartem Englisch zu: »Ey Gringos, what are you doing here?« Wir lachen, weisen auf unsere kleinen Deutschlandflaggen, die wir in New York bei der UN gekauft haben: »No Gringo! Somos Alemanos!« Alemanos mögen die Mexikaner. Sie lachen über unsere Versuche, spanisch zu sprechen.

Wir fahren nur auf kleinen Straßen mit vielen Buckeln und Schlaglöchern, passieren kleine Städte, die sich mit bunten Häusern über die Hügel legen, mit einer Plaza, über deren grünem Dach eine Kathedrale thront. Jesus sieht hier anders aus als in Deutschland. Dies ist nicht der vor Schmerz verzerrte, als ewige Mahnung erscheinende, sterbende Jesus. Dieser hier öffnet seine Arme und lächelt die Menschen an. Mittags sitzen die Mexikaner auf den verzierten Bänken der Plazas im Schatten der im Kolonialstil gebauten Häuser und lauschen den tropischen Vogelgesängen. Ab und zu spricht uns ein Mexikaner an. Wir radebrechen über das Reisen mit dem Motorrad und über die Schönheit Mexikos und verstehen nur die Hälfte.

Guanajuartes bunte Schachtelhäuser drängen sich an die Berghänge. Die Stadt ist untertunnelt, wirre Abzweigungen führen durch die Erde. Hier glänzt kein Silber der alten Zeiten mehr, aber der Reichtum ist noch zu sehen: Schöne Plazas und reich verzierte Paläste der Silberbarone füllen die

Stadt. In der Fußgängerzone herrscht europäisches Flair. Beate lacht: »Das ist hier wie in der Toskana.«

Auf dem Hauptplatz einer kleinen Stadt findet gerade eine Fiesta statt. Laut dröhnen Bässe aus riesigen Boxen über den Platz, während die Gemeinde singend einen Jesus durch die Gassen trägt. Geröstete Schweineschwarten glänzen in der Sonne, und der Verkäufer sortiert Ziegenfüße der Größe nach.

Wir bestellen uns Tortillas »con todo«. Sieht sehr gut aus, mit Avocadocreme, Fleisch, Ei, Tomaten und Salat. Ich beiße ein paar Mal ab – hoppla, ganz schön scharf. Die Leute um uns herum, die wie wir auf wackeligen Holzbänken sitzen, mustern uns neugierig. Vor allem Beate mit ihren langen blonden Haaren wird bestaunt. Auf einmal hat sie Tränen in den Augen. »Was ist los?«, frage ich. Sie schüttelt den Kopf, flüstert etwas Unverständliches. »Was?« Ich beuge mich zu ihr hinüber. Sie keucht: »Scharf!« Ich kann mich vor Lachen kaum halten, ebenso die Mexikaner, als sie begreifen, was los ist. Beate schüttet eiskalte Cola in sich hinein, aber das scheint nicht wirklich zu helfen. Erst eine halbe Stunde später kann sie wieder richtig sprechen: »Die Hölle! Meine Zunge war ein einziger brennender Lappen! Was war das nur für ein grünes Teufelszeug?« Auf jeden Fall keine Avocadocreme, da sind wir sicher. Wie wir von der Köchin erfahren, handelt es sich um Jalapeño-Extrakt. Jalapeños sind extrem scharfe Peperoni. Beate wird wohl nie wieder »con todo« bestellen.

Die Straße nach Dolores Hidalgo führt hoch hinauf in waldige Berge, die grünblau neblig in der Weite aufragen. Kalt ist es hier auf den wilden Serpentinen, die im 19. Jahrhundert den Zorn der unterdrückten Mexikaner in die anderen Städte trugen. Wir kämpfen gegen den Wind, bis die

Kathedrale von San Miguel de Allende vor uns leuchtet. San Miguel ist voller Sonne, die bunten Häuschen leuchten in den engen Gassen, auf der Plaza wimmelt es von Menschen. Alte Frauen, die von Bank zu Bank humpeln, verkaufen zarte Stickdeckchen. Zeitungsverkäufer rufen lautstark die neuesten Nachrichten, und ein amerikanischer Student singt Lieder aus den 70er-Jahren. Wir essen Quesadillas für ein paar Pesos und entdecken, dass die Mexikaner herrlich knusprige Brötchen backen. Leicht ist das Leben heute.

Bis kurz vor Tula, unserer ersten präkolonialen Erfahrung, sind die Straßen gut, dann beginnen Schlaglöcher, und die Fahrbahn wird sehr schmal. Die Mexikaner sind, was den Verkehr betrifft, echte Anarchisten. Ab und zu vergewissere ich mich, ob mein linker Koffer noch dran ist.

Unsere Straßenkarten stimmen oft nicht, außerdem gibt es kaum Schilder. Also müssen wir ab und zu fragen. Nach erster Verwirrung bin ich mir ziemlich sicher, dass hier kein metrisches System existiert. Es gibt zwar Kilometer, doch entspricht 1 Mexkilometer ca. 1,95 Eurokilometern. Ein Tankhelfer versichert uns, es seien zu der Kreuzung, an der wir eigentlich hätten abbiegen müssen, nur zehn Kilometer zurück. Keineswegs mehr, auf gar keinen Fall. Wir fahren zurück, messen nach, und siehe da: 19,5 Kilometer.

Die Richtungsangaben sind ebenfalls nicht verlässlich. Wir haben uns angewöhnt, stets eine zweite Meinung einzuholen. Aus Spaß mache ich einen Test. Ich zeige in eine Richtung und frage: »Esta la direccion a Ocotepec?« Die Antwort ist ein überzeugendes »Siiiii!« mit heftiger Handbewegung in diese Richtung. Dann zeige ich in die andere Richtung, stelle die gleiche Frage und erhalte die gleiche Antwort. Beate bricht fast zusammen vor Lachen. Ich glaube, ich werde noch wahnsinnig. Wie sollen wir aus diesem Land je wieder herausfinden?

Campingplätze zu finden, ist in Mexiko eine wahre Kunst. Einmal übernachten wir auf einem kleinen Plätzchen an einer Tankstelle. Entgegen der Versicherungen der Angestellten dröhnen die ganze Nacht ununterbrochen LKWs mit ihren Drosselklappen, so dass nicht nur das Zelt, sondern auch unsere Brustkörbe vibrieren. Beate sieht am nächsten Morgen aus wie der Tod, ich wahrscheinlich nicht besser.

Der nächste Abend beginnt viel versprechender. Wir finden einen Campingplatz, ruhig und idyllisch am Rand eines Städtchens gelegen. Klasse. Doch dann donnert auf den Gleisen, die versteckt hinter der Hecke neben unserem Zelt liegen, ein Zug vorbei. Der erste von vielen. Stündlich sind nun Warnsignale zu hören, kilometerlange Züge trommeln durchs Zelt. Als nachts um 3.00 Uhr endlich der Zugverkehr eingestellt wird, beginnt ein Feuerwerk. Die Mexikaner lieben Feuerwerke. Je lauter, desto besser.

So geht das jede Nacht. Wenn es keine Feuerwerke gibt, halten uns wilde Hundemeuten wach oder auch mal Priester, die morgens um 6.00 Uhr ihre Predigt über Megaphon halten müssen. Kein Wunder, dass außer uns keine anderen Touristen auf diesen Plätzen zelten.

In einem Dörfchen fragen wir, ob wir auf dem Fußballplatz zelten dürfen. »Claro!«, sagen alle begeistert, aber wir müssten noch Señor Gonzales fragen, der sei für den Platz zuständig. Ich gehe also los, den Mann zu suchen. Auf meine Frage, wo er denn wohne, bekomme ich die Gegenfrage gestellt: »Welcher Gonzales? Hier gibt es vier.« Super. Es dauert eine Weile, aber schließlich finde ich ihn. »Claro!«, alles kein Problem. Gonzales zieht sogar zwei Eimer Wasser aus einem Brunnen, und wir duschen in der Dunkelheit.

Jede Begegnung wird zur Überraschung. Als wir eines Abends keinen Platz zum Übernachten finden, fragen wir auf einer Finca nach. Als wir der Señora sagen, dass wir Deutsche sind, öffnet sie sofort das Tor und erzählt, dass sie Verwandte hat. Dass diese Bärbel, Herbert und Erich heißen und natürlich Deutsche sind. Beim Zeltaufbau im Garten stehen Señora Maria, Neffen und Nichten dabei und bewundern alles neugierig. Vor allem beim Blick in unser Zelt sind sie begeistert: »Oh, muy grande! Y camas tambien! – Oh wie groß! Und Betten gibt es auch!« Vor dem Schlafengehen bekommen wir Milch und Kekse ans Zelt gebracht. Wir lieben Mexiko.

»Es gibt bildsamere, höher gebildete, durch geistige Kultur veredelte, aber keine edleren Volksstämme. Alle sind gleichmäßig zur Freiheit bestimmt.«
Alexander von Humboldt

Auf den Spuren der Indios

Beate Block

Es ist heiß auf den roten Wegen der Tolteken. Die fast fünf Meter großen dunkelgrauen Atlanten von Tula, die einst das Tempeldach auf ihren Köpfen trugen, schauen versteinert in die Ferne, reglos, unfähig, ihr Schwert zu ziehen. Die Kultur der »Meisterbauer«, denn das bedeutet das Nahuatl-Wort »Tolteken«, war in Bezug auf Metall- und Steinverarbeitung hoch entwickelt. Und so gründete dieses Volk hier im 10. Jahrhundert einen richtigen Militärstaat. Das heißt, die Tolteken zogen mit ihren für damalige Verhältnisse hochmodernen Waffen und Strategien los, um andere Völker zu unterwerfen. Und das äußerst brutal. Dafür wurden sie dreihundert Jahre später von einem anderen Volk besiegt, und ihre Kultur ging unter.

Bei ihren Göttern ging es ähnlich kriegerisch zu: Tezcatlipoca, der Gott des Nachthimmels, kämpfte gegen Quetzalcoatl, den Federschlangengott, siegte und trieb ihn fort übers Meer. Da Götter aber nicht so einfach ins Exil gehen, gab es bei den Tolteken und später bei den Azteken die Prophezeiung, dass Quetzalcoatl weißhäutig und bärtig zurückkehren werde. Tragischerweise war der spanische Eroberer Hernán Cortés im Jahr 1519 weißhäutig und bärtig, so dass ihn der Azteken-König Moctezuma für den zurückkehrenden Gott hielt und sich ihm nicht entgegenstellte. Was daraus geworden ist, wissen wir. Heute geht es hier oben wieder friedlich zu. In der Abendsonne leuchten aus der Ferne die Götzen der Neuzeit: Raffinerien und Fabriken.

Aus dem Grün des Weges erwächst plötzlich ein »Götterwerk«: Die Sonnenpyramide von Teotihuacan, der größten amerikanischen Stadtanlage aus präkolumbianischer Zeit. Auf den Spuren der Tolteken besteigen wir die 70 Meter hohe Sonnenpyramide, die grau und majestätisch daliegt mit ihren Stufen, die so hoch hinaufführen, so unglaublich hoch. Ich verstehe, warum man diese Stätte »Teotihuacan« nannte, »Ort, an dem man zu Gott wird«.

Wir genießen die freie Zeit und endlose Blicke über die tote Stadt, in der im 2. Jahrhundert nach Christus etwa 125.000 Menschen auf 21 Quadratkilometern lebten. Wo wohnten diese Menschen?, fragen wir uns, wandern durch die endlosen, versteckten Ruinen und erklimmen den Tempel des Schlangengottes Quetzalcoatl, für den 260 Menschen geopfert wurden. Was für diese eine große Ehre bedeutete. Ich möchte nicht geopfert werden, sondern leben. Leben und erleben. Wir blicken auf die Straße der Toten, eine breite Straße, von Tempelruinen gesäumt. Hier tanzten die Tolteken für ihre Götter. »Warum bauen Menschen so etwas?«, wundert sich Uwe. Warum bauen wir Wolkenkratzer, wundere ich mich. Für welche Götter?

Wir genießen, sitzen auf der Mondpyramide, sehen die Wolken treiben und bewundern die tote Stadt, die so lebendig ist, so tief in uns eindringt mit ihren grauen Mauern und ihren gemalten Pumas. Die Sonne ist tagsüber heiß, nachts jedoch wird es kalt. Wir kuscheln uns in unsere Daunenschlafsäcke und freuen uns, dass auf 2.300 Meter keine Moskitos überleben.

Mexiko City streifen wir lediglich, bleiben 30 Kilometer vom Stadtkern entfernt. Aber schon hier sind die Straßen gerammelt voll, es gibt mindestens eine Million weißer VW-Busse und noch mehr VW-Käfer. Alle kaum mehr verkehrstauglich und hoffnungslos überfüllt. Ich bin froh, als wir aus dem Stadtbereich heraus sind.

Neben Mexiko City liegt unser erster Vulkan: Der Popocatepetl (5.452 Meter), der seit Jahren militärisch gesichert ist, weil er jede halbe Stunde ein bisschen Asche spuckt und Gase auspufft – Popocatepetl heißt »Rauchender Berg«. Nachdem er kurz vor Weihnachten des Jahres 2000 nach einer heftigen Explosion glühende Steine herausschleuderte und Ascheregen auf die Umgebung niederfallen ließ, wurden 25.000 Menschen evakuiert.

Auch wir können nicht einfach starten, sondern müssen uns bei der Bezirksverwaltung eine Erlaubnis für die Durchfahrt durch den Nationalpark holen. Dann folgen wir in umgekehrter Richtung den Spuren des spanischen Eroberers Cortés, der auf diesem Weg 1519 nach Mexiko-Stadt gelangte. Wir erleben unseren ersten hohen Pass mit 3.650 Metern und übernachten auf 3.300 Meter Höhe ohne Zelt unter einem offenen Holzdach an der Schulter des Popocatepetl.

Morgens haben wir freie Sicht auf den Kraterkegel. Die Soldaten – beschützen sie den Berg oder die Menschen? –

grinsen verlegen. Wir bewundern zusammen mit wilden Hunden die rote Kratererde und den nicht schmelzenden Schnee. Die Geliebte des Popo, Iztaccihuatl – das heißt »Weiße Frau« –, ist mit etwa 5.200 Metern nur ein bisschen kleiner als er und schläft noch unter den Wolken. Eine Legende besagt, dass der Krieger Popo sich in Izta verliebte, die Tochter eines Eroberers. Popo blieb sehr lange im Krieg, und Izta starb vor Kummer und Sehnsucht. Als er zurückkam, schuf er zwei Berge, legte ihren Körper in den einen und stellte sich mit einer Beerdigungsfackel auf den anderen. Noch heute kann man in den drei Gipfeln die schlafende Frauenfigur erkennen. »Komm du meine weiße Frau«, sagt Uwe, und weiter geht es über 30 Kilometer teils üble Piste nach Osten.

In Monte Alban bei Oaxaca leuchtet das Gras zwischen den Ruinen auf der Bergkuppe nach einem Wolkenbruch hellgrün unter dem schwarzen Wolkendach. Ein Regenbogen schimmert, und im Hintergrund bedrohen dunkle Berge die schon untergegangene Toltekenmetropole. Zwischen 500 v. Chr. und 500 n. Chr. lebten hier auf diesem Hügel etwa 25.000 Menschen, später wurde er von den Mixteken als Begräbnisstätte benutzt. An jeder Ecke findet man eine Ruine, die Sonne ist heiß, die Luft ist trocken und der Himmel so klar, wie er nur in ganz heißen oder ganz kalten Gegenden der Erde ist. Wir wärmen uns in dieser menschenleeren Stätte an der untergehenden Sonne. Allmählich schwirrt uns von den vielen –teken der Kopf.

In Mitla bewundern wir das, was bei den anderen Pyramiden nicht mehr zu sehen ist: Steinmosaike mit Mäandermustern, die wie Setzkästen aus kleinen Bausteinen gearbeitet sind und von den zerstörerischen Spaniern verschont wurden. Dabei werden wir abgelenkt von Pauken und Trompeten, die eine Hochzeitsgesellschaft den Berg hinauf begleiten. Die Musikanten gehen voran, eine ernste Braut und ein missmutiger Bräutigam folgen mit der Gesellschaft. Viele alte Frauen mit Zöpfen und einfachen dunklen Kleidern gehen hinterher. Später in der Kirche spielt keine traurige Orgel wie bei uns, sondern es gibt lebhafte Live-Musik mit Gitarre und Akkordeon. Über dem Altar hängt ein dynamischer Jesus, und selbst das »mea culpa, mea grande culpa« klingt nicht so deprimierend wie in den katholischen Kirchen Deutschlands. Auch die Farben der Gotteshäuser sind fröhlicher: knallrot, blau, leuchtgelb.

Wir düsen auf der Suche nach versteinerten Wasserfällen auf Uwes Bike in die entlegendsten Gegenden. Als wir um eine Kurve kommen, laufen uns vier große Hunde bellend entgegen. Als hätten sie sich vorher überlegt, wie sie uns am besten anfallen können, teilen sie sich, um von zwei Seiten auf uns zuzurennen. Uwe fährt nach links, weicht aus. Ein LKW kommt um die Kurve, hupt laut. Zu spät, Uwe fährt weiter nach links, in einen Graben. Wir schlingern. Ich schreie, mir peitschen Äste gegen mein Bein. Dann sind wir plötzlich wieder auf der Straße. Die Hunde sind abgeschüttelt, und Uwe gibt Gas. Ich habe bisher immer gedacht, dass nur wilde Hunde gefährlich werden können. Von wegen – dies waren eindeutig Haus- und Hofhunde.

Die letzten Kilometer führen über eine Schotterpiste, für die wir im Dorf auch noch zehn Pesos Maut zahlen müssen. Sonst lassen uns die fünf alten Männer mit ihrem zahnlosen Grinsen auf der mit einem Seil abgesperrten Straße nicht weiterfahren. Dann stehen wir vor den Hierve el Agua, den versteinerten Wasserfällen mit ihren türkisfarbenen Pools. Wie verzaubert stürzen die Mineralien den Berg hinab, erstarrt im Moment der größten Wildheit. Aus unzähligen kleinen Quellen blubbert Wasser an die Oberfläche, rinnt zum Abgrund, hinterlässt kupferfarbene Spuren, krustige

Rinnen in der luftlosen Hitze. Es riecht nach Gewitter.

In Mexiko sind nicht nur die Aztekenruinen und Mayapyramiden ziemlich alt. Es gibt da auch noch El Tule, den größten und ältesten Baum der Welt. Er hat einen Stammumfang von 58 Metern, ist 2.000 Jahre alt und damit eines der ältesten Lebewesen dieser Erde. Wie viele Vögel wohl in diesem Baum leben, frage ich mich und schaue staunend in die Höhe. Einzelne Zweige sind schon so dick wie die Stämme anderer Riesen. Wenn er ein Gedächtnis hat, dann ist dort die gesamte Geschichte seit Jesu Geburt gespeichert. Was für ein Gedanke und was für ein Riese, der dort aufrecht im Regen steht.

Die Mexikaner gehen mit gesenktem Kopf umher, Regen tropft von ihren weißen Hüten. Frauen tragen ihre Babys in Decken gehüllt an der Schulter, nur zwei schwarze Augen schauen uns an. Kinder spielen mit einer Zwei-Liter-Coca-Cola-Flasche Fußball. Fußball ist in Mexiko Nationalsport. »Beckenbauer?«, fragen sie, wenn wir sagen, dass wir aus Deutschland kommen. Sonntags werden in diesem Land die Spieler mannschaftsweise auf der Pick-up-Ladefläche zum Fußballspiel gefahren.

»Noch 250 Kilometer, dann sind wir am Pazifik«, sagt Uwe. Klasse. Ich sehe mich schon um 16.00 Uhr am Strand liegen. Doch zwischen uns und dem Pazifik liegt noch die Sierra Madre del Sur. Wir winden uns Stunden in die Höhe bis auf 2.700 Meter, tauchen in die Wolken ein. Das Ganze ist ein Alptraum für Motorradfahrer: Enge, glitschige Kurven, Schlaglöcher, Sand, Erdrutsche, Ausspülungen, Regen, Nebel, Autos, die auf der falschen Seite der Kurve fahren, Busse mit ausgebrochenem linken Vorderrad, die direkt hinter einer Kurve liegen. Ich verliere das Gefühl für die Zeit, für den Ort ... Wie lange fahre ich schon? Eine Stunde, einen Tag, eine Ewigkeit? Wir weichen Steinhaufen aus, Erdrutsche vertreiben uns, die Straße ist weggebrochen. Ich hoffe nur, dass mein Motorrad nicht die Frequenz hat, die Erdrutsche auslöst. Hunderte von Metern geht es steil abwärts.

Die Hütten bestehen aus Ästen auf roter Erde, wir fahren an Bananenbäumen, Kokospalmen und schmutzigen Kindern vorbei, die uns zuwinken. Mir wird klar, was »Schwellenland« wirklich heißt: Ein einfaches Leben und ein paar Städte, in denen es »Wirtschaft« gibt. Dies ist ein Land voller Schwellen zur Armut.

Nach Stunden weichen die saftigen, grünen Tropen. Trockene Savanne schließt direkt an, und wir sind endlich an der Pazifikküste angelangt, am Engelshafen: Puerto Angel. Hier wird es auch nachts nicht kühl, die Hunde kläffen die halbe Nacht, und auch die Hähne wissen nicht mehr, wann der Tag anbricht. Sie krähen ständig. Ein paar Tage genießen wir den Strand, liegen unter Sonnenschirmen aus Stroh, wandern durch die Hitze an der Küste entlang, trinken Bier und essen Eis.

Doch wie immer halten wir es nur kurz aus, Rastende zu sein. Durch lange Kurven ziehen wir von Puerto Angel in Richtung Osten in den Trockenwald. Der Isthmus von Tehuantepec, die schmalste Stelle Mexikos, ist hier nur 200 Kilometer breit. Die Grenze zum Chiapas sprengt uns dicke Regentropfen als Begrüßung ins Gesicht. Dunkelgrüne, dicht bewaldete Berge liegen neben der Straße. Irgendwann entkommen wir den schwarzen Wolken.

In San Cristobal de las Casas sind wir wie immer die einzigen Camper auf dem kleinen schattigen Campingplatz. Das Chiapas ist ein hügeliges Gebiet, das in Europa durch die Indio-Aufstände 1994 bekannt wurde und auch heute noch als nicht ganz ungefährlich gilt. Wir werden das erste Mal von Militärs angehalten, befragt und müssen unsere Koffer aufmachen. Auch wenn 1995 eine Amnestie ausgesprochen wurde – bis zum Ende der 90er-Jahre gab es hier noch blutige Auseinandersetzungen. Die politisch links orientierten Zapatisten sprechen sich für mehr Autonomie des Chiapas aus und prangern die Unterdrückung der indigenen Bevölkerung an.

Wir machen eine Tour mit Mercedes, einer rundlichen Vollblut-Indianerin mit zwei langen schwarz glänzenden Zöpfen, die uns mit ihrem bunten Regenschirm durch zwei Indianerdörfer führt: »Follow the umbrella amigos!« Die Zapatisten, sagt sie, seien nicht gefährlich, sie hätten nur eine andere Vorstellung davon, wie die Gemeinden zu leben hätten, als der Staat sie hat. Deshalb lehnten die Gemeinden, die sich stolz als Zapatisten-Gemeinden bezeichneten, jegliche Unterstützung vom Staat ab, denn dies wäre ja inkonsequent. Dazu gehöre unter Umständen auch, dass die Kinder nicht auf staatliche Schulen geschickt würden, da die Erziehung im staatlichen Sinn nicht gewollt sei.

»Guerillas«, sagt Mercedes, »sind sie nicht. Sie sind nur Bauern, die ihren Anspruch auf ihr Land geltend machen und auf diesem Land leben wollen.« Sie erzählt uns viel über die Kultur und Religion der Indios. Jeder Mann bekommt in seinem Dorf die Möglichkeit, Erfahrungen zu sammeln. Das heißt, er muss ein Jahr der Gemeinde dienen, indem er im Gemeinderat arbeitet. Hierfür bekommt er kein Geld, sein Lohn ist die politische Erfahrung, die für das Leben notwendig ist.

Wäre eine gute Sache für Deutschland. Dann hätten wir wenigstens keinen Mangel an Nachwuchspolitikern, und keiner könnte sich mehr beschweren, was wieder von den anderen falsch oder gar nicht gemacht wurde.

Frauen dürfen in diesem System keine Verantwortung übernehmen. »Purer Machoismus«, lacht Mercedes und meint, sie habe so lange gegen diesen Machoismus protestiert, dass sie nun doch Single geblieben sei.

Obwohl sich hier alle Katholiken nennen, haben viele alte Glaubensvorstellungen immer noch ihren Wert. »When you feel like shit«, dann gehst du eben nicht zum Doktor, sondern zum Schamanen, der den »shit« in ein Huhn transferiert, welches dann kontaminiert ist und meistens direkt mit einem Genickbruch ins Nirwana befördert wird oder eine Woche später stirbt. Wenn nicht, so Mercedes, sollte man den Schamanen wechseln.

Der Schamane nimmt sich viel Zeit bei der Heilung der Menschen, »nicht so wie der medizinische Service des Staates, der sich nicht um die Seele kümmert«, schnaubt Mercedes. Der Priester, dem die schamanischen Praktiken nicht gefielen, kommt nur noch alle 20 Tage. Kommunion oder Beichte im herkömmlichen Sinne gibt es nicht: Die Indios beichten laut, und einen Klingelbeutel gibt es auch nicht mehr.

Die Kirche sieht ein bisschen umgestaltet aus: Von Altar und Bänken keine Spur, die wurden wahrscheinlich mit dem Priester hinausgeworfen. Die Heiligen, hell- und dunkelhäutige, stehen in großen Glaskästen. Die Indios sitzen auf dem mit Kiefernnadeln bedeckten Boden nahe bei Mutter Erde und zünden Kerzen an. Sie lachen laut, trinken Coca-Cola, das Huhn liegt manchmal schon neben ihnen – tot oder lebendig. »Der Papst würde in Ohnmacht fallen, wenn er das sähe«, lacht Mercedes, »und am nächsten Tag stünde in der Zeitung: Schamane heilt Papst. Zur Heilung war ein großes Huhn notwendig.«

Der Körper der Menschen ist für die Indios nur eine Art Übergangswerkzeug. Stirbt der Mensch, trennen sich Körper und Seele. Die Seele bewegt sich 48 Tage lang in einem Traumland, dann bekommt sie einen neuen Körper. Durch diese Reinkarnation behält sie die »Marker« aller Leben, ob positiv oder negativ. Die Aufgabe des Menschen ist es, negative Marker vergangener Leben zu löschen.

So wirklich christlich hört sich dieser Glaube nicht an, eher fernöstlich. Zu guter Letzt gibt uns Mercedes lächelnd eine Weisheit der Indios mit: Das Ziel des Lebens ist »to relax, to be happy«.

»Wer kann sagen, welche weiteren großen wissenschaftlichen Errungenschaften und Entwicklungen diese Völker erreicht hätten, wenn sie nicht durch Blut und Feuer erobert worden wären.«

Rigoberta Menchu
(Friedensnobelpreis 1992)

Zwei Mayas auf Motorrädern

Beate Block

Es ist schwül im Dschungel um die Ruinen von Palenque. Über das Bergland geht kein Wind, und die Hitze der Tropen streift durch unsere Knochen. In den dunkelgrünen Bergen haben sich die fast 1.500 Jahre alten Tempel und Paläste versteckt, eingebettet in dichten Dschungel. Dies war ein Zeremonialzentrum der Mayas, und wie andere wichtige religiöse Stätten wurde auch Palenque um 900 verlassen – niemand weiß warum. Auf den Nebenwegen haben wir das Gefühl, Entdecker zu sein von kleinen Tempeln und kriegerischen Fresken.

Nachts brechen unsere Zeltstangen unter der Hitze. Dank unseres guten Schweizer Messers können wir sie reparieren. Ohne dieses Messer wären wir den Moskitos ausgeliefert gewesen. Die Hälfte der Nacht verbringen wir mit der Reparatur des Zeltes, in der zweiten Hälfte hält uns das Monster von Palenque wach, das unheimlich von den Bergen der toten Stadt herunterhallt, grunzt, brüllt und schnaubt. Dass das Brüllaffen sind, kleine niedliche Kreaturen, können wir kaum glauben.

Wir verlassen das Bergland und tauchen ein in Yukatan, in einen weiten, hellgrünen Dschungel mit langen Straßen, die in die Unendlichkeit des Grüns der Halbinsel zu verschwinden scheinen. In die so genannten Kurven kann man sich mit dem Motorrad nicht einmal richtig hineinlegen. Dahinter fällt der Blick wieder auf die graue, ins Mayaland eingefräste Straße. Auch die Mayas hatten Straßen. Sie bestanden aus buckligen weißen Steinen und führten quer durch dieses wasserarme Land.

In Uxmal ragt die Zaubererpyramide aus dem flachen Dschungel wie ein Vulkan aus den Wolken. Abends leuchtet die Ruinenstadt und lebt während einer Lichtshow wieder auf. Geschichten von den Stämmen der Uxmal und der Itza werden erzählt, die sich aufgrund einer schönen Prinzessin bekriegten. Die Stadt Uxmal war zwischen 600 und 900 n. Chr. eine wichtige Siedlung der Mayas und besaß mehrere Satellitenstädte.

Der hakennasige Regengott Chac ist allgegenwärtig in diesem Land, in dem es keine Flüsse gibt und wenig Regen fällt. An der Casa de las Tortugas, einem kleinen Tempel, krabbeln steinerne Schildkröten am Sims entlang. Neben einer Pyramide liegt unter einem trockenen Baum eine lebendige Schlange im Schatten, kaum sichtbar zwischen den gleichfarbigen Steinen. Ihr künstliches Pendant, eine gefiederte Schlange, das Sinnbild für den Gott Quetzalcoatl, windet sich durch die Steine an den Gebäuden. Wir klettern auf die Pyramide, entsteigen dem grünen Meer, um zu sehen, wie groß es ist. Es scheint unendlich. Kaum vorstellbar: Vor 1.000 Jahren war Yukatan fast so dicht besiedelt wie Deutschland heute.

Chichen Itza, die Hauptstadt der Mayas auf Yukatan, hat die schönste Pyramide, aber auch die meisten Touristen. Hier ist kein Entdeckergeist mehr möglich. Wir kraxeln die 365 Stufen hinauf, und als ich hinuntersehe, wird mir ganz anders, so steil ist es. Eigentlich ist die Pyramide ein gigantischer Kalender. Jede Stufe steht für einen Tag im Jahr, jede der 18 Terrassen für einen Monat im Maya-Kalender. Woher wussten diese Völker das alles so genau?

Auf dem größten Maya-Ballspielplatz Mexikos wurde mit einem Kautschukball gespielt, der durch einen hoch oben hängenden Steinring befördert werden musste. Unter den Tolteken wurde die Verlierermannschaft den Göttern geopfert.

Auch hier treffen wir wieder auf Chac, der uns angesichts der Hitze immer wichtiger erscheint. Nachts zieht der Vollmond neben der Pyramide auf, lässt sie magisch leuchten. Sie sieht verlassen aus, diese Pyramide, so verlassen wie die ganze Stadt im 9. und erneut im 14. Jahrhundert. Weshalb ihre Einwohner wegzogen, weiß niemand. Der Himmel sieht hier nachts anders aus: Der große Wagen verschwindet langsam am nördlichen Horizont, und seit ein paar Tagen sehen wir das Kreuz des Südens.

Bis Tulum, einer Maya-Festung direkt am karibischen Meer, ist es nicht weit. Wir fahren vorbei an Bambushütten, immer weiter. Die grauen Mauern der Festungsanlage wehren sich noch immer gegen jeden Eindringling, der aus der Ferne kommt, aber die Karibik leuchtet türkisblau und ist märchenhaft schön. Die Kriege sind hier schon lange vorbei.

Wir suchen Abenteuer an anderer Stelle: Auf einer Straße, die zu einer schmalen Landzunge nach Süden führt, wo der

Straßenbelag aufhört, die Schlaglöcher immer größer werden. Sie haben bis zu fünf Meter Durchmesser, einen Meter Tiefe, sind mit Wasser gefüllt oder mit großen Steinen. Trockene Palmwedel peitschen über die Motorräder, mein Vorderreifen rutscht im Sand weg wie auf Schnee. Bei einem Stopp läuft uns der Schweiß aus den Ärmeln. Uwe lacht: »Das fühlt sich an wie in die Hose gepinkelt.« Das hat man eben von atmungsaktiver Kleidung in den Tropen: Da geht nichts rein, aber auch nichts raus.

Am Ende der 50 Kilometer langen und 40 Grad heißen Strecke erwartet uns nach drei Stunden Punto Allen: ein »laid-back«-Fischerörtchen par excellence. Wir campen am verlassenen karibischen Strand unter Palmen, trinken ein »Sol« – ein mexikanisches Bier – und fühlen uns wie echte Abenteurer.

Ein paar hundert Kilometer weiter bleiben wir in Xcalak, ziemlich relaxed in der Nebensaison. Das vorgelagerte Riff soll schön sein, aber es ist zu windig zum Schnorcheln oder Tauchen. Der Campingplatzbesitzer Alan erzählt uns, dass Xcalak, in dem heute nur ein paar hundert Leute wohnen, bis 1955 die größte Siedlung an der mexikanischen Karibikküste war, bevor es durch Hurrikan Janet vernichtet wurde. Letztes Jahr fanden die Einwohner am Strand dicke weiße Pakete, die wahrscheinlich von Drogenschiffen über Bord geworfen wurden, als die Küstenwache sich näherte. Alan war leider nicht schnell genug, aber seitdem gibt es nicht mehr nur zwei Motorroller im Dorf, sondern 30. Ja, was Drogen doch anrichten. Als Polizei und Militär kamen, war natürlich nichts mehr da von dem guten Stoff.

Wir streben immer in Richtung Süden. Als ich nach einer Pause an einer Tankstelle meine Jacke wieder anziehe, spüre ich plötzlich einen starken Schmerz an meinem linken Oberarm. Ich schreie, reiße die Jacke von meinem Körper, werfe sie auf den Boden, erwarte, dass etwas wespenartiges herausfliegt, da krabbelt ein schwarzer, glänzender, etwa zwölf Zentimeter großer Skorpion heraus. Ich stammele nur »Scorpio! Scorpio!« und erwarte, dass ich gleich mit Schaum vor dem Mund und Krämpfen zusammenbreche. Mein Arm schmerzt höllisch. Eine dicke Mexikanerin, die auf dem Weg zum Klo ist, erfasst die Situation mit einem Blick. Ein beherzter Schritt auf rosa Flipflops, ein Knirschen, und tot ist der Skorpion. »Sind die giftig?«, fragt Uwe, und sie lächelt: »Nein, in Mexiko gibt es keine giftigen Skorpione.« Ob sie denn in Deutschland giftig seien, fragt sie, und Uwe meint trocken: »In Deutschland gibt es keine Skorpione.«

Über eine halbe Stunde warte ich auf die tödlichen Symptome, aber außer Schmerzen wie nach einem Wespenstich passiert nichts. Was für ein Riesending, ich habe immer noch eine Gänsehaut vor lauter Ekel.

Da wir mal wieder einen Ölwechsel machen müssen, begeben wir uns in Chetumal auf die Suche nach einem Laden, der das passende Öl hat. Es ist eine echte Herausforderung, an die richtigen Ersatzteile heranzukommen. Man sieht hier auf den Straßen nur kleine 125er-Maschinen, die bestimmt auf keinen dicken 130-Millimeter-Reifen rollen. Und für einen Ölfilter muss man schon mal 500 Kilometer fahren. Wir haben festgestellt, dass nach Aussage der Menschen im jeweils nächsten Land alles besser wird. Die US-Amis sagten uns, dass in Mexiko massenhaft große Motorräder herumfahren würden, und die Mexikaner sind überzeugt, dass wir in Guatemala alle Ersatzteile leicht bekommen würden und das noch viel billiger. Wahrscheinlich aber werden wir uns die benötigten Teile im Dschungel aus Mayasteinen meißeln müssen.

»Der Kampf, den wir führen, klärt und formt die Zukunft.«

Rigoberta Menchu
(Friedensnobelpreis 1992)

Zauberland Zentralamerika

Uwe Rodacker

Die Dschungellandschaft verwandelt sich in Belize in weite, grüne Zuckerrohrfelder. Die Hütten wirken sauber, auch auf den Straßen ist kein Müll mehr zu sehen. Türkis ist die Farbe Belizes: Häuser, Busse und Fahrräder haben diese Farbe und natürlich das Meer, an dem wir entlangfahren. Die Menschen sind keine Indios mehr, hier leben Schwarze. Die meisten der heutigen Belizianer sind Nachkommen von afrikanischen Sklaven und Piraten. Piraten? Jawohl, denn im 17. Jahrhundert war Belize zwar spanisch, aber sehr viele englische und schottische Piraten fuhren – mit Billigung der britischen Krone – durch die Gewässer Belizes. Als 1670 Spanien die britische Krone überzeugte, die Aktivitäten der Piraten zu unterbinden, gingen diese in die Holzindustrie des Landes und waren so erfolgreich, dass Belize binnen kurzem inoffiziell britisch war. 1798 schlugen britische Truppen die Spanier, daraufhin wurde Belize als British Honduras englisch und erst im Jahr 1981 unabhängig.

Hinter dem turbulenten Orange Walk biegen wir auf eine Kiesstraße ab. Ein Truckfahrer weist uns darauf hin, dass dies eine landwirtschaftliche Straße sei, die durchs Hinterland führt. Ich lache, ja, genau das wollen wir, und er schaut mich an, als sei ich irre. Nach ein paar Kilometern sind wir uns bezüglich der Kiesstraße nicht mehr so sicher. Kein Mensch lebt hier, und wir brauchen etwas zu essen und zu trinken. Der Dschungel ist dicht und verwachsen. Da stoßen wir auf Hütten, Kinder in Schuluniform starren uns an. Wo ist hier eine Schule?

Ein wenig Piratenblut haben die Belizianer auch heute noch. Als wir an einem kleinen Laden Halt machen, um Brot zu kaufen, umrundet ein Mann Beates Motorrad, tritt gegen den Hinterreifen und sieht uns provokativ an. Die anderen drei Männer, die vor dem Laden sitzen, beobachten uns. Ich sehe, wie Beate kocht, trete einen Schritt auf den Mann zu und sage: »Hey, das Motorrad ist wie ein Pferd, du musst es gut behandeln, dann behandelt es dich auch gut.« Er starrt mich mit zusammengekniffenen dunklen Augen an und nickt schließlich langsam. Die anderen Männer entspannen sich, ich mich auch.

Wir campen mitten im Dschungel bei einem sehr britischen, weißen Ehepaar, das ein Restaurant betreibt. Der Garten ist ein Paradies. In einem riesigen Käfig sitzt Nelly, eine Brüllaffen-Dame, die unsere Gastgeber als Baby gefunden haben, und beäugt uns skeptisch. Einmal machen wir einen Ausflug in die Hauptstadt. Belize City ist schmutzig, schäbig, die Häuser bunt, aber heruntergekommen. Von Karibik-Flair ist hier nichts zu spüren. Wir fühlen uns von den schmutzig-ärmlich bekleideten Schwarzen am Bedford-Park ein wenig bedroht. Ein Bettler, der um Geld gebeten hat, weist ein Brötchen mit Verachtung zurück und spuckt vor uns auf den Boden. Alle sprechen laut und aufdringlich.

»Hey man!«, ist die Anrede, und das klingt nicht freundlich. Auf der anderen Seite des Flusses kommen die großen Luxusliner an, und Hunderte von westlichen Touristen strömen heraus, um an den endlosen Souvenirständen entlangzuschlendern. In das Stadtzentrum gelangen diese Urlauber nicht.

Bei unserer Rückkehr fragt uns der Campingwirt, ob wir nicht beraubt worden seien, das käme täglich vor, selbst am helllichten Tage. Glauben wir sofort. Die Polizei sei zu feige, um einzugreifen, sagt er: »No backbone« – kein Rückgrat.

Wir bleiben lieber im Dschungel. In einem Wasserloch neben unserem Zelt lebt ein kleines Krokodil, das nach und nach die Babyenten frisst. Der Brüllaffe Nelly hat sich in mich verliebt und küsst meine Hand, als ich ihm eine Banane gebe. Beate wird misstrauisch beäugt und dann ignoriert. Überall fliegen bunte Vögel herum, Tukane picken dunkelrote Beeren, und die ganze Anlage ist voller Obstbäume: Mangos, Limonen, Brotbäume, Bananen, Avocados. Herrlich, wir können uns abpflücken, was wir wollen. Unsere Wirtin hat nach dem Besuch einer Touristengruppe noch ein wenig zu essen übrig, und so dürfen wir ein belizianisches Nationalgericht umsonst probieren: Huhn mit Safran, rote Bohnen und gebratene grüne Bananen.

Es ist heiß, und nach dem Regen kommen die Moskitos. Gegen die kleinen Stecher gibt es allerdings ein Mittel: Wir bekommen eine Metalldose voller Nüsse. Diese werden angezündet, und wenige Minuten später sitzen wir im Qualm, genießen die moskitofreie Zeit und sind ganz high von dem Duft. Trotzdem – lange halten wir es in diesem Klima nicht aus.

Wir lassen das schwüle Flachland Belizes hinter uns, streifen Belmopan. Belizes Grenzposten ist sauber und weiß.

Dahinter endet die asphaltierte Straße. Am Grenzposten herrscht ein wildes Durcheinander, dennoch geht es schnell. Wir sind nun in Guatemala. Die Straße westlich von Belmopan direkt hinter der guatemaltekischen Grenze hat einen ziemlich schlechten Ruf, hier soll es regelmäßig Überfälle geben. Die Kleinbusse heizen an uns vorbei, ich schiele misstrauisch in die Büsche. Die Straße wird schlechter. An einem Hang schlingere ich durch tiefen Sand. Wenn eine Stelle ideal ist, um Touristen zu überfallen, dann diese. Aber es springen keine Guerilleros aus dem Dickicht. In dem Moment, in dem wir den Asphalt erreichen, reißen die dunklen Wolken auf. Der Regen tut so gut, ist so kühl.

Dunkelgrüner Urwald führt uns zur magischen Stadt Tikal, die mit ihren teilweise mehr als 2.500 Jahre alten Pyramiden und Tempeln weit aus dem Dschungel herausragt. Ein Zauber liegt über der toten Stadt, die für mich so gefüllt ist mit Leben, mit Lachen, mit Gebeten und Opferzeremonien der Gottkönige. Mehr als 50.000 Menschen lebten hier, und auch Tikal wurde wie andere Mayastätten um 900 n. Chr. verlassen. Über uns schwingen sich kreischende Affen in den Baumhöhen, und ein Tukan mit langem Regenbogenschnabel frisst die roten Beeren eines lichten Baumes.

In Guatemala gibt es wieder Hügel, die wie Halbkugeln und kleine Vulkankegel aussehen. Nachts ist es hier auch kühler, wir müssen uns wieder zudecken. Guatemala, Land des ewigen Frühlings, ist so grün wie Neuseeland. Wir sind hungrig nach Bergen und können es kaum erwarten, bald ins Hochland einzutauchen. Aber wir brauchen auch eine Pause, sind ausgebrannt. Klingt merkwürdig, doch auch Reisen ist manchmal ungemein anstrengend. Immer andere Orte, andere Menschen. Wir schlafen oft nicht so gut, und nie zu wissen, wo wir ankommen, schlaucht ganz schön.

Südlich von Poptun finden wir unsere Oase: die Finca

Ixobel. Wir waschen uns, unsere Wäsche und unsere Motorräder, befreien alles vom Salz der Karibik. Poptun hat einen wuseligen Markt mit herrlichem Gemüse und leckeren Früchten. Die Marktfrauen haben ihren Spaß mit uns, schenken uns hier noch eine Limone, da noch eine kleine Tomate und winken lachend hinter uns her. »Ich bin so froh, endlich mal zwei Tage hintereinander in die gleiche Dusche zu hüpfen und zweimal bei der gleichen Marktfrau einkaufen zu gehen«, sagt Beate. Ich glaube, manchmal vermisst sie ein Zuhause mehr als ich. Aber auch ich brauche mal Entspannung. Wir trinken eiskalte Cola, liegen in der kühlen Lagune der Finca und essen Bananenbrot, das jeden Tag frisch gebacken wird.

Die Finca Ixobel hat in Guatemala Kultstatus. Nicht nur, weil der Ort die entspannte Atmosphäre einer Hippiekommune besitzt, sondern auch, weil sein US-amerikanischer Besitzer Anfang der 90er-Jahre von Militärs entführt und umgebracht wurde. Allerdings gibt es – wie stets bei solchen Horrorgeschichten – auch hier verschiedene Versionen. In der einen war der Besitzer politisch aktiv – natürlich links – und kam der CIA in die Quere.

Dass die CIA in Zentralamerika ihre Finger stets mit im Spiel hat, ist ja nichts Neues. Vor allem in den fünfziger Jahren, als die eher linksgerichtete Politik von Präsident Guzmán ihre Agrarreformen durchführte und den Mut besaß, den US-amerikanischen Obstkonzern United Fruit Company zu enteignen, um das Land an Kleinbauern zu verteilen, gingen bei den Amerikanern die Warnlampen an. Es war die Zeit der Kommunistenverfolgung in den USA, die Zeit des »McCarthyism«. Und auch die katholische Kirche ist ja nicht besonders gut auf kommunistische Tendenzen zu sprechen. So hatten sich also zwei Mächtige gefunden. Sogar der Erzbischof von Guatemala rief 1954 zum Aufstand gegen den Kommunismus auf. Von Honduras aus marschierte die von der CIA ausgebildete und unterstützte »Befreiungsarmee« ein, und kurz darauf regierte das Militär.

Zwar versuchten die Guatemalteken, sich gegen das neue Regime aufzulehnen, doch die USA hatten so viel Angst vor dem Kommunismus, dass sie 1960 sogar die amerikanische Marine vor der Küste Guatemalas und Nicaraguas stationierten, weil sie fürchteten, das Batista-Regime in Kuba könnte übers Meer schwappen.

Dem war natürlich nicht so. Tragischerweise förderten die Vereinigten Staaten bei dieser Aktion die Falschen. Das Militär-Regime brachte unter General Montt in den 80er-Jahren 160.000 Angehörige der indigenen Gruppen um, fast alles Zivilisten. »Zeit der verbrannten Erde« nennt man diese Jahre heute.

Ob die CIA auch unseren Finca-Ixobel-Besitzer auf dem Gewissen hat, werden wir wahrscheinlich nie erfahren. Denn es gibt noch eine andere Version der Geschichte: Er hätte sich mit einem hohen Militär angelegt, und der musste, um seine Ehre zu retten, den Gringo umbringen. Die Geschichte könnte wahr sein. Zwar ist der Bürgerkrieg in Guatemala längst vorbei, doch die Guatemalteken haben schnell ein Messer oder eine Machete zur Hand, wenn ihnen etwas nicht passt. Also immer schön freundlich bleiben.

An unserem letzten Tag auf der Finca reiten wir auf kleinen kräftigen Pferden durch das hügelige Gelände und galoppieren hinter dem guatemaltekischen Caballero her, der sein Pferd wild anfeuert. Mir peitschen Zweige ins Gesicht, und mein Hintern tut mehr weh als nach zwei Wochen Motorrad fahren, aber ich genieße den wilden Ritt.

Unsere vierte Währung auf dieser Reise – nach dem US-Dollar, dem mexikanischen Peso und dem belizianischen

Dollar – ist der Quetzal. Es ist schwierig, sich alle paar Wochen an eine neue Währung zu gewöhnen. Aber Guatemalas Währung ist bunt und schön. Genau wie der Vogel, nach dem sie benannt ist. Der Quetzal hat eine rote Brust, einen smaragdgrünen Kopf und weiß-schwarze Schwanzfedern, die bis zu einem Meter lang sind. Der Quetzal gilt in der Mythologie der Indios als Sinnbild der Freiheit, denn er stirbt zumeist in Gefangenschaft. Vielleicht ein Hinweis darauf, dass der Quetzal als eigene Währung dem Land die Befreiung von den Kolonialmächten und den ihnen folgenden imperialistischen Mächten bringen soll? Leider ist Guatemalas Wappenvogel durch die Abholzung der Wälder vom Aussterben bedroht. Wir haben bis jetzt noch keinen gesehen, vielleicht gibt es ihn gar nicht mehr. Vielleicht ist mit ihm auch die Freiheit Guatemalas gestorben.

»Wir gehen mit dieser Welt um,
als hätten wir noch eine zweite
im Kofferraum!«

Jane Fonda

Good Vibrations in Guatemala

Uwe Rodacker

Am Rio Dulce, dem süßen Fluss, ist es uns zu heiß, zu humid, und wir flüchten von der Karibikküste auf die Carretera Atlantico. Diesel spuckende LKWs überholen stinkende Busse, und wir kämpfen um einen Platz auf der Straße. Ab und zu muss ich nachschauen, ob mein linker Koffer noch dran ist, oder ob er bei einem wilden Überholmanöver abgefahren wurde. Aber wie Mexiko-Mike, ein ziemlich schlechter US-amerikanischer Essay-Schreiber und selbst ernannter Mexiko-Experte, schon sagte: »Entweder man fährt genauso, oder man geht unter.«

Um nach zirka 11.000 Kilometern einen Hinterreifen für die Africa Twin zu kaufen, fahren wir in die größte Stadt Zentralamerikas: Guatemala City. Beate ist extrem schlecht drauf, sie hasst es, mit den voll bepackten Motorrädern in Städte zu fahren. Aber wir haben Glück und finden einen riesigen Teileladen, der fast alles hat, sogar einen passenden Hinterreifen für meine Twin. Und günstig dazu.

In der Stadt herrscht ein überwältigendes Gewimmel und Gedränge. Zahllose Verkaufsstände säumen die engen Straßen, die Luft ist verpestet, und auf einer Verkehrsinsel inmitten des Abgasgestanks steht eine Ziegenherde. Der Hauptplatz ist bunt, rosaweiße Zuckerwatte wird verkauft, Tauben gurren, Kinder laufen umher, kreischen. Vor fast jedem Laden steht ein Wachmann mit einer Pumpgun. Waffen mögen zwar gegen Kriminelle helfen, nicht aber gegen die größten Gefahren, denen Guatemala ausgesetzt ist: Vulkanausbrüche und Erdbeben.

Mit der Wahl ihrer Hauptstadt haben die Guatemalteken kein glückliches Händchen, denn Guatemala City ist schon die dritte Hauptstadt des Landes. Die erste, Ciudad Vieja, wurde 1541 durch Hochwasser und einen Vulkanausbruch zerstört. Die zweite, Antigua de Guatemala, machte ein Erdbeben 1773 fast dem Erdboden gleich, und auch in Guatemala City bebte es 1918 und 1976 so heftig, dass viele Gebäude einstürzten.

Wir quälen uns aus der Zwei-Millionen-Metropole hinauf in die Berge nach Antigua de Guatemala, zur alten Hauptstadt. Über ihr thront der Vulkan Agua, und zwischen den bunten Häusern liegen wie eine Mahnung an das große Erdbeben von 1773 mit blicklosen Fenstern die grauen Ruinen von Kirchen. Antigua ist lebendig, mit vielen stilvollen Läden, gutem Essen, interessanter Kunst und natürlich voller westlicher Touristen. Wir gehen zum Cerro de la Cruz, einem Aussichtspunkt, der bis vor kurzem für Überfälle berüchtigt war, und fühlen uns befreit von der Enge der Straßen und der kleinen Pension. Wir vermissen das Zelten.

Pakaya – der aktivste Vulkan Guatemalas mit 2.500 Meter Höhe. Da auch hier immer wieder Banditos lauern, machen wir eine geführte Tour durch Nebel und Wolken auf schwarzen Pfaden bis kurz unterhalb des Kraters. Zwischen den Wolken schimmert ab und zu ein Stück guatemaltekisches Hochland durch. Der Pakaya ist so aktiv, dass wir nicht bis zum Kraterrand hoch dürfen. Ich bin enttäuscht. Als hätte das vorher keiner gewusst. Leider ist auch sonst von der berühmten Aktivität des Vulkans nichts zu sehen, kein Lavafluss, keine Schwefelwolke. Aber das Wandern tut gut. Und ich bekomme Lust auf mehr.

Von Antigua geht es weiter nach Norden. Wir fahren durch kleine Orte, deren Gebäude aus grauem Beton bestehen. 70 Prozent der Bevölkerung Guatemalas sind indigen und sprechen nur als zweite Sprache Spanisch. Die Frauen tragen die traditionelle Kleidung: bunt bestickte Blusen und dunkle, bunte Wickelröcke. Wir müssen uns durch Horden von Schulkindern durchschlängeln, jede Familie hat hier fünf bis zehn Kinder. Die Maya-Frauen gehen sehr gerade unter der Last von Körben voller Stoffe und Schalen mit Früchten. Unter einem Holzbündel laufen winzige Füße eines kleinen Jungen, Kinder schauen uns mit runden, dunklen Augen an.

Wir kurven über die wunderschöne alte Straße nach Panajachel, die laut unserem Reiseführer »high levels of guerilla and bandit activity in the past« hatte, und die man auch heute noch nicht fahren sollte. Sie stürzt steil in die Tiefe und führt ebenso steil wieder zum Rand des canyonähnlichen Tals hinauf.

Der Lago de Atitlan ist unter den Wolken dunkel und wild. Sein zackiges Ufer knabbert am Fuß der Vulkane, die sich stolz aus der bergigen Landschaft erheben. Wir wandern durch Panajachel, lassen uns von dem Konsum der Touristenstände überwältigen und stehen sprachlos vor dem schimmernden See, der umringt ist von kegelförmigen

Vulkanen, um die weiße Wolken spielen. Wir baden unsere Füße im warmen Wasser. Unser Campwirt Joe ist ein US-amerikanischer Philosoph und Astrologe. Seit ihm vor 20 Jahren eine Wahrsagerin die Karten gelegt hat, ist er ausgestiegen und lebt in Guatemala. Er erzählt uns von den positiven Schwingungen, von den Einflüssen der Sterne auf unser Leben. Als Beate sagt, sie sei Sternzeichen Löwe mit Aszendent Löwe, schließt er die Augen, holt tief Luft und verharrt einige Sekunden. Beate schaut mich mit hoch gezogenen Augenbrauen an, ihre Mundwinkel zittern, sie muss ein Lachen unterdrücken. Dann flüstert er: »Energy! Du wirst in deinem Leben Macht haben. Ah.« Dann versinkt er wieder in sich. »Logisch«, sagt Beate später, »über irgendwen werde ich schon Macht haben. Und wenn es nur meine Schüler sind.«

Joe ist ein bisschen crazy, aber er gibt uns »good vibrations« und ein paar Denkanstöße zur Vergänglichkeit und Ewigkeit des Lebens. Zwischen all dem steckt ein tiefes Verständnis für die Mayas und den kulturellen Verlust, den diese in den letzten Jahrzehnten erlitten haben. Joe hat vor ein paar Jahren ein Grundstück erworben, über das ein uralter Pfad verläuft, der eine beinahe religiöse Bedeutung hat. Er besitzt dieses Grundstück nur, damit dieser Pfad nicht verloren geht.

An einem Morgen stehen wir um 4.45 Uhr auf dem Bootssteg und fahren mit dem Boot über den See. Fischer in kleinen Holzkähnen ziehen ihre Netze ein, während der Morgendunst sich hebt. Die Landschaft sieht aus, als hätte jemand einen dicken grünen Teppich drübergeworfen, der hohe Falten schlägt. Wir wandern durch Kaffeeplantagen und Marihuanafelder, werden von freundlichen Bauern mit »Hola!« begrüßt.

Ein Arbeiter, der eine fiese Hacke über der Schulter trägt, hält uns an, fragt woher wir kommen und deutet auf unsere Uhren. »Wie viel sind die wert?«, fragt er, und als wir ihm antworten, wir wüssten es nicht, weil sie alt seien, sagt er: »Ihr habt zwei Uhren, ich keine.« Ja, so ist das, würde ich am liebsten sagen, denn ich ahne schon, worauf er hinaus will. Und tatsächlich: »Gebt mir eine!«, fordert er, und obwohl ich es schon geahnt habe, bin ich perplex. Guter Versuch, Amigo. Ich glaube, ich spinne. Beim Weitergehen haben wir selbstverständlich noch zwei Uhren. »Hast du keine Angst gehabt, dass er uns mit seiner Hacke eins über den Schädel zieht?«, fragt Beate, und ich muss lachen. Nein, Angst hatte ich nicht, außerdem war der Typ fast zwei Köpfe kleiner als ich.

Wir wandern um den See zu den Dörfern, die nur per Boot oder zu Fuß erreicht werden können. Im nächsten Dorf sind die Straßen voller Kinder, und die junge Frau, die wir nach dem Weg fragen, erzählt uns, dass es hier 800 Kinder gibt. Dabei hat dieses Dorf nur 1.200 Einwohner. Wahnsinn, der Traum für jeden deutschen Demographen. Der Generationenvertrag würde die Töpfe der Rentenversicherung überquellen lassen.

Weiter geht es auf der Panamericana in Richtung Norden. Wir passieren den höchsten Punkt auf 3.600 Metern, genießen die kühle Luft des Hochlandes und die kurvige Straße. Und endlich verstehen wir auch, warum man die bunten Busse, die zu Millionen in Guatemala herumfahren, »Chicken-buses« nennt. Nicht etwa, weil auf dem Dach alles transportiert wird – sogar Hühner. Und auch nicht, weil in den Bussen so viele hübsche junge Frauen mitfahren. »Alter Chauvi«, lacht Beate, als ich ihr diesen Gedanken mitteile. Nein, sie heißen so, weil sie einen so unglaublich schwarzen Dieseldunst hinter sich herziehen, dass alle Hühner, die auf der Straße herumrennen, auf der Stelle tot umfallen – ob dies nun die Schamanen vorhergesagt haben oder nicht.

Die Menschen in diesem Land sind sehr katholisch geprägt und zeigen das auch: An jedem Pick-up klebt in großen holographischen Lettern ein Spruch, wie zum Beispiel »Dios es amor«. Aber wo bleibt die Liebe zwischen den Menschen, wenn der Fahrer so dicht überholt, dass er fast meinen Lenker streift? Da ist mir doch der ehrliche Fahrer lieber: »El rey de sierra« – der König der Bergstraße.

Wir übernachten in einer Hospedaje in San Marcos, stehen am nächsten Tag um 5.00 Uhr auf und nehmen für fünf Quetzales (50 Cent) einen Chicken-bus nach San Sebastian, das auf etwa 3.000 Metern liegt. In einem winzigen Laden erstehen wir ein paar Kekse, zwei Liter Cola und drei Flaschen Wasser. Neben dem Schrank, in dem die Waren stehen, wird mitten in der Hütte auf offenem Feuer gekocht. Dahinter ist der »Schlafraum«, ein Fleckchen Erde mit Decken. Elektrizität gibt es hier oben nicht, von fließendem Wasser gar nicht zu reden. Die Hütte ist etwa sechs Quadratmeter groß, die Kinder verkaufen die Waren. Das kleinste Kind hustet stark. Die Armut ähnelt der im Himalaja.

Auf kaum sichtbaren Fußwegen kämpfen wir uns auf das Dach Zentralamerikas, den Vulkan Tajumulco (4.260 Meter), den wir schon vom Bus aus felsig haben leuchten sehen. Es ist unglaublich, wie besiedelt das Hochland ist. Kleine weiße Häuser mit roten Dächern liegen an den steilen Hängen, auf jeder winzigen Ebene ist ein Dörfchen zu sehen, wenn die Wolken, auf die wir niederblicken, vorbeiziehen und den Blick freigeben. Je höher wir steigen, desto dünner wird die Luft. Beate keucht hinter mir, die letzten

Höhenmeter müssen wir ein wenig kraxeln. Aber auch der Tajumulco bewahrt sein Geheimnis, wie auf dem Pakaya stehen wir auf dem Gipfel umhüllt von Wolken. Wir bleiben, machen Brotzeit und hoffen, dass der Nebel sich verzieht. Auf dem Gipfel haben wir eine Eingebung: Wir brauchen einen Spanischkurs. Aber wo?

Natürlich am schönsten See der Welt, am Lago de Atitlan. Wir nisten uns also in San Pedro ein, haben einen herrlichen Platz zum Campen mit Blick auf die Vulkane und dürfen unter freiem Himmel morgens vier Stunden lang die spanische Sprache büffeln. Wir pauken regelmäßige und unregelmäßige Verben, Personalpronomen und die Formen der Nomen, Adverbien und Adjektive und alles mögliche andere – von dem ich nicht einmal wusste, dass es auch im Deutschen existiert.

Unsere Spanischlehrerin heißt Elvira, ist vielleicht 20 Jahre alt, und wenn sie nicht gerade begriffsstutzige Touristen unterrichtet, studiert sie Physiotherapie in Guatemala City. Sie sagt, seit ein paar Jahren gingen zwar immer mehr indogene Guatemalteken an die Unis, aber von Gleichberechtigung könne man noch nicht sprechen. »Klar, offiziell herrscht Gleichberechtigung, aber im täglichen Leben ist das eben nicht so einfach.« Was das heißt, will ich wissen. Sie erzählt frustriert: »In einer Unterrichtsstunde fragt der Dozent die Studenten, aber wenn sich indogene Studenten melden, nimmt er sie einfach nicht dran, ignoriert sie. Ich kann mich melden, wie ich will, ich bekomme keine Chance, ich bin Luft für die Professoren. Nicht für alle«, räumt sie ein, »aber für viele Lehrer gehören Indios immer noch nicht an die Uni. Die glauben, wir seien alle ungebildet und von Natur aus dümmer als sie.« Sie – das sind die Mestizen, Mischlinge und die Abkömmlinge der Spanier.

Wie das hier überhaupt mit der sexuellen Bildung aussieht, will ich wissen. Sie seufzt. Verhütung gibt es bei vielen Jugendlichen nicht, die meisten wollen noch viele Kinder, damit sie im Alter abgesichert sind. »Aber ich nicht«, sagt sie stolz, »ich will nur zwei Kinder und auch erst, wenn ich schon ein paar Jahre gearbeitet habe.«

Bildung ist in diesem Land ohnehin ein Privileg der Familien, die mehr Geld haben. Wie im Chiapas in Mexiko geht entgegen der offiziellen Angaben nur ein relativ geringer Prozentsatz der Kinder wirklich zur Schule. Die Eltern wollen das häufig auch gar nicht, weil Kinder billige Arbeitskräfte sind. Erschreckend: Da zirka 80 Prozent der Frauen Analphabeten sind, ergibt sich eine tragische Logik in diesem Verhalten. Im Chiapas haben wir auch das Argument gehört, dass die Schulen eben staatlich seien und die Erziehung im staatlichen Sinne nicht gewollt sei.

Nach den Spanischstunden sitzen wir abends vor dem Zelt und prosten uns zufrieden mit einem Sol zu. Wir sind nicht mehr allein, das erste Mal seit unserem Reisebeginn treffen wir andere »Langzeitreisende«. Neben uns in einer kleinen Hütte wohnen Vera und Peter. Sie ist aus Tschechien, er aus der Slowakei, beide fahren Motorrad. Außerdem kommen Markus und Mila täglich in unsere Sprachschule, zwei Deutsche, die seit über einem Jahr mit Fahrrädern unterwegs sind – die ganz harte Tour.

Mit anderen Reisenden zusammen zu sein, gibt uns ein fast ungewohntes Gefühl der Normalität zurück. Nicht nur, weil wir mehrere Tage an einem Ort bleiben, sondern weil alle Menschen um uns herum genauso »verrückt« sind wie wir. Wir machen Urlaub vom Urlaub, gehen für ein paar Quetzales essen und jubeln beim Stierkampf, als der magere Stier plötzlich doch unverhofft wild auf den Torrero einstürmt. Die Clowns finde ich fast besser, und ich glaube, dem Publikum geht es ebenso.

Die Armut in Guatemala ist häufig gar nicht so offensichtlich. Viele Kinder laufen genauso herum wie bei uns, in Jeans und Adidas-T-Shirt. Natürlich handelt es sich hierbei um Fakes. Andererseits leben sie in winzigen Zementsteinhäusern ohne fließend Wasser. Die hygienischen Verhältnisse jagen mir manchmal eine Gänsehaut ein. Ich finde es erstaunlich, wie sauber die Menschen trotzdem sind. Es gibt viele Familien, die mit zehn Kindern in nur einem Raum leben. Dort brennt auch das Feuer, über dem die Tortillas gemacht werden. Von der Decke hängen Teerfetzen, und die Luft ist unerträglich.

Arme Menschen erkennt man immer an den Füßen. Sie gehen entweder barfuß und haben deshalb rissige Füße voller Hornhaut, schlimme verwachsene, schwarze Nägel, oder sie haben nur Badelatschen an, und die Füße sehen auch nicht viel besser aus. Schlimm ist der Anblick der alten Menschen, die die Straße entlanghumpeln oder blind sind. Rente gibt es sowieso nicht. Vor allem bei den Marktfrauen, die uralt sind und hinter ihrem Gemüse sitzen, wird deutlich, dass jeder arbeitet, so lange er kann. Ab und zu gebe ich einer alten Frau einen Quetzal. Die Kinder verkaufen einfach alles, Schuhe, Schmuck, Gemüse. Sie schleppen unglaubliche Berge von Früchten, von Holz und Getreide.

Der Umgang mit der Natur ist ein anderes Kapitel. Wir machen uns tagelang Gedanken, was wir mit dem Altöl machen sollen und haben sogar ein schlechtes Gewissen, wenn uns ein bisschen Spülwasser danebenschwappt. Die Guatemalteken hingegen unterhalten neben jeder Straße eine kleine private Müllverbrennungsanlage. Am besten noch direkt neben dem Häuschen, so dass die Kinder den giftigen Qualm gleich einatmen können. Wird der Müll nicht verbrannt, liegt oder fliegt er eben herum. Altöl wird einfach irgendwo hingekippt, am besten da, wo auch ein Bächlein fließt. Ich wette, es gibt keinen Bach, keinen Fluss in diesem Land, der nicht verseucht ist. Ich würde hier selbst mit purifierten Tabletten oder unserem Wasserfilter kein Wasser trinken. Etliche Seen sind so vergiftet, dass man darin nicht mehr baden kann, die Einheimischen tun das natürlich trotzdem. Ich verstehe zum ersten Mal richtig, was ein Entwicklungsland ist.

»Unnötige Fragen und Herumgeblättere in den Pässen, inquisitorische Blicke ..., barsche Überheblichkeit, anscheinend ein gemeinsamer Wesenszug der gesamten Militärkaste.«

Che Guevara, 1952

Grenzerfahrungen

Uwe Rodacker

Vor den Grenzen Zentralamerikas graute es uns immer ein bisschen, aber bis Guatemala waren unsere Grenzübertretungen einfach, schnell und günstig. Im Herzen Zentralamerikas machen wir jedoch ganz neue »Grenzerfahrungen«. Kaum erreichen wir die Grenzposten, laufen so genannte »Helferlein« bzw. Geschäftsleute, die Geld tauschen wollen und laut »Cambio! Cambio!« schreien, in Scharen auf uns zu. Sie springen sogar vor die Motorräder, während wir auf sie zufahren. Alle sagen auf einmal »Cambio!«, »Guia!« und erklären uns, welche Währung wir in dem Land, in das wir fahren, brauchen werden und dass hier der Dollar nicht gilt. Wir sind ja auch völlige Idioten, die das nicht wissen.

All diese netten Menschen wollen uns auch helfen, die »schwierig verständlichen« Papiere auszufüllen. Schwierig ist das wirklich nur für Analphabeten, denn »Nombre« und »Nacionalidad« kennen wir nun auch schon. Die Helfer bieten an, die Prozedur für uns zu beschleunigen, sagen, wir würden ohne sie fünf Stunden brauchen, mit ihnen nur eine halbe Stunde. Und das machen sie ganz einfach, wie wir dann beobachten: Sie drängeln sich rigoros vor. Da wir all diese Hilfen aus Prinzip ausschlagen, ja, die armen Männer sogar ignorieren, müssen wir in langen Schlangen in einer Affenhitze warten, bis die dicken Grenzbeamten mit ihrem Wurstfinger-Einfinger-Suchsystem unsere Daten eingegeben haben oder eine Büroklammer finden, mit der sie es schaffen, sogar einzelne Münzen der Bearbeitungsgebühr an unser Einreiseformular zu heften.

Typischer Ablauf, exemplarisch an der Einreise nach El Salvador beschrieben: An der Grenze teilt man uns mit, dass wir fünf Kilometer zurückfahren müssen, um dort Formalitäten zu erledigen. Meine Bemerkung, dass dort aber kein Schild gewesen sei, wird mit einem Grinsen abgetan. Immerhin stimmt die Angabe. Es gibt in dem Officina sogar einen Computer, der an ein nationales Netz angeschlossen ist. Leider bricht dieses mehrfach zusammen, und alle Daten gehen unwiederbringlich verloren, so dass noch mal eingetippt werden muss – und das in einer Geschwindigkeit, gegen die deutsche Beamte echte Raser sind. Dennoch immer freundlich bleiben.

Beate hat eine Engelsgeduld, ich könnte manchmal ausrasten. Papiere müssen doppelt oder dreifach überprüft, ausgefüllt oder kopiert werden. Dass der Kopierladen die meiste Zeit geschlossen hat, verwundert keinen. Manchmal glaube ich, ich flippe aus. Zum Beispiel, als ich eine halbe Stunde brauche, um eine Kopie aller (!) unserer Stempel im Reisepass machen zu lassen. Als ich dann zum Officina zurückkehre, sagt der Beamte: »Oh, die Kopie, jaaaaa, ich brauche zwei davon.« Aaaaaaaaaah! Jetzt die Ruhe bewahren, lächeln, aber am liebsten würde ich ihn würgen. Doch ich will ja nicht im salvadorianischen Gefängnis verrotten. Letztlich brauchen wir insgesamt fünf Stunden, um Guatemala zu verlassen und nach El Salvador hineinzukommen.

In Honduras geht zumindest die Abfertigung unserer persönlichen Daten unglaublich schnell: Nach zwei Stunden und drei Dollar müssen wir nur noch unsere Motorräder durch den Zoll bringen. Dann wollen uns die Vertreter dieses Landes plötzlich 45 Dollar pro Motorrad abnehmen. Wir protestieren. Das stinkt nach Korruption. Ein englischsprachiger »Helfer« kommt hinzu, und gemeinsam werden uns die Gründe für diesen hohen Preis erläutert:

1. Mit dem Geld würden die Straßen von Honduras gebaut. Ich sage zu dem Helfer: »Ich will doch keine Straße kaufen.« Der nickt ernst und meint: »Si, claro.« Ich frage ihn, weshalb nur wir Westler so viel Geld bezahlen müssen. Alle Zentralamerikaner kommen gratis durch den Zoll, und diese fahren ja wohl wesentlich öfter auf den hondurianischen Straßen als wir.

2. Wir könnten die Motorräder ja in Costa Rica verkaufen. Wie bitte? Was hat Costa Rica mit Honduras zu tun? Außerdem liegt da noch Nicaragua dazwischen.

3. Für einen US-Dollar müssten 18 hondurianische Lempiras bezahlt werden, wogegen in anderen Ländern, wie zum Beispiel Nicaragua, nur 12 Cordobas für einen Dollar nötig seien. Deshalb sei hier alles teurer, denn die Währungskurse müssten sich nach Honduras richten. Aha. Habe ich beim MBA-Studium das mit den Währungskursen nicht ganz richtig verstanden? Für mich klingt Lempira ohnehin wie lumpige Lira – mit der war das früher ähnlich, verlor täglich an Wert.

4. Dafür würde die Ausreise nichts kosten. Auch diese Aussage stimmt nicht, denn wie wir später erfahren, kostet die Ausreise noch mal neun Dollar. Tja, da weiß wohl die

linke korrupte Hand nicht, was die rechte tut.

5. Zehn Dollar seien für das Ausfüllen des Formulars notwendig. Außerdem koste der Geldtransfer weitere zehn Dollar. Die Bank habe heute am Samstag leider zu, und wir müssten bar zahlen. Eigentlich müsste man uns diese zehn Dollar erlassen, was aber nicht gehe.

6. Dafür seien alle anderen Länder umsonst. Auf unseren Einwand, die Einfuhr in El Salvador hätte aber sieben Dollar gekostet, wird erwidert, dass das nicht korrekt gewesen sei. Das hätte nur 1,50 Dollar kosten dürfen. Die Salvadorianer seien wohl korrupt gewesen. Wir sind sprachlos.

Ich warte also stundenlang auf den »Jefe« der Administration, der allerdings nie in seinem Büro ist, während Beate bei brütender Hitze die Motorräder bewacht und allen chauvinistischen Anmachen widersteht. Immer wieder hinterfrage ich die Gebühren bei anderen Zollbeamten, bei der Polizei und den Militärs, die wichtig in das Büro des endlich eingetroffenen Jefe spazieren und noch wichtiger sagen, wir sollten nichts bezahlen, denn sie würden jetzt intervenieren.

Nach einigen Minuten kommen sie wieder heraus, würdigen mich keines Blickes und verschwinden. El Jefe sitzt dick und rund hinter seinem Schreibtisch und lässt sich die Kosten nochmals von dem Helfer diktieren. Diesmal kommen nur 43 Dollar heraus. Hurra! Der Aufwand hat sich gelohnt: Wir haben zwei Dollar gespart. Selbst meiner Forderung nach schriftlichem Beleg mit Namen, Ort, Datum, Kostenposition und Stempel wird nachgegangen. Also gut. Wirklich erreicht habe ich nichts. Jeder hat sich eben mal etwas wichtig gemacht, und wir sausen in das angeblich billigste Land Zentralamerikas hinein.

Das alles vermiest uns diese Länder nicht, denn die Landschaft ist unglaublich schön. In El Salvador schlängeln wir uns durch eine grüne Vulkanlandschaft und campen am Kratersee Lago de Coatepeque mit seiner riesigen Caldera. Am nächsten Tag fahren wir am Kraterrand hoch in den Nationalpark Cerro Verde auf 2.030 Meter. Ich habe wegen all der Wolken gar nicht die Erwartung, den Vulkan Izalco zu sehen. Doch dann liegt er vor uns, dunkelrot-schwarz und perfekt kegelförmig, während wilde weiße Wolken um ihn herumziehen und ein wenig Rauch aus dem Krater steigt. In der Ferne glitzert der Pazifik am Horizont. Wir gehen durch das Hotel Montana, das 1957 extra erbaut wurde, damit die Gäste von oben in den ständig Lava spuckenden Vulkan schauen konnten. Leider hörte er einen Tag vor der Einweihung des Hotels auf, leuchtende Lava in die Luft zu schleudern – nach 187 Jahren kontinuierlicher Aktivität. Er wird aber immer noch als aktiv klassifiziert.

In El Congo kaufen wir ein. Beate ersteht an einem Straßenstand frittierte Kartoffeln mit Salsa-Salat. Sie hat wirklich einen »Schweinemagen«, kann einfach alles essen, während ich nur selbst gekochte Nahrung vertrage. Vor dem Schlafengehen stehen wir noch auf dem hauseigenen Steg unseres Hostals und genießen die Lichter, die sich um den perfekten Kratersee Lago de Coatepeque tummeln.

Morgens wollen wir eigentlich weiter, doch Beates Magen erweist sich nicht als so resistent, wie wir dachten: Sie verbringt den Großteil des Tages auf dem Klo oder hängt bleich in der Hängematte. Gut, dass es Cola gibt. »Bin wohl doch nicht so 'ne Harte«, sagt sie schlapp und grinst. Unsere Hostmutter ist entsetzt: »Meine Kinder dürfen überhaupt nichts von Straßenständen kaufen, davon bekommt man üblen Durchfall.« Ach nee ...

Auf dem Weg nach Süden fahren wir parallel zur Panamericana und durchqueren ein Städtchen, in dem die Schüler mit

Bands, Tanz, Plakaten und Chören gegen die Umweltzerstörung El Salvadors protestieren. Schüler in dicken Pappmaché-Bäumen tanzen um uns herum, die tanzenden Mädchen sehen ziemlich sexy aus, echte Latinas.

Die Menschen sind bis auf wenige Ausnahmen wirklich nett. Auf dem Weg nach Alegria, wo es eine zauberhafte Lagune in einem alten Krater geben soll, fragen wir in dem Örtchen Berlin, das nur wenige Kilometer entfernt von Buenos Aires liegt, nach dem Weg. Eine nette Omi schickt uns in eine Seitengasse, die so steil hochgeht, dass wir erst ein bisschen zögern, aber dann die Fahrt wagen. Richtig Gas und geschafft. Oben angekommen, sehen wir, dass die Straße endet. Aber nein, nicht ganz, es führt noch ein schlammiger, steiler Pfad weiter. Wir fragen erneut einen Anwohner, der uns versichert, ja, dies sei die Straße nach Alegria. Nach kurzer Überlegung entschließen wir uns gegen diesen Weg und fahren zurück nach Berlin hinein, die Omi lächelt uns noch mal zu, und nach wenigen hundert Metern finden wir uns auf einer großen Kreuzung wieder, an der ein noch größeres Schild steht, das uns den Weg nach Alegria über eine perfekt asphaltierte Panoramastraße weist.

Diesmal sind wir sicher: Das war weder Unwissenheit noch ein Missverständnis. »Arschlöcher«, schimpft Beate, und ich muss lachen. Die wollten sich abends in der Kneipe mal wieder Geschichten über Gringos erzählen, die sie in die Wüste geschickt haben.

Wir fahren auf einer holperigen, steilen Straße zur Laguna de Alegria, der Laguna der Fröhlichkeit, die in einem verwachsenen Krater liegt. In der Trockenzeit ist die Lagune paradoxerweise groß, in der Regenzeit winzig, so dass wir an einer etwas mickrigen, wenigstens türkis schimmernden Laguna sitzen und unser Toastbrot mit zwei Zweitklässlerinnen aus Alegria teilen, die über unser gebrochenes Spanisch lachen und meine hüpfenden Steine auf dem Wasser bewundern.

In Honduras fallen uns die vielen nackten Kleinkinder auf, die zwischen den armseligen Hütten umherlaufen. Ihre Haut hat die Farbe der dunkelbraunen Erde. Wie in ganz Zentralamerika hängt die Wäsche über den Drahtzäunen. Wenn ich auch verstehe, dass Wäscheleinen nicht unbedingt das sind, was man hier braucht, weiß ich doch nicht, warum es Stacheldraht sein muss. Tegucigalpa, die Hauptstadt, ist eine völlig andere Welt: Supermärkte, Pizza Hut, Burger King und moderne Autos wohin man sieht. Wir schneiden die Stadt nur an, biegen in die Berge in das Valle de Angeles, das Engelstal, ab.

Es scheint hier keine Hotels zu geben, aber irgendwann sehe ich in der Dämmerung verschwommen das Wort »Pension« neben mir verschwinden. Beate rast davon wie verrückt, und als ich sie endlich einhole, klinge ich genervt, weil ich so müde bin. »Da war doch eine Pension, hast du das nicht gesehen?« Hat sie anscheinend nicht, also zurück. Wenige Minuten später stehen wir davor: »Hundepension«. Beate krümmt sich vor Lachen: »Hätte nie gedacht, dass es in Honduras eine Hundepension gibt. Das hast du toll gesehen. Vielleicht können wir ja eine Hundehütte mieten.« Ich muss auch grinsen, okay, okay!

In dem spanisch geprägten Bergdorf Santa Lucia finden wir dann ein echtes Prinzessinnen-Zimmer mit gebogenen Eckfenstern und Blick auf die Nachtlichter von Tegucigalpa und die beleuchtete Kirche. Wir handeln ein wenig und bekommen das Zimmer für 20 Dollar – ich dachte, dies sei das billigste Land Zentralamerikas?

Am nächsten Morgen fahren wir noch höher in die hondurianischen Berge und nähern uns den Wolkenwäldern, die zwar nicht wolkig, dafür aber windig sind. Jaguare soll es hier geben. Wir sehen sie nicht. Wir gleiten durch schöne Serpentinen auf ebenem Asphalt, und ich muss sagen, so habe ich mir die Straßen Zentralamerikas nicht vorgestellt. Ich habe gedacht, hier gäbe es nur zwei Jahreszeiten: Staub und Schlamm. Wir scheinen augenblicklich trockene Regenzeit zu haben. Doch von den Staubstraßen bleiben wir auch nicht verschont: 30 Kilometer rote Piste müssen wir bis Valle de San Francisco durch Honduras' Hinterland überwinden. Staub, Staub, Staub und herrliche Blicke auf die Berge warten auf uns. Zur Feldarbeit werden hier noch Pferde und Ochsen hinter einen Holzpflug gespannt, die Räder an den Karren sind ebenfalls aus Holz.

Und schon sind wir wieder an einer Grenze. Ätzend, jetzt weiß ich, warum viele Reisende von Zentralamerika genervt sind. Wenn man so durchfährt wie wir, dann hat man manchmal nach ein oder zwei Wochen – oder wie wir nach einem Tag – schon wieder eine Grenze vor sich. Aus Honduras raus geht es schnell, aber auf der nicaraguanischen Seite wollen uns Grenzgeschäftemacher weismachen, dass unsere Versicherung hier nicht gilt. Geduldig zeige ich ihnen den Passus, in dem steht, dass die Versicherung für ganz (!) Zentralamerika gilt. »Ja, aber dies hier ist Nicaragua«, wirft einer der Herren ein. Also zeigen wir ihm das Dokument noch einmal, worauf er meint: »Ja, aber hier steht nicht explizit Nicaragua drin.« Nun explodiert Beate: »Und wo bitte schön liegt Nicaragua? In Europa? In Asien? Nein, es liegt in Zentralamerika! Zentralamerika!«, schreit sie und wedelt mit dem Versicherungsschein vor den Gesichtern der Geschäftemacher herum.

Nun wird der Inspektor herbeigerufen, der letztlich die Entscheidung fällt. Er hört sich schweigend die zwei Seiten an, sieht die Helfer an, sieht uns an, zückt dann seinen Stift und unterschreibt unser Einreiseformular. »Bueno«, sagt er, das Machtwort ist gesprochen, wir dürfen einreisen. »Ich hasse diese Typen!«, murmelt Beate und ist immer noch ganz rot vor Wut.

Nicaragua hat uns schon nach den ersten Kilometern erobert: Die Landschaften wechseln, zunächst ist das Land saftig grün aufgefaltet, mal wild, mal sanft, trockene Landstriche folgen. Zur Küste hin wird alles flach, unterbrochen von der Cordillera los Maribos: einer Reihe von kegelförmigen Vulkanen, von denen einige schon so alt und inaktiv sind, dass sie grün überwachsen sind. Andere sehen dunkelrot aus, an den Hängen sieht man noch die Lavaflüsse, und dicker Rauch steigt aus ihnen hervor. Hier schiebt sich die pazifische unter die karibische tektonische Platte, ein komisches Gefühl, auch wenn man zur Zeit nichts davon bemerkt. Spontan entschließen wir uns, ans Meer zu fahren. Nach zwanzig Minuten im Nieselregen auf schlechter Straße stehen wir am dunklen Strand von Paneloya und lassen uns von den Wellen einlullen.

Wir mieten uns für drei Dollar die Nacht am Strand der Pazifikküste mit traumhaftem Blick auf Palmen, Felsen, Strand und Meer bei einer Familie ein. Es ist ein kleiner Strandurlaub mit Zwang zum Spanisch sprechen, denn Paula, die zehnjährige Tochter des Hausherren, und ihr ein Jahr älterer, körperbehinderter Bruder Santotinto lassen uns die zwei Tage, die wir dort verbringen, nicht aus den Augen. Die Familie hat trotz der Behinderung von Santotinto Glück: In Leon gibt es eine Schule für Kinder wie Santotinto, und dort fährt er zwei Mal die Woche hin. Wir bringen ihm und Paula Stifte und Süßigkeiten aus Leon mit, wenig später zeigt uns Santotinto seine »Bilder«, die er auf seine Hände gemalt hat. Er ist unglaublich fröhlich und neugierig. Vor allem unser kleiner Kocher ruft bei den Kindern Begeisterung hervor. Als wir das erste Mal darauf kochen, staunt Paula: »Oh, ein Puppenkocher!«, und Santotinto lacht. Sie sind traurig, als wir fahren.

Granada, die alte Stadt am Lago de Nicaragua, ist wunderschön erhalten. Pferdekutschen klappern an den bunten Kolonialhäusern vorbei, und am Park Zentral kann man frischen Fruchtsaft trinken. Beate »bewacht« die Motorräder, ich laufe umher und suche eine Hospedaje mit Unterstellmöglichkeiten für die Bikes. Schließlich mieten wir uns in der Hospedaje Calzada ein mit »dark doubles with creaky beds«, wie unser Reiseführer verheißt. Und Recht hat er: Die Betten sind so creaky, dass wir die dünnen Matratzen auf den Boden legen. Aber Hauptsache, die Motorräder stehen sicher.

Der Markt in Granada ist eng, wuselig, voller Menschen, die uns etwas aufdrängen wollen und uns zu diesem Zweck anscheinend unbedingt anfassen müssen. Wir sind gereizt und fühlen uns unwohl, belästigt. Intimsphäre kennen diese Leute wohl nicht. Sobald wir vom Markt weg sind, wird es besser. Trotzdem fällt uns wie schon in El Salvador auf, dass die Menschen hier nicht so nett und offen, so fröhlich sind wie zum Beispiel in Guatemala, wo jedes Kind »Hola« ruft.

Im Lago versuchen zwei Jungen Fische zu fangen. Das Seeufer ist übersät mit Müll, das Wasser ist braun, schaumig und stinkt. Ich werde wütend bei dem Anblick, denn dieser riesige See ist biologisch schon fast so tot wie sein Nachbar, der Lago de Managua. Es ist unfassbar, dass diese Länder so wenig von den Ressourcen schützen, die sie haben. Dabei sind Luft und Wasser die wichtigsten Dinge, die es gibt. Aber es existieren keine Kläranlagen. Alles – Fäkalien, Industriemüll – wird direkt in Flüsse und Seen geleitet, einfach hineingepumpt, und weg ist es. Am Flussufer wird gewaschen und gleich daneben gebadet. Familien, die keinen Wasseranschluss haben, trinken sicherlich auch noch daraus.

Dabei kann man noch nicht einmal sagen, dass niemand davon weiß oder niemand eine Lösung hätte. Es liegt an der Politik, denn mögen die Menschen hier auch weniger gebildet sein, die Politiker sind es mit Sicherheit nicht. Natürlich mangelt es auch an Geld, vor allem aber werden die Prioritäten falsch gesetzt. Ich möchte nicht wissen, wie viel Geld hier immer noch für das Militär ausgegeben wird. Nachhaltigkeit ist ein Fremdwort. Erst mal muss alles andere »entwickelt« werden, bevor man an die Umwelt denkt. Im Zuge der Globalisierung könnte man in dieser Hinsicht eigentlich voneinander lernen, doch der kapitalistische Gedanke ist viel zu stark. Jeder muss anscheinend seine eigenen Fehler machen, so ein Unsinn. Um mit den Worten unseres astrologisch angehauchten ehemaligen Campwirts in Guatemala zu sprechen: »Ignoranz ist die stärkste Kraft auf der Welt.«

Der gleiche Wahnsinn bei den Autos, den Bussen, den LKWs, die in so unglaublichem Maße räuchern, dass uns abends manchmal die Lunge wehtut. Natürlich sind die Busse ausrangierte Schulbusse aus den USA. Und auch wenn sie noch so wunderschön bunt lackiert sind – die Kisten räuchern wie die Hölle. Wir in Europa sollten uns übrigens an die eigene Nase fassen, denn die ganzen alten Diesel-PKWs und LKWs werden von dort gerne nach Afrika »exportiert«. Entwicklungshilfe zur Mobilität nennt man das.

»Wo immer ein Costaricaner ist,
dort ist Freiheit!«
Julio Maria Sanguinetti
(Ex-Präsident von Uruguay)

Costa Rica – die reiche Küste

Beate Block

Costa Rica – eine andere Welt. Sobald wir die Grenze überquert haben, umgibt uns Dschungel, plötzlich fahren wir durch tiefes, dichtes Grün, und wie auf Bestellung fängt es an zu regnen. Pures Grün ohne Nebengeruch, saubere Bäche und Flüsse, deren Schaum natürlichen Ursprungs ist und nicht auf Ariel und Omo zurückgeht. Auch die Menschen sind hier wieder freundlich, sind lustig und können lachen.

In La Cruz finden wir eine schnuckelige Pension. Unser Pensionswirt, der uns zunächst im Rippen-Unterhemd begrüßt, ist begeistert, als er hört, dass wir Deutsche sind. Er tanzt um Uwe herum und ruft »Costa Rica dos, Alemania uno!« Wir lachen, ich frage mich, wovon der Gute redet. Uwe sieht auch nicht aus, als würde er es wissen, ist ja noch weniger Fußballfan als ich, aber egal. Der Señor ruft fröhlich »Futbol!« und »Beckenbauer!« und teilt uns auch gleich den Nationalgruß mit: »Pura Vida!« Dabei muss man lachen und mit dem Arm eine weltumgreifende Bewegung machen.

Zu den vier Millionen Einwohnern kommen in Costa Rica jährlich eine Million Touristen hinzu, vorwiegend Amerikaner. Kein Wunder, dass die Straßen hier so gut sind. Aber wir wollen auch ein wenig das ursprüngliche Costa Rica sehen und machen mit der Twin einen Abstecher auf die Peninsula Nicoya. Uwe dirigiert uns gekonnt um Löcher, Pfützen und Felsen und fährt direkt auf den grafitfarbenen Sandstrand von Junquillal. Wir essen zwischen grünen Palmen am langen, grauen Strand und genießen das Rauschen des Pazifiks und das wilde Wolkenspiel. Minuten später gießt es wie aus Eimern.

Als die Sonne wieder scheint, sehen wir, dass der gute Weg zum Strand nun dick verschlammt ist, unglaublich glitschig. Uwe flucht, ich auch, weil ich hinter dem Motorrad hergehen muss, um es gegebenenfalls zu stabilisieren. Also bekomme ich den aus dem Reifen spritzenden Schlamm ab, halten könnte ich das Bike ohnehin nicht, weil ich genauso hin- und herrutsche.

Sämtliche ungeteerte Straßen verwandeln sich in glitschige Schlammpfade. Nach Süden ist die Weiterfahrt nicht möglich, dort sind wir durch einen angeschwollenen Fluss abgeschnitten, also wenden wir uns nach Norden. Die schwarze Wolkenwand verfolgt uns, hinter uns zucken Blitze durch den dunklen Himmel, und der Donner brüllt. Doch wir fahren in der Sonne, ich klammere mich an Uwe, spüre seine Wärme.

Der Abschnitt der Panamericana, der Costa Rica durchquert, ist nur bis Liberia richtig gut. Danach können die Autos teilweise nur im Schritttempo fahren, große und tiefe Schlaglöcher beherrschen die Straße. Wir rollen über die

Puente Salto, die Salto-Brücke, die sicher nicht so heißt, weil der Fluss darunter so quirlig ist, sondern weil man kurz dahinter mit dem Motorrad einen Salto macht, wenn man nicht auf die Schlaglöcher aufpasst. Der lokale Radiosender heißt Radio Pampa, passt irgendwie. Überall hängen Plakate mit Kandidaten für Wahlen. Einer der aufstrebenden Politiker heißt Jesus Menuzem. Jesus ist in Mittelamerika ein ganz normaler Vorname. Käme in Deutschland gar nicht in Frage, ein Jesus Schulze oder Jesus Finke.

Von der Schlagloch-Panamericana sind wir auf dem Weg ins Inland zum Lago de Arenal. Dieser Stausee ist eine der wichtigsten Energiequellen des Landes und liefert auch Strom an die Nachbarländer Nicaragua und Honduras. Im Slalom suchen wir uns auf der Straße einen Weg zwischen den vielen tiefen, mit Wasser gefüllten Schlaglöchern, manche so tief, dass wir darin verschwinden könnten. Um uns herum tut sich eine Alpenlandschaft auf. In einem der kleinen Dörfer finden wir einen deutschen Bäcker, der allerdings kein frisches Brot, sondern nur eingefrorenes hat, aber das wollen wir nicht. So etwas kaufen wir nicht einmal in Deutschland. Dafür gibt es im dazugehörigen Restaurant Sauerkraut und Würstl oder Weißwurst, Leberkäse und Knödel. Da werden fast Heimatgefühle wach.

Aber die Natur zeigt uns wieder, dass wir doch in Zentralamerika sind: Wir fahren durch hohen Dschungel an steilen Hängen. Feuerrote Blüten, wilde Schlingpflanzen und Moose versuchen die Straße zu erobern, Vögel kreischen ohrenbetäubend. Der Vulkan Arenal versteckt sich hinter den Wolken, zeigt uns nur seinen faltigen grünen Fuß, dann spaltet er die Wolken und lässt es regnen, regnen, regnen. Auch in der Nacht sehen wir leider nicht die rotglühende Lava, die er ausspuckt.

Am Morgen brechen wir trotz leichtem Regen auf. Regenklamotten anziehen? Ach was, wir sind doch in den Tropen, da ist es nicht kalt, und außerdem regnet es nur kurz. Dass wir an diesem Tag bis auf fast 3.000 Meter hoch fahren würden, hat uns vorher niemand gesagt, und dass es nicht zu regnen aufhören würde, auch nicht. »Wenn es hier tropischen Vier-Uhr-Nachmittags-Regen gibt, dann ist die Uhr wohl gestern stehen geblieben«, sagt Uwe säuerlich, als wir in einer Pause unter einem Bushäuschen Zuflucht suchen. Es ist richtig kalt, ich friere, wir sind beide völlig nass und haben sogar Wasser in den Stiefeln. Dafür sehen wir den Wolkenwald endlich mal in Wolken und fahren neben tiefen Schluchten, die aussehen, als käme man nie unten an, wenn man hineinstürzen würde. Costa Rica ist unglaublich: Ein Viertel des Landes besteht aus Schutzgebiet.

Aber wir geben nicht auf, wollen endlich mal wieder einen Vulkan bei klarer Sicht bewundern. Einen Tag später, halbwegs getrocknet in San José, fahren wir die endlosen Serpentinen des Vulkans Irazu hinauf. Die Ranger zeigen uns an seinen Flanken auf 3.300 Meter einen Nebenkrater, in dem wir zelten können. Die Luft ist klar und kalt, und außer uns ist hier oben niemand, nur ein kleiner Coyote beäugt uns neugierig. Wir genießen den Sonnenuntergang mit Blick auf den Lago de Nicaragua und verkriechen uns früh in die Schlafsäcke.

Morgens stehen wir um 5.50 Uhr auf, ich bin neugierig, sauge die Luft ein, Kaffee und Brot mit Erdnussbutter schmecken heute besonders gut. Es ist keine Wolke am Himmel, die Sonne geht gerade auf. Wir sind die Ersten, die in den Parque Nacional Volcán Irazu hineinsausen. Ein paar Schritte, und 300 Meter unter uns liegt der Krater. Er ist tief zerrissen, braun, dunkelgrün bewachsen und bemoost. Tief unten leuchtet ein märchenhafter mintgrüner Kratersee. Steil sind die Wände, dunkel, wie erst gestern durch ein Be-

ben aufgerissen. Er sieht alt aus, richtig alt, dabei explodierte er erst 1963 das letzte Mal und beregnete die Hauptstadt San José mit Asche, die stellenweise 50 Zentimeter hoch war.

Heutiger Spontanentschluss: Wir wollen noch mal an die Karibikküste. Also geht es wieder hinunter von 3.400 auf 0 Meter. Es wird tropischer, feucht, und am Straßenrand wachsen Pflanzen, die aussehen wie riesiger Rhabarber, die Blätter haben einen Durchmesser von etwa zwei Metern. »Sombrilla de pobre« nennt man das Gewächs – den Sonnenschirm der Armen.

Vor Puerto Limon an der Ostküste fahren wir an unendlichen Bananenplantagen vorbei. Bananen brauchen nur sieben bis neun Monate, um vom Setzling zur Staude zu wachsen und weitere drei Monate, bis die Früchte reif sind. Klingt einfach, aber da die Pflanzen ziemlich empfindlich sind, müssen massenhaft gefährliche Chemikalien benutzt werden. Die Nebenwirkungen auf die Arbeiter, die selbstverständlich ohne irgendwelche Schutzkleidung oder Masken arbeiten, sind verheerend: Die Krebsrate und die Säuglingssterblichkeit sind enorm gestiegen, viele Männer werden unfruchtbar. Ich muss an meine 12. Klassen denken, mit denen ich die Arbeit und Schwierigkeiten der »Bananeros« durchgenommen habe.

Jetzt bin ich hier, eine »Viajera«, eine Reisende. Kilometerlang sind die Strände, wir fahren im Schatten von fünfzehn Meter hohen Kokospalmen. In Cahuita finden wir ein buntes Zimmer, wandern am Strand entlang und schauen uns die Stadt am Abend an, die jetzt mit vielen kleinen Restaurants gemütlich wirkt. Tagsüber sehen die Hütten windschief und verkommen aus. Jeder trägt hier Rastalocken, die Einheimischen sind schwarz und sprechen ein Englisch, das ich sonst nur aus Reggae-Songs kenne. Auf der Straße murmeln uns vorbeigehende Männer zu: »Haschisch?« Wir grinsen, sagen nein, danke, uns geht's ohne gut genug. Die Nacht ist stressig – Reggae-Musik dröhnt durch die Stadt, Moskitos jagen uns im Halbschlaf, es ist fast zu heiß zum Schlafen.

Am Morgen wandern wir an der Küste entlang durch den Regenwald zum Cahuita Nationalpark. In einem kahlen Baum hängen Affen an ihren Schwänzen und kauen an den letzten Blättern. Blauorange Krebse ducken sich in ihre Löcher, heben ihre große Schere abwehrend – oder winkend? – in die Luft, bevor sie verschwinden. Der Weg wird schlammig und rutschig, um die Bäume winden sich Ranken, deren herzförmige Blätter symmetrisch aneinander liegen. Mitten im Dschungel stehen ein paar Bananenbäume. Steinstufen und ein Stück Mauer zeugen von den Versuchen, das Land zu erobern. Minutenlang ist es totenstill, dann surren die Grillen wie auf Kommando, bis wir den Lärm kaum mehr aushalten. Dann wieder Stille.

Am hellen Strand liegen weiße Korallenberge, und kleine durchsichtige Krebse laufen über den Sand, verschwinden mit der nächsten Welle. Ein Kolibri brummt über unseren Weg, zwei bunte Schmetterlinge tanzen vor uns den Tanz der reichen Küste. Unseren letzten Tag an der Karibik runden wir mit einem Teller voller Langusten und einigen Cocktails ab, ich verfalle dem Piña Colada. Da macht auch die Endlosschleife der Reggae-Musik nichts mehr aus. Prost und gute Nacht, Karibik.

»Die Menschen bauen zu viele
Mauern und zu wenig Brücken.«
Dominique Georges Pire

Panama – Brücke zum anderen Kontinent

Uwe Rodacker

Unsere letzte Grenzüberquerung in Zentralamerika. Panama – ich denke an Janosch, fühle mich wie Bär und Tiger. Werde ich irgendwann nach Deutschland zurückkehren und dort mein »Panama« finden? Heute ist es jedenfalls hier, und die Fahrt durch Panama ist wie ein Rausch. Die gut ausgebaute Panamericana führt durch flaches Küstenland, links von uns liegen die Berge im Regen. Es ist schön hier, bietet uns aber nichts Neues. Ich habe keine Lust, anzuhalten, um hier noch etwas zu erkunden. Nachmittags gießt es wie aus Eimern, das ist echte Regenzeit. Wir finden ein zwar heruntergekommenes, aber billiges Hotel und wollen einfach nur in die Betten fallen, doch die Söhne der Besitzerin lassen uns nicht. Der Ältere redet uns auf Englisch fest, der Jüngere scheint einen Narren an mir gefressen zu haben. Er schleppt einen alten Almanach herbei und zeigt mir ein Bild der Altstadt Frankfurts: »Alemania!«, sagt er stolz. Und dann scheint ihm etwas einzufallen: »Conoces Volkswagen? – Kennst du Volkswagen?«, und ich sage, claro, kenne ich, ja, eine deutsche Marke, ist sehr gut. Er strahlt, verstummt, grinst, als ginge ihm ein Licht auf, und fragt erneut: »Conoces Audi?« Ich bleibe höflich, auch als er mich fragt, ob ich Chevrolet, BMW, Porsche und Volvo kenne. Er selber sagt nichts über die Marken. Es ist wohl das langweiligste Gespräch über Autos, das ich je geführt habe, aber was soll's: Auch das ist Völkerverständigung.

Panama ist unaufregend. Die engste Stelle Zentralamerikas, gerade mal 50 Kilometer breit: der Isthmus von Panama. Im Norden liegt die Karibik, im Süden der Golf von Panama. 1513 wurde das Land hier das erste Mal durchquert, natürlich von einem Spanier: Vasco Núñez de Balboa. Und obwohl der Kanal durch diese Meerenge erst Ende des 19. Jahrhunderts begonnen wurde, plante schon der spanische König Carlos V. 1524 einen Wasserweg durch den Isthmus. Keine Ahnung, warum es dann so lange dauerte, bis die Sache in Gang kam.

Irgendwie kann ich mich nicht an den Gedanken gewöhnen, dass wir nach Osten fahren, für mich fahren wir immer noch nach Süden. Kurz vor Panama City ist es, als würde die Zeit stehen bleiben. Vor uns liegt eine gigantische Brücke: Die Puente de las Americas. Links von mir sehe ich wie in Zeitlupe den Panama-Kanal in den Hügeln verschwinden, rechts liegt das offene Meer, gepunktet von Yachten und Frachtern, die zwischen den Inseln auf die Durchfahrt warten. Die Segelboote leuchten weiß. Wir gleiten in die Stadt, vorbei an heruntergekommenen Vierteln in Richtung Avenida Balboa, biegen um eine Kurve, und vor uns liegt »Klein Manhattan«: Auf einer Halbinsel schimmert in hellem Blaugrau eine unerwartet große und schöne Skyline durch die Gewitterstimmung. Die Lichter der Wolkenkratzer spiegeln sich in der dunkel werdenden Bay. Von den typischen Panamahüten – die übrigens in Ecuador erfunden wurden und nicht in Panama – sehen wir nur wenige Exemplare, und auch sonst ist hier alles irgendwie ziemlich amerikanisch. Kein Wunder bei der Geschichte.

Die Historie dieses Landes ist mit der des Kanals unglaublich eng verknüpft. 1878 gehörte Panama noch zu Kolumbien, und die kolumbianische Regierung gab den Franzosen die Konzession für den Bau des Kanals. Und welcher Mann wäre hier besser geeignet gewesen als Ferdinand de Lesseps, der ein paar Jahre vorher gerade den Suez-Kanal fertiggestellt hatte? Also begann Lesseps 1881 mit den Arbeiten.

Wie – ein Franzose? Kein Amerikaner? Nun, die Amis traten erst ins Spiel, als das Unternehmen von Lesseps pleite ging und die Franzosen nicht weiterbauen konnten. Was also lag näher, als die Konzession an die Amerikaner zu verkaufen? Die wollten nämlich eigentlich einen eigenen Kanal bauen, der durch den Lago de Nicaragua gehen sollte. Lesseps' Baustelle zu übernehmen war natürlich einfacher – dachten die Amerikaner, aber die Kolumbianer spielten nicht mit. Wie wir alle wissen, mögen es die Amis nicht besonders, wenn jemand nicht mit ihnen spielen will – auch damals war das so. Also unterstützten sie die Unabhängigkeitserklärung Panamas und stellten sich den kolumbianischen Truppen in den Weg, die daraufhin wieder abziehen mussten.

Von dem Vertrag zwischen den USA und Panama hatten die USA sehr viele Vorteile, Panama sehr wenige. Immerhin bekam Panama Sicherheit vor Kolumbien, denn das südamerikanische Land erkannte Panama erst 1921 an. Sieben Jahre nach der ersten Kanaldurchfahrt und nachdem die USA 25 Millionen Dollar als Kompensation an Kolumbien gezahlt hatten. Insgesamt profitierten die Amerikaner fast hundert Jahre von der 80 Kilometer langen Schifffahrtsstraße. Erst 1999 erhielt Panama das volle Kontrollrecht über »seinen« Kanal.

Richtig los sind die Panamesen die US-Amerikaner indes immer noch nicht. Es gibt zum Beispiel ein paar Kilometer im Inland eine schöne neue Brücke über den Kanal, die leider nicht fertig gestellt werden kann, weil die Panamesen behaupten, es gäbe noch jede Menge Minen in dem Gelände um die Brücke aus der Zeit der amerikanischen Militärpräsenz. Die USA ihrerseits geben die Unterlagen nicht heraus, weil es sich um militärisches Material handelt. So wird die Brücke wahrscheinlich in ein paar Jahren immer noch dort stehen, neu und ungenutzt, ohne Straßenzugang auf der anderen Seite. Insgesamt ließen die USA ca. 105.000 Minen in den Gebieten um den Kanal zurück, als sie Panama verließen – ein nettes Erbe.

Wir bewundern die dicken Schiffe, die durch das Land fahren, wie sie in die Schleusen gelotst werden und sich langsam auf den nächsten Wasserstand heben oder senken. Die großen Frachter werden weltweit nach den Maßen der drei Panama-Kanal-Schleusen gebaut: 305 Meter lang und 33,5 Meter breit. Beinahe 14.000 Schiffe fahren hier jährlich durch, allein als wir an der Pedro-Miguel-Schleuse stehen, senkt und hebt sich der Wasserstand dreimal. Die Durchfahrenden zahlen je nach Gewicht, durchschnittlich kostet eine Schiffsdurchfahrt 30.000 Dollar. Den höchsten Preis zahlte im Jahr 2000 ein amerikanisches Schiff mit 181.114 Dollar, den geringsten 1928 Richard Halliburton, der für 36 Cent hindurchschwamm.

Wir können sogar einen Blick in die Gaillard-Schlucht werfen, die 14 Kilometer lang ist und bei deren Ausschachtung Tausende von Arbeitern starben. Insgesamt verloren während des Kanalbaus 22.000 Menschen durch Gelbfieber und Malaria ihr Leben. Architektonische Wunderwerke haben eben ihren Preis.

Um Panama zu verlassen, müssen wir keine Landenge durchqueren, trotzdem gestaltet sich unsere Weiterreise ein wenig schwieriger als wir dachten. Wir recherchieren drei Tage, um unseren Transfer und den Transport der Motorräder zu organisieren, der dann entgegen unserer Hoffnungen doch ein tiefes Loch ins Budget schneidet. Und das nur, weil sich die Panamesen mit den Kolumbianern nicht vertragen und es nicht auf die Reihe bekommen, eine Straße durch das Darien – ein großes, sumpfiges und hügeliges Dschungelgebiet – zu bauen oder eine Fähre zuzulassen.

Die Entscheidung, ob wir durch Kolumbien fahren oder nicht, ist schwierig. Einerseits soll das Land spektakulär sein und die Menschen fantastisch, und überhaupt hatten wir bisher so viel Glück, und wir können uns ohnehin nicht vorstellen, dass etwas passiert. Aber, aber, aber ... Schließlich siegt die Vernunft, und wir beschließen, Kolumbien zu umgehen und direkt nach Quito, Ecuadors Hauptstadt, überzusetzen. Das kommt zwar etwas teurer, dafür wollen wir beim Hotel und beim Essen sparen: Wir wohnen in Panama City für zehn Dollar im Hotel Volcan, dessen erste Etage auch als Stundenhotel genutzt wird – wir logieren selbstverständlich in der zweiten – und essen lecker beim Chinesen für drei Dollar inklusive Bier.

Die Storys, die wir im Internet über den Transport von Motorrädern lesen, lassen uns überlegen, ob wir nicht besser umkehren sollen. Bei jedem zweiten Erfahrungsbericht waren Kratzer nur das geringste Übel. Umgekippte Motorräder zwischen den Paletten, total zerdrückte Seitenkoffer, abgebrochene Seitenständer, zerbeulte Tanks ... Ich bin mit den Nerven fertig. Habe ich doch mein Motorrad nicht unversehrt bis hierher gebracht, damit irgendwelche Speditionsdeppen es vermacken. Aber die beiden Bikes müssen ja irgendwie von Panama übers Meer nach Ecuador, und so bringen wir sie zum Cargo-Airport.

Auf dem Weg dorthin fahren wir auf breiten, vierspurigen Straßen an großen Shoppingzentren vorbei, Markennamen prangen an großen Werbeschildern. Hier scheint man die Armen am Rand des Zentrums in ihren verfallenen Wohnblocks zu vergessen. Wir passieren die Ruinen des uralten Panama, die hier verloren stehen. Es erscheint mir paradox, Ruinen des 16. Jahrhunderts auszugraben und leblose Steine aufeinander zu schichten, während neben der Straße das Meer verschmutzt ist und der Strand stinkt. Wer zwei Dollar investiert, kann die Südumgehung wählen, die auf Stelzen im Meer steht und herrliche Blicke über die Stadt freigibt. Am Flughafen lassen wir das Benzin aus dem Tank, klemmen die Batterie ab, was mir wie das Einschläfern eines Tieres erscheint, und werden also die nächsten vier Tage mit einem mulmigen Gefühl im Magen »räderlos« bleiben.

Wir beginnen zu relaxen, schlafen lange, schauen bis tief in die Nacht fern, genießen Chips und Bier, wobei das Bier eher dazu dient, die Nerven zu betäuben. Immer wieder sagen wir uns, dass wir die vertrauensvollste Spedition genommen haben, die es gibt. Aber was heißt in Zentralamerika schon vertrauensvoll? In einer Region, in der die Hälfte aller Autos nur durch Rost zusammengehalten wird und ohne Kotflügel umherfährt.

Über unsere Spedition gab es im Internet immerhin nur einen negativen Erfahrungsbericht, und der war negativ, weil das Motorrad bei der Umladung in Kolumbien eine Verzögerung hatte. Das könnten wir gerade noch verkraften. Solange die Maschinen nur nicht von Guerillas entführt und für deren Aktivitäten missbraucht werden.

Panama City ist eine laute Stadt. Zahllose alte Busse – ich dachte, die Chicken-Busse hätten wir in Guatemala hinter uns gelassen – sind wunderschön bemalt, röhren durch die Straßen, die Busausrufer wiederholen laut und monoton die Route und das Ziel. Für uns unverständlich. Die meisten Menschen sind schwarz, es gibt viele Obdachlose und Arme. Die Bürgersteige sind vollgestellt mit kleinen Buden, die von Telefonkarten über bunte Haarspangen und Raubkopien von DVDs bis hin zum einfachen Mittagessen für 1,20 Dollar alles bieten. Wir bekommen Kokain angeboten, aber auch Gedichte, werden für einen Kaffee angebettelt oder auch mal unverständlich vollgequatscht. Ab und zu gebe ich einer alten Frau ein paar Cents. Wir sind hier die Fremden, jeder Blick sagt es.

Eine Stadt voller Kontraste: Enge Gassen im Altstadtviertel, wo restaurierte Kolonialbauten zwischen ruinenhaften Häusern stehen, die überwuchert werden von Unkraut. Im weißen Prachtpalast daneben wohnt der Präsident Panamas, umgeben von kleinen Gartenanlagen und mit Blick auf das Bankenviertel mit seinen Wolkenkratzern. Eine Querstraße weiter schlafen Obdachlose in unbewohnten Hauseingängen. Vom Platz der Franzosen, der nach den zumeist aus den französischen Kolonien stammenden Opfern des Kanalbaus benannt wurde, sehen wir die Puente de las Americas, die sich hoch über den Kanal spannt.

Wir langweilen uns in der Fußgängerzone, in der es nur Ramsch gibt und ärgern uns über die Verkäufermentalität, uns zwanzig Zentimeter entfernt zu folgen und beim kleinsten längeren Blick auf ein Produkt vollzulabern. Als ich in einem Schuhladen einen Flipflop in die Hand nehme, hechtet ein Verkäufer herbei, deutet auf das Stück und sagt: »Shoe!« Ach nee! Dachte, das ist ein Benzinkanister.

Das Marktviertel, das direkt neben der Altstadt liegt, ist

ein Gewusel von Menschen, die alle etwas verkaufen wollen. Altmetall, Maschinen jeder Art, lebendes und totes Geflügel. Im Rinnstein schwappt schmierig eine grüngelbe Flüssigkeit. Beate guckt angewidert: »Wenn ich da reintrete, ätzt das Zeug sicher meine Sandale weg.« Männeraugen verfolgen uns mehr als neugierig, und es stinkt nach verrottetem Fisch.

Wir fahren mit einem der bunten Busse zum Flughafen, dabei geht es erst einmal durch die halbe Stadt. Aus den Lautsprechern dröhnt Sambamusik, die gut zu den Gesichtern außerhalb des Busses passt. Ich fühle mich wie ein unsichtbarer Beobachter, sehe die zahnlos lachenden Standverkäufer, die blicklosen alten Frauen, den jungen Mann mit dem Baby, sehe die schmutzigen Baracken und unbewohnten Blocks, dann die weiten Straßen und das Meer. Ich spüre so sehr, dass dies der Abschied von Zentralamerika ist. Ich habe es genossen, durch diese fremden, sprudelnden Länder zu reisen und sauge noch einmal alles in mich auf, jede Schattierung der Hautfarben, jedes Lachen.

»Der Mensch kann auf die höchsten Gipfel klettern, aber er kann dort nicht lange verweilen.«
George Bernard Shaw

Im Land der Hüte – Ecuador

Beate Block

Der erste Blick auf Südamerika ist braun, enttäuschend trocken, aber bergig, gepunktet mit weißen Häusern, die sich mehr und mehr zusammendrängen: Quito. Plötzlich ragt mitten aus dem Braun wie eine Explosion ein Vulkan mit weißer Kappe. Riesig hoch und ehrwürdig gleitet er an uns vorbei, nur um den Blick auf einen weiteren Vulkan freizugeben. Der Himmel blinkt, die Luft ist glasklar, Quito fließt unter uns durch Canyons und über Hügel, breitet sich aus mit jedem Moment, und wir kommen an – in Südamerika.

Der erste Tag in Quito hat ein Ziel: unsere Motorräder aus dem Zoll zu bekommen. Laut Aussage aller, die diese Prozedur einmal mitgemacht haben, eine Zweitages-Bürokraten-Hölle, die ohne Zollagent nicht zu schaffen ist. Aber der kostet 60 Dollar pro Motorrad, die wir natürlich sparen wollen, wir Geizhälse.

8.30 Uhr: Das Sekretariat des Zolls schickt uns zur Zona Primaria, wo die Herren nach unserem Carnet de Passages fragen, das wir nicht haben. Schulterzucken, Ratlosigkeit, wir sollen wieder ins Sekretariat gehen, werden begleitet. Die Chefsekretärin ist bretthart, schickt uns alle wieder weg. Die Herren der Zona Primaria inspizieren lange unsere Papiere, das heißt, sie wissen nichts damit anzufangen. Was macht man in solchen Fällen? Die Delinquenten zum Kopieren schicken – hier ist es also auch nicht anders als in Zentralamerika. Aber ich habe mir vorgenommen, mich gar nicht erst nerven zu lassen. Uwe düst ab zur Speditionsfirma, ich bleibe hier, lächle.

Irgendwann, so nach drei Stunden, wird den netten Herren klar, dass wir ein Ersatzpapier für das Carnet brauchen. Genau das habe ich schon vor zwei Stunden gesagt, aber da wurde ich mit einer unwirschen Handbewegung unterbrochen, wie kann ich es wagen, eigene Ideen zu haben? Gegenüber in einem kleinen Schreibbüro lassen wir dann das Ersatzdokument aufsetzen, das lediglich zwei Dollar kostet.

Wir schaffen es gerade noch vor der Mittagspause, die Unterlagen im Sekretariat einzureichen, damit »El Jefe« alles absegnen kann. Die Chefsekretärin lächelt das erste Mal. Ich frage mich, ob es den Jefe wirklich gibt. Geduld ist hier alles: Si, lächeln, gracias, no entiendo – ich verstehe nicht – lächeln, si, gracias.

Nach der Mittagspause darf ich noch mal umherlaufen. Ich habe langsam das Gefühl, dass die mich auf den Arm nehmen wollen. Mit dem netten Menschen am Kopierer duze ich mich schon, nach dem siebten Mal kein Wunder. Meine Stapel werden immer dicker. Aber ich bin hartnäckig und das mit Erfolg: Um 15.30 Uhr fehlen mir noch ein Stempel und die Inspektion. Jetzt werde ich ehrgeizig. Zwei Minuten vor vier bitte ich in der Zona Primaria um eine Inspektion. Ein schwarz uniformierter Wichtigmann sieht auf die Uhr, in die Dokumente und meint dann entrüstet:

»Was? Alles an nur einem Tag? Dann wollen das andere auch.« Was für ein Blödmann, sicher noch einer von der alten Garde. Ich tue dumm, nicht verstehend, lächele, ein junger Kollege nimmt die Unterlagen, sagt »vamos!«, der andere zieht eine Grimasse. Fünf Minuten später habe ich unseren Inspektionsstempel.

Endlich! Nach einem harten und erfolgreichen Tag sausen wir auf unseren Bikes durch Quito. Kleiner Wermutstropfen: Beide Bikes sind zerkratzt, die Africa Twin, die bisher wie geleckt aussah, hat ein paar ziemlich heftige Kratzer abbekommen. Beide Nummernschilder sind total zerbeult, und unsere Deutschlandflaggen haben jemandem besonders gut gefallen. Egal, waren sowieso nur für das US-feindliche Zentralamerika gedacht.

Wir sind froh, dass unsere Bikes so gut angekommen sind, denn wir machen die Erfahrung, dass Bus fahren garantiert gefährlicher ist als Motorrad fahren. Der Busfahrer, mit dem wir unterwegs sind, wirkt erst ruhig und souverän, doch sobald alle Fahrgäste drinnen und die Türen geschlossen sind, zeigt er seinen wahren Charakter: Er rast wie eine Wildsau, bergab mit Vollgas, bergauf ebenso, andere Autos werden weggehupt, weggedrängelt, ausgewichen wird nicht, gebremst nur ganz hart. Wir fühlen uns wie Überlebende, als wir aussteigen. Da habe ich doch lieber selbst die Gewalt über mein Fahrzeug.

Die Stadt erkunden wir zu Fuß: Quito ist eine helle Stadt, sauber, mit vielen Parks und breiten Straßen. Wir fühlen uns willkommen, die Menschen sind nett. Die Altstadt zieht sich durch steile Hügel, wir entdecken alte Klöster und niedliche Gässchen. An der Plaza de Independencia stehen stolz spanische Kolonialbauten in sauberen Reihen, und ich kann mir vorstellen, wie früher die Pferdehufe durch die engen Gassen klapperten und wo die Huren an den Ecken standen, auf spanische Edelherren wartend. Abends gehen wir auf das Dach unseres Hostals und bewundern die Kathedrale und die Sterne.

Da wir schon mal in einer Stadt sind, will Uwe sich die Haare schneiden lassen. Der kleine Frisör muss sich auf die Zehenspitzen stellen, um an Uwes Oberhaupthaar zu kommen. Die Schere klappert so schnell, dass man dem Meister in Deutschland Inkompetenz unterstellen würde. Die Stühle entsprechen der Mode der 50er-Jahre, und im guten Blickwinkel für den Kunden hängt neben dem Spiegel das Bild einer nackten, lasziven Blondine. »Ist doch klasse hier«, grinst Uwe. Der Meister zieht ihm dafür einen Scheitel, der der Reichswehr würdig gewesen wäre, Rang Oberleutnant. Noch ein Haarwässerchen, fertig. Und das ganze für einen Dollar. »Hier bekommt man wenigstens noch was für sein Geld«, sagt Uwe, und ich frage mich, ob er das Poster oder den Schnitt meint.

Mit der Nachmittagssonne steigen wir auf den »Engelshügel« der Hauptstadt hinauf und haben einen unglaublichen Blick auf diese schöne Stadt, sehen die Kuppeln der vielen Kirchen, die graue Kathedrale und die bunten Häuser, die zwischen und an den Hügeln liegen. Von hier kann man das Hochtal sehen, das von den östlichen und westlichen Anden eingerahmt ist und sich durch ganz Ecuador zieht. Wir sind umringt von Vulkanbergen. Im Nordosten leuchtet der Cayambe (5.790 m), im Süden zeigt der Cotopaxi (5.897 m) seine perfekte Krone, und im Osten steht der Antisana (5.753 m), heute so nah, aber eigentlich liegt er genau zwischen Quito und dem Amazonasbecken.

Wir überqueren zwei Mal den Äquator, ohne wirklich zu wissen wo. Langsam öffnet sich das Land für uns: Weite

Berge, wilde Canyons und schön geschwungene Straßen, die durch das karge Land führen. Auf der anderen Seite des Hochtales liegt Quito, ich kann die Hochhäuser zwischen den Hügeln sehen. Die Straße der Vulkane zeigt zunächst nicht, warum sie so heißt. Die Illinizas, die beide knapp über 5.000 Meter hoch sind, verstecken sich, aber dann sehe ich links eine weiße Kuppe, und wenige Kilometer weiter ist er fast ganz sichtbar: der Cotopaxi, dessen Vulkanerde rot und die gletscherne Spitze weiß leuchtet, wunderschön.

Wir campen neben einer Hacienda, haben freien Blick auf »unseren« Vulkan und können uns kaum retten vor der Neugier der vier Indio-Kinder, dem Hund der Familie und den drei Familien-Lamas. Wir sind in Ecuador. Auf dem Markt verkaufen eingemummte Hochlandfrauen mit Altmännerhüten ihr Gemüse, sie kichern, als ich mir am Sonnenschutz den Kopf stoße, wickeln ihre runzeligen Gesichter noch tiefer in die Ponchos. Als ich eine junge Hochlandfrau fotografieren will, droht sie, mich mit einer Knolle zu bewerfen. »Schon mal für ein Foto 'ne Zwiebel an den Kopf bekommen?«, lacht Uwe.

Am nächsten Morgen packen wir um, alles kommt in die Rucksäcke, und wir brechen auf zu einer Fünf-Tages-Umwanderung des Cotopaxi. Unsere Wirtin nimmt uns ein Stück im Auto mit, sie sagt, sie wisse genau, wo der Weg hochgehe. Nach einer Stunde sind wir immer noch nicht da, ewig müssen wir diskutieren, weil sie meint, unser Weg sei der falsche, wir aber keinen anderen wollen, denn für den haben wir Karten. Guter Wille kann manchmal so nervig sein, ich weiß nicht, was die Frau uns beweisen will. Irgendwann fängt sie an, mit sich selbst zu reden und zu kichern. Ich glaube, sie dreht jetzt durch. Und später kann man in der Zeitung mal wieder von zwei Touristen lesen, die im ecuadorianischen Hochland verschwunden sind.

Endlich lässt sie uns ziehen. In Pensaleo, einem kleinen Örtchen, fängt der Weg an und ist gleich ziemlich steil und staubig. Mein Rucksack ist sauschwer, ich glaube, wir haben viel zu viel Essen mit. 1.000 Meter wollen wir heute schaffen, ich sehe das noch nicht. Aber die Berge sind schön hier, vor uns der Ruminahui mit pelzigem Grün bewachsen und zackiger brauner Spitze. Es tut so gut, endlich mal wieder ganz draußen zu sein, sich anzustrengen, auch wenn der Rucksack drückt. Die Landschaft ist mild hügelig, dann wieder wild.

Auf einmal gibt es keinen Pfad mehr, es geht querfeldein, ich spüre meine Beine bei jedem Schritt, schaffe es kaum noch und habe furchtbaren Hunger. Ich sehe Uwe nicht mehr, rutsche auf einem der hohen Tussockgrasballen aus und setze mich mit einem harten Ruck an den steilen Hang. Am liebsten würde ich hier ewig sitzen bleiben. Aber Uwe kommt, zieht mich den steilen Hügel hinauf, und ich erreiche mit letzter Kraft den Sattel des Ruminahui auf 3.860 Metern. Bei Sonnenuntergang flüchten wir vor der Kälte in unser Zelt.

Morgens ziehen zähe, kalte Nebelwolken um unser Zelt, und nach einigen Stunden wird klar, dass keine Besserung in Sicht ist. Wir packen zusammen und kehren um. Ich bin so kaputt, dass ich mich fühle wie nach fünf Tagen wandern. »Ab jetzt will ich nur noch Motorrad wandern«, sagt Uwe, und ich lache. Genau das habe ich auch gerade gedacht.

Wir schwingen uns auf die Transalp und machen eine Entspannungstour in die Westanden. Die Wolken kommen näher, die Häuser werden zu Hütten, es wird kalt hier oben, ich drücke mich an Uwe, spüre seine Wärme. Auf den Feldern arbeiten Menschen mit archaischen Methoden. Frauen in bunten, dicken Überwürfen sitzen am Straßenrand, die Hüte tief ins Gesicht gezogen und den Mund mit dem Umhang verhüllt. Das Auffälligste an den Hochlandindianern sind die Hüte, die nur von Frauen getragen werden. Diese Hüte sehen aus wie Försterhüte in Deutschland, sind samtig braun, schwarz oder auch grün, und die besonders edlen haben eine Pfauenfeder an der Seite. Ich frage mich, woher diese Mode kommt.

Kinder winken, und ich muss an das kleine Mädchen bei Machachi denken, dessen Socke ein einziges Loch war. Es ist windig, ein Wind, der durch jede Jacke geht. Es riecht nach verbranntem Tussockgras, und wir scheinen die Wolken zu berühren. Die Straße wird rau, Schotter, Steine und Sand erschweren uns die Fahrt. Lamas stehen am Wegesrand, schauen zu, während uns Hunde attackieren. In Zumbahua läuft das größte Schwein der Welt über die Straße, es geht mir bis zum Bauchnabel und ist schwarz behaart. Das Land ist hier grau, aufgerissen in raue Canyons, die Menschen sind vermummt.

Eine riesige dunkelblaue Lagune liegt tief im Krater zwischen steilen Wänden, und die Wolken jagen schnell ihre Schatten über das Wasser. Die ecuadorianischen Andenkenverkäufer sitzen zusammengekauert wie große Stoffberge nebeneinander. Die Frauen tragen trotz der Kälte nur dünne Schuhe, Kniestrümpfe und Röcke. Das Leben ist so unwirtlich hier oben, ich friere.

11. August: Mein Geburtstag. Ich bin so ungeduldig, noch mehr, als wir auf der Panamericana nach Norden sausen und der Cotopaxi völlig frei über dem Tal leuchtet. In Machachi fahren wir nach Osten, auf einer Katzenkopfstraße geht es langsam höher, um den Ruminahui durch ein-

sames Farmland. Ein paar Bauern schauen von der Feldarbeit hoch, ein Esel steht uns im Weg, wir jagen ihn weg. Dann ein Pfad durch Grasland in den Nationalpark. Wir sind hier ganz allein, ich sauge die grünen Farben in mich auf, den Geruch der Kiefernwälder und der Eukalyptusbäume.

Die Schotterstraße schlängelt sich durch das Land, dann fahren wir einen Hügel hinauf. Zwischen uns und dem Cotopaxi befindet sich nichts außer einer weiten trockenen Hochebene, auf der einzelne Felsen liegen, als hätte sie jemand mit einem weiten Wurf ins Land geschleudert. Die Nordseite ist noch schöner als die anderen Seiten, die wir bisher gesehen haben, der Kegel ist gleichmäßiger. Der hellweiße Gletscher grenzt an eine rot leuchtende Lavakruste.

Ich will hoch, höher, will an diesen roten Berg, höre das Brummen der Transalp, deren Drehzahl immer weiter steigt. Wir steuern auf der Serpentinenpiste durch Sand, Geröll und Bodenwellen auf das Refugio mit seinem gelben Dach zu. Die Transalp muss tief durchatmen, braucht in den steilen Passagen viel Drehzahl, um noch Leistung zu bringen, aber sie hält durch bis auf 4.600 Meter.

Wir lassen mein gebeuteltes Bike stehen und ziehen uns um. Dabei kommen wir kaum in unsere Wanderklamotten, so stark bläst der Wind, vermischt mit rauem Vulkansand, der unsere freien Hintern peelt. Der Sand weht in die Augen, der Pfad ist unglaublich steil, doch haben wir immer den leuchtenden Gletscher vor uns, der wie ein riesiger Zuckerguss auf dem roten Berg liegt.

Im Refugio auf 4.800 Metern gibt es das leckerste Geburtstagsessen der Welt: süßen, heißen Tee, Brot mit Käse und Tomate. Ich bin glücklich, fühle mich, als könnte ich hundert Jahre alt werden und dann immer noch auf Berge steigen. Wahrscheinlich bin ich high von der dünnen Höhenluft. Dies hier ist viel mehr, als ich erwartet habe, viel mehr. Ich breche ungern auf. Den Berg werden wir hinuntergeweht. Der Sand steckt uns in den Ohren und in den Stiefeln, die Helmscharniere quietschen, die Visiere sind sandgestrahlt.

Später sehen wir am grünen Fuß des Vulkans eine Herde Wildpferde mit dichtem struppigem Fell und langer Mähne. Sie sind unruhig, zänkisch, und zwei von ihnen steigen schließlich mit unbändiger Energie auf ihre Hinterbeine. Ein wenig davon geht auf mich über.

Ecuador ist das Land der schlafenden kalten Vulkane. Das gute Wetter zieht uns an den Chimborazo (6.310 m). Wir steigen durch die mal grüne, mal trockene Hochlandschaft der Westanden immer höher und höher. Die Westseite des Chimborazo ist durch eine mondartige Landschaft geprägt. Uwe hat gesagt, er sei das letzte Mal vor 10.000 Jahren ausgebrochen, deshalb stelle ich ihn mir gar nicht so toll vor wie den Cotopaxi. Aber dann, als mir wegen des kalten Windes klar wird, dass wir schon ziemlich hoch sein müssen, biegen wir um eine Kurve, und vor uns liegt majestätisch, weiß und rot, der höchste Berg Ecuadors. Er ist schön, nicht so perfekt wie der Cotopaxi, aber groß und hoch über dem Land. Die Wolken stoßen sich an ihm, doch er ist frei.

Für die letzten acht Kilometer zum Refugio sollen wir mal wieder 20 Dollar Eintritt zahlen. Uwe sagt zu den Wächtern, wir hätten nur fünf, wir bräuchten auch kein Ticket, und sie sollten sich dafür abends ein paar Bier kaufen. Mir ist so etwas immer viel zu peinlich, »aber wenn's klappt«, schmunzelt Uwe, »freust du dich doch am meisten.« Das stimmt, ich lache die restlichen Kilometer über seine beinahe arabische Fähigkeit zu handeln. Tolles System.

Wir stapfen bis zum Refugio Edward Whymper: 5.000

Meter. Das ist ein so irres Gefühl, ich würde am liebsten noch höher gehen, Rekorde brechen, meinetwegen noch dünnere Luft einatmen. Der Himmel ist blau, die Sonne warm, kein Wind weht, und die Wolken haben wir unter uns. Das Land fällt in weiten hellen Blautönen vor uns tief hinab. Bei der Abfahrt begegnen wir einer Herde Vicuñas, die uns verständnislos anschauen.

In Ecuador hält man sich zwangsweise fast immer auf mehr als 3.000 Metern auf, höher als jeder Mensch in Deutschland. Doch das reicht uns nicht. Wir haben Höhenluft geschnuppert, der Ehrgeiz packt uns: Wir wollen diesen 6.310 Meter hohen Chimborazo besteigen.

Bei einer Akklimatisierungswanderung sehen wir, wie karg das Hochland wirklich ist. Tussockgras wächst hier in dicken Büscheln, aus Stroh und Lehm gebaute Hütten sind in die Hügel hineingebaut, um dem Wind zu entfliehen. Schafherden hie und da, bewacht von Menschenknäueln und von großen Hunden, die laut bellend auf uns zulaufen. Uwe verjagt sie, indem er laut schreiend hinter ihnen her rennt. Wir sammeln Steine zum Werfen.

Die Menschen sind so arm, doch ihre Kleider leuchten weit – orange und rosa. Sie grüßen scheu, widerwillig, verstehen nicht, warum wir hier umherwandern. Diese Leute haben nichts, was für uns erstrebenswert erscheint – nicht einmal ihre Freiheit.

Wir buchen einen Führer für den Chimborazo, und nach ein paar weiteren Akklimatisierungswanderungen geht es los. In Latacunga schnallen wir unsere Rucksäcke und die Ausrüstung (Steigeisen, Eispickel, Seile, Sicherungsgurte) auf einen alten Toyota Landcruiser. Nach einem kleinen Lunch im ersten Refugio auf 4.800 Metern tragen wir die Ausrüstung und das Nachtgepäck 200 Höhenmeter zum

Refugio 2 hinauf. Mir ist ein wenig schlecht. Wahrscheinlich kommt das davon, dass ich ziemlich aufgeregt bin. Beim Abendbrot bekomme ich kaum einen Bissen hinunter. Außerdem sind die Nudeln viel zu salzig. Um 19.00 Uhr geht es ins Bett, denn kurz vor Mitternacht wollen wir los, um auf dem Gipfel den Sonnenaufgang zu erleben. Sofern keine Wolken die Sicht stören. Aber an Schlafen ist nicht zu denken, lose Bleche klappern auf dem Dach, es weht ein heftiger Wind. Irgendwann bläst feiner Schnee durch die Fensterritzen. Mein Bauch fühlt sich übel an.

Um 23.15 Uhr klopft Rambo, unser Guide – fertig machen! Drei Gruppen frühstücken kurz, alle feuern sich mit »Cumbre! Cumbre!« (Gipfel), an. Um 0.30 Uhr brechen wir auf. Vor uns verschwindet eine Schlange Stirnlampen in Schneenebel und Dunkelheit. Wir haben drei Hosen und drei Pullis an, darüber eine Jacke und Gamaschen, auf dem Kopf eine dicke Mütze und eine Stirnlampe. Dazu die ganze Ausrüstung. Mit wird immer übler, und ich frage mich, ob das alles eine wirklich gute Idee ist.

Frontal wandern wir auf den Gletscher zu. Nach einer Stunde ist mir so schlecht, dass ich nur noch kotzen möchte. Ich entschließe mich zur Umkehr, küsse Uwe und steige ab. Sehen kann ich fast nichts mehr, unsere Fußstapfen sind schon verschneit. Manchmal gehe ich einfach nur bergab. Es ist totenstill, ich höre mein Herz pumpen, mein Blut rauschen. Was ist, wenn ich ein paar Meter am Refugio vorbeigehe? Es dauert noch etwa fünf Stunden, bis es hell wird. In diesem Fall würde ich mich einfach irgendwo hinsetzen und warten. So kalt, dass ich erfrieren könnte, ist es nicht.

Alles kommt mir völlig irreal vor. Dann sehe ich ein verschwommenes Lichtlein: die Hütte. Mein Kopf tut höllisch weh, ich schaffe es gerade noch bis zur Hütte, wo ich mich übergebe. Den Rest der Nacht verbringe ich auf dem Klo.

Um 6.00 Uhr kommt Uwe wieder. Fertig, enttäuscht und sauer: Er hat es nicht geschafft. Er stieg mit Rambo steil bergauf, dann wurden Steigeisen und Sicherungsseile angelegt. »Es war so was von steil! Unter uns pures Eis. Der Gletscher baute sich wie eine Mauer im Lichtkegel meiner Lampe vor mir auf, neben mir war nichts. Ich stand im Gletscher, da sprang plötzlich mein rechtes Steigeisen ab. Rambo sicherte mich über zwei Seillängen, während ich versuchte, mit meinem linken Fuß und Eispickel in der rechten Hand weiter aufzusteigen. Der Gletscher sah wahnsinnig aus: Eisspitzen ragten wie Messer 30 bis 70 Zentimeter senkrecht in die Luft, ganze Felder von diesen Gebilden standen da oben. Und vor mir Rambo, der immer mehr drängelte, am Seil riss und sagte, wir würden das nie schaffen. Dann waren wir auf einem Grat. Als ich nach links leuchtete, verschwand der Strahl meiner Lampe in der Tiefe. Der Schneesturm wurde immer stärker, und irgendwann drehten wir dann um. Mein Leben ist mir mehr wert als der Gipfel. Das war wirklich die Hammernacht!«

Uwe ist ziemlich erledigt, beide sind wir enttäuscht, dass es nicht geklappt hat. So bleibt unser 6.000er doch ein Traum. In unserem kleinen Hotel kuscheln wir uns in die Schlafsäcke, sind völlig kaputt, setzen zum ersten Mal den Walkman auf und wünschen uns nach Hause. »Gibt es hier keine Currywurst?«, fragt Uwe, und wir lachen.

»Warum auf die Berge steigen?
Weil sie da sind!«
Sir Edmund Hillary

Bergsteigen mit Motorrädern

Uwe Rodacker

In Nordperu überrascht uns dieses Land das erste Mal: Wir durchqueren 500 Kilometer Wüste an der Küste, kalte Sandwüste mit sichelförmigen Dünen, die die Straße fressen. Der Seitenwind lässt uns im 45-Grad-Winkel auf dem Asphalt kleben. Wir surfen auf unseren Motorrädern. Würden wir die Reise an der Küste fortsetzen, müssten wir bald die Reifen auf der Felge drehen.

Es gibt hier keine grauen Zementsteinhäuser mehr wie in Zentralamerika und Ecuador, sondern Häuser aus gebrannten Steinen, Ton in Ton mit dem Erdboden. So stellen wir uns auch Afrika vor. Aber dies ist keine heiße afrikanische Wüste, hier ist es kalt und windig, unwirtlich, grau, menschenfeindlich.

Wir machen ein paar Tage »Urlaub« am Pazifikstrand in Huanchaco bei Trujillo, aber der Küstenhochnebel ist dicht und hält die Sonne auf. Die Fischer benutzen hier wie vor Hunderten von Jahren noch Reetboote und rammen diese abends zum Trocknen in den Sand, so dass die Enden in den

Himmel zeigen. Der Fisch, den wir auf dem Lagerfeuer braten, schmeckt nach Meer und Leben.

Wir treffen andere Reisende, endlich auch Motorradfahrer: René aus Kanada mit seiner Freundin Amy aus den USA, die mit zwei BMWs F 650 unterwegs sind. Auf die beiden trifft ein bekannter Bikerspruch zu: Loud pipes save lives – laute Auspuffanlagen retten Leben. René ist schon in Kanada aufgebrochen, Amy ist erst in Quito zu ihm gestoßen. Wir tauschen ein paar Geschichten aus und begutachten gegenseitig die Motorräder.

Wir können es nicht erwarten, wollen in die Cordilleras. Also biegen wir von der Panamericana nach Osten ab und fahren auf Pisten in die dunkle, trockene und unbesiedelte Cordillera Negra. Durch tiefe Schluchten schrauben wir uns höher und schätzen gleich an diesem ersten Tag auf den feldwegähnlichen Straßen die Entfernung und unsere Geschwindigkeit falsch ein. So kommen wir in den Genuss einer Vollmondtour, bei der sich der Mond magisch blau im glitzernden Fluss am Fuße der tiefen Schlucht spiegelt.

Das Scheinwerferlicht flackert wie auf einer Nachtrallye, während wir durch die 36 engen Tunnel des Canyon del Pato, des Enten-Canyon, fahren und Brücken überqueren, unter denen unendlich tiefe schwarze Schluchten lauern. Zwei Brücken kosten wahre Überwindung: Ihr Boden besteht nur aus Querbalken in einem Meter Abstand, dazwischen 30 Meter freier Blick in die schwarze Tiefe. Jeweils drei Bretter liegen parallel nebeneinander für zwei Autospuren. Nur nicht zu langsam fahren oder anhalten und hoffen, dass das Vorderrad die Spur hält. Beate ist hinterher völlig fertig: »Man, shit, hast du das gesehen? Das war doch keine Brücke!«

Es wird spät, und als wir endlich in ein Dorf einfahren, wird klar, dass es auch hier kein Hostal gibt. Bei einer Familie fragen wir, und die Mama schickt uns zum Casa de Salud, dem Haus der Gesundheit, das es hier in jedem Dorf gibt. Der Hausmeister weist uns das Auditorium zu, in dem Plakate der letzten Schulung hängen. Woher kommt Durchfall? Welche Arten von Durchfall gibt es? Was ist bei Durchfall zu tun? Wie kann man Durchfall verhindern? Auch ich könnte hier locker ein Seminar leiten, da sich meine Durchfallkenntnisse auf dieser Reise bislang extrem vergrößert haben.

Als wir den Behandlungsraum und das Krankenzimmer ansehen, wird uns ganz anders. Beate verlässt beim Anblick des Gynäkologenstuhls aus den 20er-Jahren fast das Gebäude. Von Matratzen kann man bei diesen Betten nicht sprechen, eine anständige Desinfektion der angerosteten Gerätschaften findet hier garantiert nicht statt. Trotzdem schlafen wir gut, so erledigt sind wir.

Morgens spenden wir 10 Soles für die Gesundheit des Dorfes, und es geht weiter. Karten und wirkliche Straßenverhältnisse haben wenig gemeinsam. Die Straße ist auf der Karte rot, also asphaltiert, eingezeichnet und entpuppt sich als übler Schotterweg. Das ist nicht mehr als ein Eselspfad.

Weiter in die Cordillera Blanca. In Caraz treffen wir René und Amy wieder und machen uns zu viert auf den Weg zu einer zweitägigen und zweimaligen Andenüberquerung durch das Herz der Cordillera Blanca. 140 Kilometer nach Osten über den Paso Portachuelo (4.770 Meter) und wieder 130 Kilometer nach Westen über den Paso Olympica (4.910 Meter), den wir recht schnell überqueren, weil Schneehagel herrscht. Die Passstraßen sind der pure Genuss – nichts für Asphaltcowboys. Serpentinen ohne Ende, oft sehr sandig und steinig. In dieser Höhe müssen unsere Motorräder ganz schön schnaufen. Ich glaube, viel mehr als 5.000

Höhenmeter sind mit einem Vergasermotor nicht möglich.

Die ganze Tour führt durch die zauberhafte Berglandschaft der Anden, vorbei an den riesigen Gletschern der 6.000er, mit Blicken auf den Huascaran, den mit 6.746 Metern höchsten Berg Perus. Die vielen türkisfarbenen Lagunen direkt unter dem blauweiß leuchtenden Schnee sind unglaublich. Es macht Spaß, im staubigen Convoy diese menschenleere und menschenfeindliche Natur zu erleben. Der Staub der Berge sitzt überall, aber ich fühle mich gut. Jedes Staubkorn, das ich wegwische, erinnert mich an die vergangenen zwei Tage, an 250 Kilometer aufregende Schotterstraße, und ich fühle mich stark, eins mit meinem Motorrad, ich spüre die Kraft der Berge.

Wir trennen uns von René und Amy. Die Tour mit ihnen war ein unglaublicher Spaß, und ich bin sicher, wir sehen uns wieder. In Huaraz bekomme ich den peruanischen Killervirus. Wahrscheinlich hätte ich in dem Casa de Salud die Infotafeln zur Vermeidung von Durchfall intensiver lesen sollen. Fieber kommt hinzu. Beate macht mir, nachdem sie sich von einem heftigen Brechdurchfall erholt hat, Wadenwickel, die helfen. Auch wenn man vom Dach unseres Hostals die unzähligen vergletscherten Berge sehen kann, habe ich das Gefühl, dass mir Huaraz kein Glück bringt und will nur noch weg. Beate versucht mich zu überreden, noch einen Tag zu bleiben, aber ich will los. »Tja, ich bin ja nicht diejenige, die bei den Rüttelstraßen die Pobacken zusammenkneifen muss«, sagt sie irgendwann schnippisch. Also fahren wir.

Es geht durch eine grasige Hügellandschaft, die Pumapampa. Pumas sehen wir nicht, dafür die seltene Kakteenart Puya Raimondi, die mit über 12.000 Blüten strahlt, wenn sie blüht und nicht gerade als bis zu zwölf Meter hoher, schwarzer Phallus in der Landschaft steht. 100 Jahre braucht sie, um so groß zu werden. Hinter dem Pastorurigletscher gibt es keine Touristenbusse mehr, die Straße wird schlechter, das Wetter auch – saukalt ist es.

Wie aus dem Nichts tauchen drei große Hunde auf, laufen rechts und links neben Beate her, die vor mir fährt. Sie gibt Gas, der Hund links auch, und ich sehe, wie sie ihn rammt, bremst und ins Schlingern kommt. Als sie hält, schreit sie vor Wut, packt einen Stein und wirft ihn hinter dem verwirrten Hund her. So tough sie auch ist – beim Werfen erweist sie sich als typisch Frau, wirft irgendwo hin, nur nicht Richtung Hund. Sie hat Glück, dass der Stein nicht ihr Motorrad trifft. »Das nächste Mal fahre ich drüber, soll sich das Vieh doch ein paar Rippenprellungen holen«, schimpft sie. Ich lache, aber mir geht es genauso. Ich habe keine Angst mehr, dass sich die Hunde verletzen, sondern überlege nur noch, ob ich stürze oder nicht, wenn ich einen überfahre.

Irgendwann mache ich einen Fotostopp, Beate saust weiter. Als ich losfahren will, rührt sich an der Twin nichts mehr. Kein Laut. Also nehme ich das Gepäck und die Sitzbank ab. Als Beate zurückkommt, habe ich schon festgestellt, dass sich wohl die Hauptsicherung losgewackelt hat. Wir fahren weiter, leichter Schneehagel setzt ein, das Motorrad geht wieder aus. Also war es doch nicht nur die Hauptsicherung. So ein Mist. Wer wollte diese Strecke überhaupt fahren? Dann noch diese Kälte. Beate sagt: »Ich schaue schon mal nach einem Platz zum Campen.« Sehr witzig, wir sind auf über 4.000 Meter Höhe. Nach ein paar Minuten habe ich die Ursache: Es war der Batteriekontakt.

Frierend düsen wir weiter und erreichen eine herrliche Teerstraße. Tut das gut. Aber zu früh gefreut – die Straße führt nach links Richtung Antamina, wo sie endet. Was für eine Straßenbaulogik. Wir aber müssen rechts ab nach La Union. Unterwegs haben Bauarbeiter einen Graben in die

Fahrbahn gerissen. »Um sechs könnt ihr hier durch«, sagen sie ganz entspannt. Toll, es ist gerade mal 15.00 Uhr, und um 18.00 Uhr wird es dunkel. Doch die Arbeiter wissen Rat: »Ihr könnt auch neben der Straße durch den Sumpf fahren. Dazu müsst ihr allerdings hier diesen einen Meter hohen Absatz runter.« Claro. Ich glaube ich spinne. Die Jungs kennen nur kleine 125er-Maschinen und haben keine Ahnung, was da an Gewicht vor ihnen steht.

Sie beratschlagen kurz, dann werden drei dicke Bretter über den Graben gelegt. Da sollen wir rüber. Ein alter Arbeiter stellt sich in den Graben und hebt die Hände, falls ein Motorrad fällt. »Oh Gott!«, stöhnt Beate und versucht ihm klarzumachen, dass er es nicht schafft, ein 300-Kilo-Motorrad zu halten. Wenn es kippt, dann kippt es. Dann geben wir Gas. Über die Bretter, danach gleich scharf nach rechts, denn ein riesiger Kiesberg steht im Weg. Geschafft! Alle jubeln. Jubeln noch mehr, als ich meine letzte Flasche Bier spendiere. Bauarbeiter sind eben überall auf der Welt gleich.

Zehn Minuten später müssen wir durch einen sechs Meter breiten Fluss, dessen Brücke gerade neu aufgebaut wird. Eine Ersatzbrücke gibt es nicht. Ich fahre durchs Wasser und setze dabei hart auf. Beate findet eine geeignetere Stelle. »Soll ich die Transalp rüberfahren?«, frage ich. Doch sie sieht mich nur verächtlich an und meistert die Furt alleine.

Weitere zehn Minuten später: Straßenbau, alles steht. Ein Bagger parkt auf der Straße, in seiner Schaufel stehen drei Männer und bearbeiten den Fels mit einem Presslufthammer. Links geht es zwanzig Meter in die Tiefe. »Wir könnten unter der Schaufel durchfahren«, schlage ich vor. Alle nicken. Beate gibt Gas, fährt los. Ganz schön schnell, denke ich, und ziemlich dicht am riesigen Reifen des Baggers. »Viel zu dicht!«, will ich ihr hinterherschreien, doch da rammt ihr linker Koffer schon mit einem dumpfen Rumms den Baggerreifen. Sie schwankt, gerät in eine Steinrinne, die parallel zur Felswand führt. Ich sehe sie schon am Fels entlangschrammen. Shit, das wird übel. Da fährt sie lässig aus der Rinne heraus auf die Straße zurück. Ich starre sie an, sie dreht sich um, hebt fröhlich den Daumen. Ich glaube es nicht, diese Frau ist unverwüstlich. »Man«, gesteht sie, »ich habe gedacht, das war es mit mir!«

Weiter am Rand der Schlucht, bis nichts mehr geht – die Straße ist voller Steinbrocken. Um 18.00 Uhr, versichert man uns, wird der Weg wieder frei sein. Wir sind nicht die Einzigen, die warten. So können wir wenigstens unser Spanisch verbessern. »Waouh, bonito.« Es geht um die Motorräder. Wie viel Kubik? 300? Das ist das hier vorstellbare Maximum. Nein, 600 und 750. »Waouh, bonito!« Ob wir Kinder haben? Nein? Ein LKW-Fahrer erklärt den anderen fachmännisch den Grund: In Europa bekommen die Frauen spät Kinder. »Hier«, sagt er zu uns gewandt, »fangen sie mit 16 oder 17 Jahren an.« »Ja«, bestätigt sein Kumpel stolz, »und sie bekommen acht, zehn oder zwölf davon, bis es eben nicht mehr geht.« Tja, kulturelle Unterschiede.

Um halb sechs beginnt der Bagger, die Felsbrocken, die er bisher langsam auf LKWs geladen hat, einfach ins Tal zu stoßen. Punkt sechs starten wir die Motoren, und mit wildem Gehupe drängeln Autos von beiden Seiten auf die freie enge Stelle zu. Wer am lautesten hupt und am wildesten drängelt, hat gewonnen. Hilfe!

Drei Kilometer weiter finden wir ein klasse Hotelzimmer mit Fernseher. Was für ein Luxus. Wir sehen »Rocky I« in Originalversion mit spanischen Untertiteln, wobei wir die spanischen Untertitel besser verstehen als den nuschelnden Sylvester Stallone. Die Motorräder parken im Wohnzimmer des Hotelbesitzers unter einem Che-Guevara-Bild zwischen Rüschensofas – sicherer geht es nicht mehr.

Mein Killervirus lässt nicht von mir ab. Und Motorrad fahren auf Schotterpisten mit Darmkrämpfen macht nicht sonderlich viel Spaß. Immerhin sind die Schluchten, durch die wir zunächst kommen, eine echte Augenweide. Dann wird die Gegend langweilig. Grau, grau, grau. Der Himmel ist bewölkt, die Sonne versteckt sich, ab und zu regnet es leicht. Der Untergrund wird schlechter, rauer. Die angriffslustigen Hunde dafür immer häufiger. Heute wird der eine oder andere einen dicken Stein zu spüren bekommen. Im Geiste halte ich zwei Steine in meiner Hand: einen für den Hund, den anderen für den Besitzer. Dieser sitzt generell mit ausdruckslosem Gesicht vor seinem Haus und verfolgt gelassen das Treiben seiner aggressiven Vierbeiner.

Frauen winken, Männer pfeifen, ein kleiner Junge läuft hinter uns her: »Lindo, lindo, oh que lindo!« – schön, schön, oh wie schön! Andere Kinder rufen uns ständig »Gringo! Gringa!« zu, wir sind hier eine Sensation.

Im nächsten Ort hat der Regen die Durchfahrtsstraße in einen schlammigen, rutschigen Weg verwandelt, der tiefe Furchen hat. Schweine und Hühner laufen panisch im Zickzack vor die Motorräder. Auch ich bin ein wenig panisch, schliddere hin und her.

Der obere Bereich eines Passes ist fürchterlich glitschig. Auf dem nassen roten Lehmboden folgt die Twin in den Regenläufen ihren eigenen Wegen, ich darf ab und zu das voll beladene Motorrad mit den Füßen abfangen. Die Fahrt bergab in den Serpentinen gestaltet sich auch nicht einfacher. Beate meint: »Dagegen ist Sandfahren doch ein reiner Spaß!« Wir kommen in einer Stunde weniger als zehn Kilometer voran. Nach kurzer Erholung auf trockener Piste kommt dann Regen, Regen, Regen. Mit Einbruch der Dunkelheit erreichen wir endlich Huanaco. Es ist ein Wunder, dass den ganzen Tag nichts passiert ist. Nach 170 Kilometern ist für mich eines klar: Ich habe erst mal die Nase voll vom Pistenfahren in den Anden. Mein Spruch des Tages: Schlimmer geht's immer!

Am nächsten Tag gleitet alles. Teerstraße und 80 km/h, wir bekommen fast einen Geschwindigkeitsrausch. Auf der Hochebene des Lago de Junin ist es auf 4.300 Metern dermaßen kalt, dass die Pfützen gefroren sind. Ein Kind wirft einen Stein nach uns. Wir halten an, ich bin stinksauer. Was fällt dem Zwerg ein? Ich schimpfe ihn aus, er erstarrt vor Schreck, blickt mich an und flüstert ein »si«. Ich wette, das nächste Mal läuft er weg, wenn ein Motorrad naht.

Weit hinten in der Ebene ragen schwarze, gezackte Berge empor, als würde sich dort Mordor befinden. Im Osten liegt Schnee auf den Hügeln. Ich friere, würde gerne irgendwo einen Tee trinken. Endlich kommt ein Restaurant. »Bist du verrückt?«, sagt Beate zitternd, »glaubst du wirklich, ich würde in ein Restaurant mit so einem Namen gehen?« Sie deutet auf das verrostete Namensschild: »Tu y los nubes – du und die Wolken. Aber es hat ohnehin geschlossen.

Wenig später finden wir ein Restaurant ohne Namen, auch gut. Wir bestellen Beefsteak ohne Salat, ohne Reis, mit gekochten Kartoffeln anstatt Fritten. Serviert werden Salat, Reis und viele Fritten. Dabei nickte die Chefin bei der Bestellung und sagte ständig »si, si«. Ich komme mir manchmal vor wie in China. Den Tee, den wir so dringend benötigen, gibt es wie üblich erst nach dem Essen.

An den Ortsausgängen der kleinen Städtchen stehen Schilder mit der Aufschrift »Feliz viaje! Pronto retorno!« Eine gute Reise werden wir haben, schnell werden wir hier wegfahren, wiederkommen werden wir jedoch nicht.

Manchmal ist es schwierig, einen Ort zu finden, in dem wir uns wohl fühlen, schlafen wollen. So auch heute. La

Oroya ist eine dreckige, laute Minenstadt, über die kleine schwarze Hängeloren hinwegschweben. Hier möchten wir nicht bleiben. Also fahren wir wieder bis in die Nacht. Diesmal lohnt es sich. In Jauja finden wir ein gutes Hotel und kaufen in einer Bäckerei Brötchen. Die beiden Opis in dem Laden sind so entzückt, uns als Kunden zu haben, dass sie uns noch weitere Brötchen und ein traditionelles Gebäck dazugeben: Baisers. Leckersüß. Sie schütteln uns überglücklich die Hände, und ich fühle mich beschenkt.

»Peru! Da war es: riesig, geheimnisvoll, graugrün, bettelarm, unendlich, reich, verschlossen.«
Mario Vargas Llosa

Hohe Pässe und wilde Vicuñas

Beate Block

Wir parken unsere Motorräder auf der Plaza von Huancavelica und sind innerhalb weniger Minuten umringt von Kindern, von kleinen Schuhputzern, die auf unsere schmutzigen Stiefel zeigen und putzen wollen. »No!« Dann kommen zahnlose Omis, Hausfrauen, Eisverkäufer, Polizisten und Teenager in Schuluniform hinzu, fragen, fragen, fragen. Die erste Frage lautet meistens: »Que vale?« – was sind die Motorräder wert? Wir lügen immer ein bisschen, denn schon tausend Dollar sind für diese Menschen unglaublich viel Geld, den wirklichen Wert der Maschinen könnte niemand erfassen. »De donde van? A donde? Alemania? Oh, futbol y cervesa« – Von wo? Wohin? Deutschland? Oh Fußball und Bier. Die Männer sind begeistert.

»Tiene niños?«, fragt eine Oma nach Kindern, drückt ihren Busen. »Importante! Si«, antworte ich, »despues el viaje« – nach der Reise. Ah, alle sind zufrieden. Schulkinder erproben ihr Englisch, eine Frau kann Deutsch, hat mal in

Berlin gelebt. Alle sind fröhlich, raunen einander zu: »De Alemania en motocycletas!« – aus Deutschland auf Motorrädern. Und was machen wir in Alemania? Als wir sagen, dass wir Lehrerin und Ingenieur sind, ernten wir bewundernde Blicke. Ein Mann meint, wir hätten den »Honig des Lebens geerntet.« Ja, so kann man das wohl sehen.

Uwe geht auf die Jagd nach einem Hotelzimmer, erste Priorität hat immer die Unterkunft der Motorräder. Wir mögen in flohverseuchten, durchhängenden Betten schlafen – Hauptsache unsere Bikes stehen sicher. Bei seiner Rückkehr muss Uwe laut rufen: »Un camino para el señor, por favor!«, sonst kommt er nicht zu mir durch. Die Leute lachen, hinterher haben die Maschinen tausend Fingerabdrücke. Ein bisschen sauberer sind sie auch, weil sich immer die Omas mit ihren Busen dagegenlehnen.

Alle winken, als wir die Motorräder durch den engen Eingangsflur in das Hotel am Platz schieben. In der Regel gibt es hier in jeder »Lobby« ein gutes Schlafplätzchen für unsere »Caballos«, unsere Pferde. Abends findet auf der Plaza de Arma ein Tanzwettbewerb der Kleinen statt. Eifrige Kindergesichter, stampfende Füßchen in Sandalen, grellbunte Folklorekostüme schwingen auf dem Platz, die Lautsprecher quietschen. Peru ist so viel Stille und so viel Lärm an einem Tag, so viel Einsamkeit und Trubel gleichzeitig.

Am nächsten Tag können wir es nicht lassen: Hinter Huancavelica fahren wir über einen Pass auf eine Hochebene, die etwa 4.500 Meter hoch liegt, dann biegen wir auf eine rotbraune Straße ab, die mich fast blendet mit ihrer Intensität. Nach zehn Minuten stehen wir im roten Schlamm zwischen Schneefeldern in der Sonne und strahlen: Wir sind auf dem höchsten Andenpass angelangt, dem 5.059 Meter hohen Huayraccasa-Pass. Die Berge haben so viele Farben, Rot,

Grün, Schwarz, Grau, alle Schattierungen von Braun. Der weiße Schnee, der blaue Himmel und die schlammige rote Erde leuchten. Wir könnten hier ewig bleiben, aber es wird kühl. Also essen wir etwas Brot und schwingen uns wieder auf die Bikes. Wir fahren an Seen mit felsigen Ufern und mintgrünem Gras und Moos vorbei, was uns an Norwegen erinnert und biegen in rumpelige Wege ein, die an trockenen Canyons in tiefen Schluchten entlanglaufen.

Diese Pisten sind wohl nur deshalb nicht als die gefährlichsten Südamerikas bekannt, weil so gut wie kein Verkehr herrscht und kaum jemand von ihnen weiß. Steil geht es an ihren Rändern Hunderte von Metern abwärts, von Sicherung keine Spur. Das heißt, immer schön auf der Seite des Berges fahren. Bevor wir Brücken überqueren, testen wir die teilweise lose liegenden Bretter zu Fuß und suchen den besten Weg mit den wenigsten Löchern. Bei der Überfahrt klappern die Bretter wie riesige Dominosteine, die hinter uns umfallen. Ich denke jedes Mal, die Brücke hätte sich jetzt endgültig verabschiedet. Aber da hier auch LKWs fahren – ganze zwei begegnen uns an einem Tag – werden die Brücken wohl noch eine Weile halten.

Laut unserer Karte müsste in Santa Ines die Teerstraße beginnen, jedoch erwartet uns ein übler Ziehweg. Canyons, Canyons, Canyons, und immer noch geht es bergab, unglaublich langsam, 3.500 Meter, 3.000 Meter, 2.500 Meter. Nach 190 Kilometern stoßen wir endlich auf Asphalt. Diese verdammte Karte würde ich am liebsten wegschmeißen. Wir kaufen in einer Bruchbude von Haus eine teure Cola und trinken sie in einem Zug aus, spülen den Staub runter. Seit heute Morgen 9.00 Uhr sind wir unterwegs, jetzt ist es sieben und stockdunkel. Wir sind so müde wie wir dreckig sind. Aber von Ortschaften keine Spur, von Hostals sowieso nicht. Also geht es weiter in Richtung Küste. Dieser Tag ist ein Tag der Rekorde: 190 Kilometer üble Pisten, von 5.059 Metern hinab zum Meeresspiegel, nur zehn Kilometer von der Küste entfernt.

Tags darauf tanken wir voll und fahren zum Meer. Ich könnte es heute mit meinen Blicken austrinken. Die Fischerboote sind so schön bunt, die Bucht schimmert. Auf Meereshöhe machen wir in dem Ort Paracas erst mal Pause, bleiben zwei Tage und essen ganz ausgezeichneten Fisch.

Eine Bootstour führt uns zum Reserva Nacional de Paracas, wo wir den gigantischen »Kerzenleuchter«, den »Candelabro«, bewundern, den das Paracas-Volk vor mehr als 1.500 Jahren in den roten Küstenfels scharrte, und der 70 Meter breit und 100 Meter hoch ist. Auf den Inseln vor dem Festland kreischen die Vögel ohrenbetäubend, es stinkt erbärmlich nach Ammoniak, mir ist übel. Hier wird Guano, Vogelkot, abgebaut und als Dünger verkauft. Seelöwen brüllen in den Höhlen und Felsbögen der Insel, ab und zu taucht eine Robbe neben dem Boot auf und schaut uns an. Ein paar kleine Humboldt-Pinguine winken mit ihren Flügeln. Bunte Pelikane starren auf kleinen Felseninseln weise vor sich hin. Wir fühlen uns wie auf Klein-Galapagos.

Mit dem Kolumbianer Edgar und seinem peruanischen Freund Pedro, die bei der Bootstour vor uns saßen, fahren wir anschließend auf eine Wüstenhalbinsel hinaus. Pedros neuer Fiat setzt in dem üblen Gelände mehrfach auf, er nimmt es mit Humor. Wir wandern auf die höchste Düne, bewundern die rotbraune Wüste mit ihrer Steilküste und sehen uns die bizarren Felsformationen der »Cathedral« und der »Lady von Cusco« an. Paracas heißt Sandsturm, und Sandstürme können hier bis zu drei Tagen dauern, weiß der Ranger im Museum.

Es gibt Dinge, die sind schwer zu erklären. Dazu gehören die Nasca-Linien: riesige Scharrbilder, die nur aus der Luft erkennbar sind und zwischen 600 vor Christi und 630 nach Christi von drei verschiedenen Völkern geschaffen wurden. Neugierig geworden, fliegen mit einem viersitzigen Flugzeug über die Pampa nahe der Stadt Nasca. Und wirklich: Wir sehen den Wal, den Astronauten, den Affen, den Kolibri, den Kondor, der eine Spannweite von über 100 Metern hat, den Hund, die Hände, den Baum, die Spinne und massenhaft geometrische Linien und Flächen.

Schade nur, dass wir direkt vor dem Flug noch Zeit für ein zweites Frühstück hatten, so dass ich unterwegs meine und Uwes Kotztüte fülle. Auch Uwe ist schon ganz bleich. Zu dumm, dass keine Tüte mehr übrig ist. Bin ich froh, als ich wieder festen Boden unter den Füßen habe.

Wofür die Linien und Figuren wirklich waren, weiß niemand genau. Dass die Tiere von den Völkern mit ihrem animistischen Glauben verehrt wurden, ist keine Frage: So wurde der Kondor für seine Kraft und Ausdauer bewundert und war das Sinnbild für die Verbindung zwischen Himmel und Erde. Die Spinne wurde für ihre Schnelligkeit im Kampf sowie für die Fähigkeit geehrt, ihre Feinde zu fangen. Die deutsche Wissenschaftlerin Dr. Maria Reiche, die 40 Jahre lang die Linien studierte und viele von ihnen entdeckte, war der Meinung, es handle sich um einen astronomischen Kalender.

Manche Forscher glauben, dass die Schamanen als religiöse Führer bei Nasca ihren Geist mit Drogen zum »Fliegen« brachten, dass sich also ihr Geist vom Körper trennte und über die Erde flog. Auf diese Weise konnten sie die Formen von oben sehen und die Zukunft ihres Volkes voraussagen. Andere meinen, dass die Figuren als rituelle Wege dienten, auf denen das Nasca-Volk entlangging, um Regen herbeizubeten, denn diese Region bekommt fast nie Regen ab. Und Erich von Däniken ist der Ansicht, die großen geraden Linien seien eine Art Landebahn für Außerirdische. Hauptsache, man hat eine spektakuläre Theorie, sonst glaubt ja keiner dran. Wir ziehen für uns aus diesen Tagen die Lehre, dass wir nichts mehr machen, was mehr als zehn Dollar kostet. Denn davon wird mir jedes Mal schlecht.

Hinter Nasca folgt wieder Wüste, diesmal hügelig. Überhaupt besteht ein Großteil Perus aus Wüste, ist unfruchtbar. Erst hier wird mir so richtig bewusst, in was für einem reichen Land wir in Deutschland leben, in dem es genügend regnet, die Sonne oft genug scheint und der Boden zudem noch fruchtbar ist. Die Policia Carretera, die Straßenpolizei, hat auf ihren grauen Allradfahrzeugen in großen Lettern »Pampa Generals« stehen. Sehr passend.

In der Hochebene stoßen wir auf die Menschen einer Hochlandgemeinde, die auf dem trockenen Land, in einer langen Reihe nebeneinander hergehend, Vicuñas zusammentreiben. Vicuñas sind – anders als die mit ihnen verwandten Alpacas und Lamas – nicht domestizierbar, deshalb leben sie frei im Hochland und werden nur zur Schur zusammengetrieben. Als die Vicuñas bemerken, dass sie in eine Zaunecke gedrängt werden, ist es schon zu spät. Sie sind verängstigt, steigen, treten sich gegenseitig, die großen schwarzen Augen suchen hektisch nach einem Fluchtweg. Eine Vicuña-Mutter ist verschlungen mit ihrem Kind, beide versuchen verzweifelt, sich aus der schmerzhaften Umklammerung zu lösen, machen fiepende Geräusche.

Dabei haben diese Vicuñas noch Glück, denn früher streckten Wilderer sie häufig einfach mit Maschinenpistolen nieder, um an das begehrte Fell zu kommen. Vor der Kolonialzeit gab es in diesem Hochland etwa zwei Millionen

Tiere, 1964 existierten nur noch 5.000. Heute gibt es aufgrund des Washingtoner Artenschutzabkommens wieder 17.000 Exemplare, und diese werden nach der Technik der alten Indios gejagt, die den Vicuñas keinen Schaden zufügt.

Die Menschen winken uns zu, heben den Zaun ein Stück an, um mich durchzulassen. Ich stehe zwischen lachenden, gestikulierenden Leuten, eine Frau gibt mir einen Kuss auf die Wange, von anderen Frauen empfange ich mit beiden Händen Koka-Blätter, die mir »Fortuna« bringen sollen. Wie verschieden ist doch das Nehmen mit einer Hand vom Empfangen mit beiden Händen, bei dem ich fast automatisch eine kleine Verbeugung mache. Ich fühle mich demütig und geehrt.

Uwe bekommt ein winziges Stückchen Vicuña-Wolle von den Männern, das so weich ist, dass man es kaum spürt. 200 Gramm Wolle ergibt die Schur eines Vicuñas, und für ein Kilo bekommt die Gemeinde 380 Dollar. Nach der Schur werden die Vicuñas wieder in die Pampa entlassen. »Claro«, sage ich, »und dann frieren sie erst einmal.« Das finden alle unglaublich witzig. Die Wolle, erzählen uns die Männer stolz, geht nach Italien. Wahrscheinlich ist für viele Hochlandgemeinden die Vicuña-Schur, die nur einmal im Jahr möglich ist, die einzige Einnahmequelle. Ich habe mich immer wieder gefragt, wie diese Tiere hier oben überhaupt überleben können. Später lerne ich, dass sie unglaublich robuste Mägen haben, die sogar das harte Gras verdauen. Da hierdurch ihre Zähne abgeschliffen werden, wachsen diese nach. Außerdem haben sie ein Herz, das um die Hälfte größer ist als das vergleichbarer Tiere, damit die Sauerstoffversorgung in der dünnen Luft ausreicht. Ich frage mich, ob die Menschen hier auch größere Herzen haben als andere?

Einige der Männer sprechen nur Quechua, die alte Inka-Sprache. Uwe sagt auf Spanisch: »Quechua ist für uns wie

Deutsch für euch«, und alle lachen. Eine Meute Kinder und Jugendlicher folgt Uwe, als er zu seinem Motorrad geht. Als er fragt, ob es hier Kinder gibt, die gerne malen, kommen noch mehr. Alle schreien, rufen und reißen an Uwe. »Wer ist der Kleinste?«, fragt er, und so bekommt auch der Winzling mit dem zerrissenen blauen Pullover in der letzten Reihe einen Buntstift. Dann steigen die rund 50 Leute auf einen LKW, um noch weitere Vicuñas zusammenzutreiben. Sie winken lachend und rufen »A luego!« – bis bald.

Kommunikation ist schon eine komische Sache. Es reicht manchmal nicht, die Sprache zu können, sondern man muss auch die Menschen kennen und wissen, was sie meinen. Im Hochland fragen wir manchmal uns entgegenkommende einheimische Motorradfahrer, ob es dort, wo sie herkommen, geregnet hat. Meistens antworten sie mit einem überzeugenden »Siiiii« oder »Noooooo.« Hört man genau hin, bedeuten diese Antworten meistens: »Ich habe nicht den blassesten Schimmer, wie das Wetter da hinten ist, denn ich wohne da vorne an der Ecke.« Oder wir fragen nach der Entfernung zu unserem Ziel, unserer Karte trauen wir nämlich nicht. »280« bekamen wir einmal als Antwort. Und wie weit ist es zu der Stadt, die laut Karte auf der Hälfte der Strecke liegt? Schweigen, dann »280«. Übersetzung: »Ich habe nicht den blassesten Schimmer, aber ich habe etwas gesagt und war hilfsbereit.« Am meisten ärgert mich immer die Antwort auf die Frage, wie viele Kilometer es bis zur nächsten Stadt sind: »Siii!« Was bitte soll das bedeuten? Uwe klärt mich dann irgendwann auf, als ich vollkommen ungeduldig bin. Die Übersetzung dieser Antwort lautet: »Ich habe keine Ahnung, was der Begriff Kilometer bedeutet.« Die korrekte Frage muss also lauten: »Wie viele Stunden braucht der Bus bis in die nächste Stadt?« Aha: »Fünf Stunden.«

»Cusco ist Beschwörung. Ein nicht greifbarer Staub vergangener Epochen liegt über seinen Straßen.«

Che Guevara

Cusco – Königsstadt der Inkas

Beate Block

Schon lange bevor wir Cusco sehen, wissen wir, warum die Inkas um 1.100 nach Christi ihre Hauptstadt in diesem 3.000 Meter hohen Tal gründeten: Es ist unglaublich fruchtbar, auf den Feldern wird Getreide angebaut, es ist grün. Viele Dörfer gibt es hier, die Bewässerungsgräben, die sich durch die Felder ziehen, sind noch aus der Zeit der Inkas. Handwerklich und anbautechnisch gesehen waren die Inkas mindestens so entwickelt wie die Spanier, die sich als so viel höherwertig empfanden. Die Inkas bauten Mais, Kartoffeln und andere Feldfrüchte an, stellten aber auch wertvolle Textilien, Töpferwaren und Metallarbeiten her.

Cusco erinnert mich an Florenz: In Hügel gebettet, kauern die roten Dächer neben majestätischen Kathedralen und Kirchen. Wir tauchen ein in eine Stadt wie ein Puzzle, eine spanische Stadt, gebaut auf einer Inka-Stadt. Als die Spanier in Cusco einfielen, dachten sie, dies sei die Stadt eines Kaisers. Gierig zertraten die Soldaten im Panzerhemd Juwelen und Bildnisse, zerschlugen die goldenen Gebrauchsgegenstände. Sie warfen den ganzen Schatz des Tempels in den Schmelzherd, um das Metall in Barren zu verwandeln.

Kaum etwas ist geblieben von der Inka-Pracht, dafür aber eine schöne Mischung der Architekturen. Die weißen Häuser der Kolonialherren haben dunkle Holzbalkone mit wunderschönen Schnitzereien, beim Gang durch die engen Gassen umgeben uns jahrhundertealte Inka-Mauern, die den Kolonialbauten als Fundament dienen. Die Steine der Inkas passen ohne Fugen ineinander und überstanden sogar das große Erdbeben von 1950 unbeschadet, während die Gebäude und Kirchen ringsum einstürzten.

So stabil wie die Gebäude wird heute auch manchmal die Lebensform der Inkas beschrieben. Man kann sich das Ganze wie eine Art kommunistischen Staat vorstellen: Das Leben der Gemeinschaft war das Wichtigste und musste beschützt werden: »Alle für einen und einer für alle.« Stehlen an sich wurde als sinnlos betrachtet, weil alles ohnehin der großen Göttin Pachamama gehörte und es eine Garantie gab, dass niemand an Hunger sterben und alles bekommen würde, was er zum Leben brauchte. Dieses Leben war dem Service für die Gemeinschaft und dem Nächsten gewidmet: »Heute für dich, morgen für mich.« Das wäre auch ein guter Slogan für den in Deutschland zugrunde gehenden Generationenvertrag.

Im Grunde klingt das zwar alles gar nicht so schlecht, aber ich kann mir gut vorstellen, wo derjenige gelandet ist, der zu individualistisch für diese Gesellschaft war. Immerhin konnte jeder Karriere machen, nicht nur Adelige, es hing vom Talent ab, nicht von der Herkunft. Für uns, die wir in der chaotisch-freien Demokratie aufgewachsen sind, in der das Individuum so hoch gefeiert wird, ist das aber wohl nichts.

Wir bewundern den 12-eckigen Stein, der einen Kalender darstellt, treffen René und Amy wieder und schlemmen für zehn Soles, zirka drei Dollar, Vier-Gänge-Menüs europäischen Standards. Diese Stadt ist das Touristischste, was wir bisher auf dieser Reise erlebt haben, aber sie gefällt uns.

Eigentlich heißt sie »Qosqo«. Dieser Quechua-Name wird offiziell benutzt, denn die meisten der 275.000 Menschen, die hier leben, sind indigen und sprechen die alte Inka-Sprache noch. Auch wenn die Spanier Cusco schon im 16. Jahrhundert eroberten und zerstörten, so ist hier Spanisch doch nur die Zweitsprache.

Mit René und Amy besuchen wir die Inkafestung Quenko, die hoch über der Stadt liegt. Wir wandern zwischen den Steinen umher, sehen Opfertische für Lamas und Nischen, in denen die Mumien wichtiger Stammesmitglieder für die Betenden standen. Wir bewundern die schlangenförmigen Ritzen in einem großen Stein, in die Lamablut gegossen wurde. Je nachdem, ob dieses in die linke oder in die rechte Spalte floss, war die Weissagung für das kommende Jahr schlecht oder gut.

Langsam bekommen wir eine Vorstellung davon, wie sehr die Inkas mit der Natur und den Tieren verknüpft waren. Steine werfen zur Sommersonnenwende Schatten in Form von Pumas, und Höhlen haben die Form von Lamaköpfen. Der Puma war das Symbol für Macht und Ausdehnung eines Reiches, er wurde wegen seiner Überlebenskünste verehrt und weil er so ein guter Jäger ist. Das Lama sicherte den Inkas in vielerlei Hinsicht das Überleben: Es gab Wolle, aus der Kleider gegen die Kälte hergestellt wurden, und das Fleisch ist sehr nahrhaft. Auch wir essen das dunkle, feste Alpakafleisch, das wie eine Mischung aus Lamm und Rind schmeckt.

Die große Festung Saqsuawaman war zu Zeiten der Inkas

ein zeremonielles Zentrum, wahrscheinlich ein Sonnentempel und besitzt noch heute riesige Steinmauern, deren Steine bis zu 130 Tonnen wiegen. Dort werden wir heute durch das »Rito de Iniciacion Inka« ein paar Jahrhunderte zurückversetzt und Teil des »gemeinen« Inkavolkes.

Wir bestaunen bei einem Festival den Einzug der Krieger aus allen Teilen des Inkareiches. Auf den hohen Ruinen, deren Mauern aus riesigen Steinen bestehen, lassen bunt gewandete Krieger die regenbogenfarbene Inkaflagge wehen. Auf dem Platz verbeugen sich Hunderte von Elitekämpfern vor dem »Hijo del Sol«, dem Sohn der Sonne, der auf einem goldenen Thron herbeigetragen wird. Der Sohn der Sonne ist der höchste Herrscher auf Erden, der direkte Vertreter des Sonnengottes. Ihm folgen die Häuptlinge der vier Reichsteile im Osten, Westen, Süden und Norden, die ihre rituellen Mumien mitgebracht haben. Die Elite des Sonnenkönigs bestand damals nicht aus einer Adelsschicht, die ihren Titel vererben konnte. Nur wer talentiert war, durfte zu dieser Elite gehören. Sogar die besiegten Häuptlinge anderer Völker wurden aufgenommen.

Ich bewundere die Macht und die Größe der »Söhne der Sonne«, dieses unglaublichen Andenvolks. Wieder einmal wird mir klar, wie viel durch den Untergang dieser Hochkulturen verloren ging, wie viel auch von einer Lebensphilosophie, die in unserer zielstrebigen, konsumorientierten Welt keinen Platz hat. Ein Schamane von heute formuliert diese Philosophie so: »Das Leben des Andenbewohners ist ein Pfad, der es ihm erlaubt, die Natur und die soziale Gruppe der Menschen als eine große Gemeinschaft von freien Lebewesen zu verstehen. Ein Mensch der Anden zu sein, bedeutet, das Leben aller Wesen auf der Welt zu respektieren und den Planeten als Mutter zu betrachten.«

»Es gab eine Zeit, da war alles gut. Eine glückliche Zeit, als unsere Götter über uns wachten.«
Redensart der Nahuatl

Magisches Machu Picchu

Uwe Rodacker

Wir machen uns auf den Weg nach Machu Picchu, der Stadt des Lichts, des Kristalls, des Regenbogens, die so weit und versteckt in den Bergen liegt, dass keine Straße dorthin führt. Von Cusco aus geht es durch beige Felder und über rote Erde. Wir winden uns hinab ins Valle Sagrado, ins heilige Tal, das unglaublich grün und fruchtbar ist. Im Norden glänzt die Cordillera Vilcabamba mit ihren 5.000ern durch die Wolken. Weiter als nach Ollantaytambo kommen wir nicht, die Schluchten sind zu eng, und wahrscheinlich will man verhindern, dass alle abenteuerlustigen Motorradfahrer bis kurz vor die Ruinen fahren.

Ollantaytambo ist ein hübsches Örtchen, das wie Cusco auf Inka-Mauern gebaut wurde, deren Steine so phantastisch exakt ineinander passen. Überragt wird das Dorf von treppenförmigen Inka-Ruinen und Terrassen. Wir schlendern durch das Baño de la Nusta, das Prinzessinnenbad, und finden Bewässerungssysteme, die direkt in den Fels hineingeschlagen sind. Die steil am Hang liegende Anlage war so gut befestigt, dass die Inkas sich im Jahre 1536 erfolg-

ben: Die nächtliche Skyline von Manhattan. O. links: Mexikanische Schönheiten. O. rechts: Auf der Sandpiste nach Punta Allen. Unten: Die Sonnenpyramide der Toltekenanlage Teotihuacan.

Ganz oben links: Lago de Atitlan im Morgennebel. Oben links: Kratersee des Vulkans Irazu. Oben rechts: Bunter Markt in Guatemala. Unten: Der Norden El Salvadors ist herrlich grün.

Oben: Die Skyline von Panama City. Unten links: Hoch in den Anden von Peru. Unten rechts: Lama in Ecuador. Ganz unten: Auf dem Paso Huayraccasa, dem höchsten Pass Südamerikas.

Oben: Machu Picchu, die Stadt des Lichts. Unten links: Mädchen von einer Schilfinsel des Titicacasees. Unten rechts: Schlechte Brücken in Peru. Ganz unten: Vicuñas, zum Scheren bereit

Ganz oben links: Tankstelle in Bolivien. Ganz oben rechts: In der Wüste von Nordost-Chile. Oben links: Im Lauca-Nationalpark. Oben rechts: Markt in Sucre. Unten: Salzsee Salar de Uyuni.

Oben links: Auf dem Salzsee Salar de Uyuni. Ganz oben rechts: Militärkontrolle im bolivianischen Hochland. Oben rechts: Flamingos in 4.000 Meter Höhe. Unten: Zelten direkt am Salar.

Oben: In Bolivien treffen wir Albert aus Österreich. U. links: Laguna Verde. U. rechts: Am Ende der Welt. Ganz u. links: Vulkan Osorno. Ganz u. rechts: Gletscher Perito Moreno.

Oben: Indiomutter mit Kind in der argentinischen Region Misiones. Unten links: Iguaçu-Wasserfäll
Ganz unten links: La Boca, das Hafenviertel von Buenos Aires. U. rechts: Rote Erde in Misiones.

reich gegen den Spanier Hernando Pizarro verteidigten.

Die Zugfahrt von Ollantaytambo nach Aguas Calientes, das im Tal unterhalb von Machu Picchu liegt, ist ein echtes, für peruanische Verhältnisse teures Abenteuer: 12 Dollar zahlen wir one-way für 25 Kilometer – die Auswirkungen einer Monopolstellung der brasilianischen Privatbesitzer von Perurail. Um 19.45 Uhr geht es los, oder besser: Es soll losgehen, denn der Waggon B, in dem wir Platzreservierungen haben, existiert nicht. Immerhin treffen wir in dem Chaos Amy und René wieder.

Ich verstehe nicht, warum man Stunden, nachdem der Zug ausverkauft ist, immer noch nicht weiß, wie viele Waggons man benötigt. Warum fehlt ausgerechnet Waggon B und nicht F? Das wäre verständlich, denn er ist der letzte. Eigentlich haben die Waggons gar keine Buchstaben. Die stehen nur auf den Schildern, die vom Bahnpersonal hochgehalten werden. Vielleicht hat jemand das B-Schild verlegt? Wer weiß. Jeden Tag fahren sechs Züge, um 1.500 Touristen nach Aguas Calientes zu bringen. Weshalb ist dann gerade der heutige Tag anders als alle anderen? Vielleicht ist das aber auch nur organisierte deutsche Ingenieur-Denke.

Nach einer Stunde hat jemand das Schild gefunden, der B-Waggon ist angekoppelt, und es geht los. Der Zug fährt durch die steilen Schluchten am Fluss entlang bis zum Fuße des Machu-Picchu-Berges. Die Bahn rappelt und wackelt unbeschreiblich, mich wundert, dass wir nicht entgleisen. Es ist stockdunkel, dies ist eine Fahrt ins Schwarze. Wir torkeln erst nach Mitternacht in Aguas Calientes auf die Plaza de Armas. Hier herrscht wilder Trubel, wir werden von Hoteljägern abgefangen.

Machu Picchu ist die »Stadt des Lichts«. Auch wenn um 4.00 Uhr noch kein Licht scheint, stehen wir auf, setzen unsere Stirnlampen auf und kraxeln mit Amy und René die fast 700 steilen Höhenmeter auf groben Steinwegen den Berg hinauf. Es ist noch kühl, ich genieße die langsam einsetzende Helligkeit und bin sehr aufgeregt. Um sechs Uhr sind wir die Ersten auf den Terrassen oberhalb der Ruinenanlage und warten mit den Lamas auf die wärmende Sonne.

Mit den ersten Sonnenstrahlen, die einen Spalt durch die Wolken über den Bergen finden, entstehen zauberhafte Lichtspiele. Die Ruinenstadt liegt magisch und majestätisch über einer Bergkuppe, die Seiten fallen tief hinunter bis zum heiligen Fluss Willkanota, der 400 Meter unter uns liegt. Die Form des Flusses ist ein Omega, das heilige Symbol für Pachamama, die Erdgöttin, und dieses Omega fließt um die heilige Stadt. Für die Inkas war der Fluss ein Zeichen dafür, wie sie ihr Leben führen sollten, als ein Wesen »das niemals dasselbe ist, aber immer Eins mit sich ist«. Ich spüre die Energie, sehe auf Machu Picchu, das eingebettet ist in Regenwald und umgeben von steilen grünen Bergen, die höher sind und die Wolken fangen.

Wir sind nicht mehr die Einzigen, trotzdem fühle ich mich geehrt, als würde ich etwas ganz Besonderes allein erleben. Die Ruinen wirken nicht zerfallen, sondern einfach perfekt, und ich verstehe plötzlich das peruanische Sprichwort: »Nichts wird geschaffen und nichts wird zerstört, alles verändert sich ständig.« Der Tempelturm, der um einen heiligen Felsen errichtet wurde, sieht majestätisch aus, und der pyramidenförmige Steinblock, der »Sitz der Sonne«, das so genannte Intihuatana, scheint auf die Sommersonnenwende zu warten, um Schatten mit mythischer Bedeutung zu werfen. Unendlich alt scheint alles zu sein, so fern, aber die Stadt wurde erst um 1450 erbaut. Und auch hier, wie bei den großen Stätten in Mexiko, weiß man nicht genau, was eigentlich passierte. Irgendwann wurde die Stadt wohl verlassen. Vergessen wurde sie jedoch nie, denn zwar entdeckte der amerikanische Forscher Hiram Bingham die Stadt 1911 für die westliche Welt, doch ohne die Hilfe von Einheimischen wäre ihm das wahrscheinlich nicht gelungen. Diese wussten, dass es Machu Picchu gab, nur ließen sie es schlafen. Die Stadt war damals völlig überwuchert, kaum zu finden, und ich frage mich, wie viele von den »verlorenen Städten« der Inkas dort draußen wohl noch liegen?

Die Menschenmassen verlieren sich in den Ruinen, auf die grünen Rasenflächen zu gehen, ist verboten. Jeden Tag kommen bis zu 1.500 Touristen hier herauf. Japanische Wissenschaftler behaupten, dass Machu Picchu bei dem heutigen Besucherandrang unwiederbringlich geschädigt würde und dass man eigentlich die Touristenströme minimieren müsse. Auch Erosion ist ein großes Problem. Forscher meinen, dass die Erde immer mehr ins Rutschen gerate und durch die Nutzung die Gefahr bestehe, dass Teile des Berges abrutschen.

Hinter den Ruinen steigt Huayna Picchu auf, eine gigantische Felsnase eines Indianerprofils, das horizontal in den Bergen liegt. Da müssen wir natürlich hoch. Beate keucht hinter mir auf den steilen rutschigen Pfaden, es ist unglaublich schwül. Kurz vor dem Gipfel zwängen wir uns durch einen engen Felstunnel und genießen dann zweihundert Meter über den Ruinen eine Aussicht wie die Andenkondore. Als wir hochblicken, sehen wir ihn tatsächlich: den Andenkondor, der groß und schwarz über uns schwebt. Der heilige Vogel der Sonne, der alles sieht.

Wir gehen zur Inka-Brücke, die an einer Steilwand liegt und für die Inkas ein Pfad über die Berge war. Der Pfad selbst ist in eine fast vertikale Felswand gehauen. Wenn man dort abrutscht, geht es Hunderte von Metern in die Tiefe. Die Brücke besteht aus langen Bohlen, die den steinigen

Pfad an einer Stelle verbinden und die einfach in die Tiefe geworfen wurden, wenn man einen Angriff befürchtete. Die Brücke ist schon lange gesperrt: Zu gefährlich. Touristen sind schon abgestürzt, als sie Inkas spielen wollten.

Dann begeben wir uns auf den Inka-Trail, der zum Sonnentor führt. Wie auch die Mayas in Zentralamerika haben die Inkas ihr Reich mit steinernen Wegen durchzogen, auf denen Läufer Nachrichten und Informationen durch das Land brachten. Dieser Weg jedoch ist etwas Besonderes, er war der offizielle Weg zur heiligen Stadt, der zuvor an anderen Inkastädten vorbeiführte und dessen Betreten eine große Ehre bedeutete. Der Pfad, der zur Stadt des Lichts oder des Kristalls führt, so heißt es, war von der Erdgöttin für alle Kinder bestimmt, die das Leben ehrten, oder für Menschen, die voll purer und uneigennütziger Liebe waren.

Heute ist es für seine Benutzung nicht mehr nötig, dass man ein Kind der Erdgöttin oder von purer Liebe erfüllt ist, man benötigt vielmehr ein dickes Portemonnaie, denn der Inka-Trail kostet mehrere hundert Dollar Eintritt. Uns reicht der Ausblick. Vom Sonnentor aus leuchten die Ruinen, die steilen grünen Hänge und die heiligen Berge der Inkas um uns herum.

Mittags regnet es, danach steigen Nebelwolken vom Tal herauf und lösen sich über uns auf. Zum Nachmittag werden wir wieder mit blauem Himmel und Sonne beschenkt. Die Ruinen strahlen in der tief stehenden Sonne, und ich sauge das saftig leuchtende Grün der Plazas und Terrassen noch einmal in mich auf. In einem Inkafelsen finden wir ein wildes Pumagesicht.

»Alles im Universum hat seine Zeit und seine Form; nur das Herz der Welt währt ewig.«

Asuncion Acctu

(Weiser des Volkes Pachacamac)

Traumhafter Titicacasee

Uwe Rodacker

Auf dem Weg zum Titicacasee liegen hinter Urubamba Steine auf der Straße. Wir umfahren sie, aber es werden immer mehr, bis wir nicht mehr durchkommen. Ich steige also ab, räume einen dicken Fels weg und rufe ein paar Arbeitern zu: »Que paso?« Felsen auf der Straße finde ich gar nicht lustig. Sie gucken mich nur stumm an. Kurz darauf müssen wir um große Baumwurzeln und einen riesigen Tank von einem Öltransporter kurven. Schließlich ist kein Weiterkommen mehr möglich. Menschen mit Transparenten umringen uns, und endlich erfahren wir, was eigentlich los ist: Sie demonstrieren gegen die Pläne der Regierung, den Anbau von Koka zu verbieten.

Koka ist für die Menschen hier wichtig, sie kauen seit Jahrhunderten die getrockneten Blätter, um Müdigkeit und Hunger zu bekämpfen. Schon die Spanier wussten von der Wirkung der Pflanze und unterstützten ihren Genuss, damit sie ihre mehr als billigen Arbeitskräfte noch besser ausbeuten konnten. Aus der Koka-Pflanze kann man auch Kokain herstellen, und natürlich bauen die Bauern Koka nicht nur zum Eigenbedarf an, sondern verkaufen es zum Teil an Händler, die daraus Kokain machen. So ist Koka zwar Rohstoff für eine Droge, gehört aber auch zur Kultur der Indios in Bolivien und Peru. Ein Verbot des Anbaus, so wie ihn die Regierung fordert, ist deshalb zu simpel. Ich wette, dahinter stecken wie bei dem Koka-Krieg in Bolivien vor einigen Jahren die USA. Die Amis glauben, dass die Koka-Bauern Schuld an dem Kokainhandel in den USA sind.

Ich bekomme Koka-Blätter angeboten. Nein, danke, würde gerne durchfahren und trinke sowieso lieber Coca-Cola – ist ja auch Koka drin. Die Leute lachen, haben fast keine Zähne mehr, ob das am Kokakauen liegt? Wie lange die Sperre noch dauert, wollen wir wissen, und alle rufen, als hätten sie diese Frage heute schon ein paar Mal gehört: »Indefinido!«, unbestimmt. Wir erklären, dass wir nur einsame Touristen sind, die nichts gegen Koka haben. Sie lassen uns trotzdem nicht durch, werden ernst und runzeln die Stirn, als wir versuchen, sie zu überreden. Schließlich müssen wir umdrehen. Später hören wir, dass im Nachbarort der Bürgermeister erhängt wurde, als er versuchte, die Menschen zu beschwichtigen. Das Militär musste anrücken, damit es nicht noch mehr Opfer gab. Da fahren wir doch gerne ein paar Kilometer mehr.

Hinter Cusco treffen wir zufällig Amy und René wieder und machen einen Lunch-Stopp. In diesem Ort bietet jedes Haus Chicharron an, was Schwein bedeutet, es gibt überall Chicharronerias – das sind keine Schweinereien, sondern Schweinebratereien. Der nächste Ort, durch den wir fahren, ist auf Cuys spezialisiert: Meerschweinchen. Was folgt daraus? Man muss in diesem Land reisen, damit man sich nicht einseitig ernährt. In den Küchen laufen die Meerschweinchen wuselig und rund auf dem Boden umher. Als wir einmal erklären, dass Meerschweinchen in Deutschland als Haustiere für Kinder gehalten werden, lachen die Männer. Haustiere? Die sind doch zum Essen da. Sollen sehr lecker schmecken, »muy rico«. Wir müssen dabei an Max, unseren ehemaligen Hamster, denken und bleiben lieber beim richtigen Schwein.

In Puno am Titicacasee besuchen wir den wöchentlichen Einheimischenmarkt und entdecken weitere Köstlichkeiten: Ziegenköpfe, die uns anstarren, lebendige Cuys in Käfigen, und direkt darauf liegen die gehäuteten Verwandten zum Braten bereit – die armen Schweine. Mit meiner Frage, ob die sich kannten, können die Marktfrauen hier nicht viel anfangen, nur Beate läuft kichernd weiter. Kleine Hunde gehen für 5 Soles, 1,50 Euro, in die Arme fröhlicher Kinder, Hunderte von gelben Küken kuscheln sich in Pappkartons zusammen, kleine Enten schnattern, daneben hängen bleiche Hühnerkrallen weit über die Tische, als wollten sie nach uns greifen. Es stinkt nach Fisch, die von den Europäern in den See eingesetzten Fische sind mittlerweile für die Menschen ein wichtiges Nahrungsmittel geworden.

Eine Bootstour auf 3.800 Meter Höhe – das ist nur auf dem Lago Titicaca möglich, denn der ist der höchste beschiffbare See der Welt. Die Umgebung macht nicht den Anschein, als würden wir uns auf fast 4.000 Meter Höhe befinden, der See ist umringt von Bergen, die sich in der weiten Ferne am anderen Ufer zeigen. Der Himmel ist von einem strahlenden Blau, wie ich ihn sonst nur über Wüsten kenne. Kein Wunder, dass dies der heilige See der Inkas war.

Doch nicht seine Schönheit ist der Grund hierfür, dieser liegt in dem Schöpfungsmythos der Inkas: Eines Tages stieg der Sonnengott Wiracocha zur Erde hinab und erschuf aus dem Schaum der Wellen des Titicacasees das mythische Paar

Mallku Kapak und Mama Ocllo. Er sandte die beiden aus, um ein günstig gelegenes Land zu finden, in dem die Kinder der Sonne später leben sollten. Mallku Kapak und Mama Ocllo folgten Wiracochas Weg wie Pilger von Süden nach Norden, beschützt wurden sie von Wiracochas Anwesenheit, begleitet vom heiligen Kondor. Als sie ins Cusco Tal kamen, ließen sie sich nieder und schufen eines der größten Reiche der Welt.

Auch wenn unser Führer scherzhaft meint, Peru habe vom See den »Titi-Teil« bekommen, während Bolivien lediglich den »Caca-Teil« erhielt, so liegt in diesem Namen eine mythische Bedeutung: Titi heißt auf Quechua Puma, Caca heißt Fels, das ist also der See des Pumafelsens.

Wir machen an den Schilfinseln, den so genannten Uros, Halt und gehen über das wankende Schilf, aus dem hier alles gefertigt wird: Inseln, Hütten und Boote. Sogar essen kann man die weißgrünen Stangen, die ein bisschen wie Spargel schmecken und viel Jod enthalten. Eigentlich ist Uros der Name des Indianerstammes, der auf diesen Schilfinseln wohnte, heute gibt es jedoch keine reinen Uros mehr, sie haben sich mit dem Aymara-Volk vermischt. Schöne Menschen sind diese Indios, mit klaren braunen Augen, die Frauen tragen herrlich langes schwarzes Haar. Die Kinder haben verbrannte Wangen von der Sonne. Wir hören leise Musik: Solarzellen versorgen Radios und andere Kleingeräte mit Strom. Das war es dann aber auch mit Luxus. Dafür wirkt alles sauber und gemütlich. In einem Schilfboot fahren wir zu einem weiteren der insgesamt 42 Inseldörfer.

Dann geht es zu einer richtigen Insel: Amantani. Die Verteilung unserer Touristengruppe auf die Familien, bei denen wir übernachten werden, ist wie eine Lotterie. Dorffrauen in bunten Röcken und mit drehenden Spindeln warten, dass wir ihnen zugeteilt werden. Unsere peruanische Mama trägt ein Kleinkind auf dem Rücken und führt uns den Berg hinauf wie Trophäen. In unserem Zimmer stehen vier Betten, wovon zwei eher Hängemattencharakter haben. Hier gibt es keinen Strom, kein fließendes Wasser, keine Tageszeitung, kein Fernsehen. Nur batteriebetriebene Radios, zu denen die Jungs auf einem Feld oberhalb des Dorfes Breakdance üben. Woher die wissen, was das ist, ist mir ein Rätsel. Arbeit gibt es hier auch nicht, außer ein wenig Ackerbau auf den Terrassen.

Ich genieße die Ruhe. Kein Verkehr, keine laute Musik, keine Hektik, nur Vogelstimmen aus den duftenden Eukalyptusbäumen. Wir bringen unserer Gastfamilie Brot, Äpfel, Bananen und Buntstifte mit. Unsere Mama freut sich und beginnt sofort von dem Brot und den Bananen zu essen. Nebenbei stillt sie ihre zweijährige Tochter. Wir schlürfen währenddessen unsere Mittagssuppe und kämpfen mit dem Teller gekochter, ungeschälter kleiner Kartoffeln und anderer Wurzeln, die wie riesengroße Würmer aussehen. Ein wenig trocken und sandig das Ganze. Die Küche gleicht eher einem Schuppen, die Decke rußschwarz von dem offenen Feuer, auf dem gekocht wird. Der Tee ist aus frischen Munyamenta-Blättern, einer Minzpflanze, aufgebrüht. Meinem Bauch, der ein wenig gestresst ist von der ungewohnten Küche, tut er gut.

Zum Sonnenuntergang besteigen wir den Gipfel der Insel, wo der verfallene Tempel für Pachamama, die Herrin der Erde und die Göttin der Vergebung, steht. Die Steine des Tempels sind warm. Unser Führer deutet auf den nächsten Hügel, auf dem die Reste des Tempels für Wiracocha stehen und sagt leise: »Diese Periode endete mit der Ankunft eines neuen Gottes, des Gottes der weißen Männer.« Als die Sonne orange glühend im Westen hinter den Bergen untergeht, ist mir, als spürte ich die Kälte, die der Untergang der Inkas mit sich brachte. Im Osten steigt der Vollmond bläulich über dem Lago de Titicaca auf, der lila schimmert.

Als es dunkel wird, hilft uns die 16-jährige Tochter des Hauses in die für uns bereitgelegte traditionelle Tracht: Beate muss zwei schwere Wollröcke übereinander anziehen. Ich grinse, jetzt weiß ich endlich, warum die Frauen alle so breite Hüften haben: Sie tragen nicht nur zwei, sondern bis zu zehn Röcke. Dafür wirft mir Beate die kratzige Wollmütze ins Gesicht, die ich aufsetzen soll und deutet lachend auf den dicken Poncho, der auf meinem Bett liegt. So verkleidet gehen wir zum Tanz ins Gemeindehaus, wo die Dorfjugend mit Panflöten-Livemusik aufspielt und wir uns mehr oder weniger anmutig dazu wiegen.

Am nächsten Morgen verabschieden wir uns nach einem Pfannkuchen-Frühstück von unseren Gastmüttern, die alle winkend mit weißen Blusen und dicken Röcken am Pier stehen, und fahren auf die Nachbarinsel Taquile. Wir wandern oberhalb der Küste entlang, pflücken Munyakräuter und lassen uns von der peruanischen Sonne verbrennen. Auf Taquile stricken die Männer – und nur die Männer – in Trachten gekleidet Mützen. Beate will mir gleich vier Stricknadeln und Wolle andrehen. Nix da, bin ich eine Strickmaschine?

Wir wandern am See entlang und essen in der Sonne Alpakafleisch, das auf Motorradspeichen gegrillt wird. Wenn wir unsere Motorräder zu Schrott fahren, werden die Speichen immer noch einen Sinn haben. Dann müssen wir nur noch lernen, Alpacas zu fangen. Auch sonst hat man hier eine vernünftige Auffassung vom Recycling. So dienen abgefahrene Autoreifen als Schuhsohlen. Sogar unsere Flipflops sind mit solchen ausgestattet. Wenn sie irgendwann abgetragen sind, werden die Sohlen noch als Gartentorscharniere genutzt. Daran könnten sich die Industriestaaten ein Vorbild nehmen.

Grenze Peru – Bolivien: Schnell, unbürokratisch und nicht korrupt. Bis wir zum letzten Polizeiposten kommen, der »Dinero« verlangt, egal in welcher Währung. Dollar, Soles, Bolivianos, egal. Erst als ich drei Mal sage, dass ich nicht verstehe wofür, meint der Jefe: »Voluntario«. Ach so, eine Spende sollen wir geben, freiwillig natürlich. Korruption hat eben viele Gesichter. Da das Ganze freiwillig ist, entscheiden wir uns dafür, nichts zu geben. Hasta luego, peruanische Policia.

»Wenn du ein Haus errichtest, dann lege einen Lamafötus unter die Grundmauer. Es bringt Glück.«
Bolivianische Weisheit

La Paz – Stadt des Friedens?

Uwe Rodacker

Die Hochebene ist kalt, windig. Aus der Ferne erhaschen wir einen Blick auf eine Stadt, die aussieht, als wäre sie in einem Tuch in eine Erdfalte gerutscht. Im Hintergrund erheben sich riesige 6.000er. Da oben liegt irgendwo auf 5.345 Meter Höhe das höchste Skigebiet der Welt. Ich verstehe, warum die Spanier 1548 La Paz in ein Tal gebaut haben: Der Wind hier oben auf der Ebene bläst eiskalt. Schon weit vor dem Tal fahren wir durch ausgedehnte Vororte, Slums, deren niedrige Häuser aus roten Steinen zusammengemauert sind und keine Fenster haben. Die Fahrbahnen sind staubig, wir winden uns hinunter, tauchen in die engen Straßen der mit 3.500 Metern höchsten Hauptstadt der Welt ein.

Wir lieben La Paz. Die Stadt ist untypisch und zugleich so typisch für Südamerika. Es gibt hier Fastfood und schöne Cafés und Restaurants, und samstags dröhnt eine Disco die halbe Nacht. Schicke Menschen essen riesige Eisbecher in einer italienischen Eisdiele an der von großen Kolonialbauten gesäumten, hellen Plaza Murillo. Daneben steht die Statue von Präsident Gualberto Villarroel, der 1946 hier vom wütenden Mob gehängt wurde. Menschen demonstrieren friedlich in den Gassen, die Polizei-Motorrad-Sondereinheit braust in schwarzer Kleidung mit Waffen über den Schultern und lauten Motoren die steilen Straßen hoch. Auf der Avenida des 16. Julio stehen glänzende Hochhäuser, in den Auslagen der Edel-Cafés stehen große Torten mit herrlicher Verzierung.

Vor den Geschäften sitzen alte Frauen, strecken die Hand aus zum Betteln. Neben einigen liegen Kinder, halb nackt, schlafend. Nachts ist es eiskalt. Bei Sonnenuntergang werden in der Fußgängerzone unendlich viele Stände aufgebaut. Mützen, Pullover, Handtaschen, Elektroartikel, Spiele – hier wird einfach alles verkauft, ein unglaubliches Getümmel. Auf dem Hexenmarkt hängen getrocknete, verschrumpelte Lamaföten in kleinen dunklen Läden, Potenz fördernde Tees mit vermeintlich erotischen Bildern stehen in den Regalen. Es duftet nach frischen Kräutern, häufiger stinkt es nach Urin.

Wir frühstücken jeden Morgen für 12 Bolivianos, das sind 1,20 Euro, im italienischen Frühstückscafé Turino, das in puncto Einrichtungsstil den Münchener Kneipen in keinster Weise nachsteht. Unser teuerstes Essen in diesen Tagen findet im Café Berlin statt, wo wir an einem Heimwehtag eine Currywurst mit Kartoffelsalat und Erdinger Weißbier genießen. Das importierte Weißbier ist nach dem langen Weg sogar noch günstiger als daheim: Zwei Euro kostet die Flasche. Man, tut das gut, mal wieder ein Glas in der Hand zu halten, auf dem »getreu der bayerischen Braukunst von 1518« steht. Na dann, prost!

Unser Hostal mitten in der Stadt stellt sich als einziger Unterschlupf für Motorradfahrer heraus. Als wir ankommen, wollen die Aachener Kirsten und Jörg gerade los. Kirsten belädt ihre BMW, Jörg gibt uns noch ein paar Tipps, wo wir Reifen für die Bikes bekommen können. Schade, auf zwei nette Deutsche hätte ich Lust gehabt. Amy und René sind auch hier, und wir lernen den Österreicher Albert auf seiner Africa Twin kennen. Er ist alleine unterwegs und ein echter Motorradreisender, denn er fuhr schon durch halb Vorderasien und Nordafrika.

Peter und Jessy aus Nordengland sind schon ein paar Tage da. Beate ist ganz begeistert, weil Peter eine Dominator fährt: »Siehst du, geht also doch mit einer Dominator!« Sie fragt Peter: »Do you like her?« Der schaut sie viel sagend an: »This bitch is a fucking piece of shit!« Jetzt lache ich, denn eigentlich wollte Beate mit ihrer alten Dominator fahren, und ich musste sie ein wenig zur Transalp überreden.

Wir erstehen nach rund 21.000 gefahrenen Kilometern neue Stollenreifen für die Motorräder, die wir im Hof des Hostals, in dem zeitweise bis zu acht Motorräder stehen, als eingespieltes Team an einem Tag wechseln. Schwieriger war da schon das Bestellen der Reifen. »Claro, hasta mañana! Seguro!« Morgen, ganz sicher. Claro war, dass am folgenden Tag nur drei Reifen da waren. Der vierte sollte »todo seguro« am nächsten Tag kommen. Tat er natürlich nicht, aber »segurissimo« in einer Viertelstunde. Doch was heißt das in Bolivien? Eine Stunde? In unserem Fall dauerte die Viertelstunde einen Tag. Man muss eben Geduld haben.

Weil Beate einen Tag krank im Bett liegt, übernehme ich die Aufgabe, Wäsche zu waschen. Zwar hängen im Hostal Schilder, dass Waschen verboten ist und es einen Waschservice gibt, aber den finde ich nicht. Eine nette Putzfrau, die ich anspreche, sagt, ich solle doch einfach im Badezimmer waschen. Also wasche ich und hänge die Wäsche auf dem Dach auf. Am nächsten Tag ist sie weg. Nach langer Suche weiß ich: Sandra, die Waschfrau, die am vorigen Tag noch nicht existierte, hat sie abgenommen und auf einer Liste genau aufgeschrieben, wie viele Socken, Slips und T-Shirts ich gewaschen habe und möchte Lohn dafür: 18 Bolivianos, das sei normal. Als ich ihr erkläre, dass ich die Wäsche aber doch selbst gewaschen habe und für meine eigene Arbeit ja eigentlich nicht zahlen müsse, überlegt sie und sagt schließlich: »Si! Neun Bolivianos.« Ich glaube, ich spinne. Vielleicht das nächste Mal, brumme ich, schnappe meine Tüte und gehe.

Um der Großstadt für ein paar Stunden zu entfliehen, fahren wir mit einem Minibus für 35 Cent raus aus La Paz zum Valle de la Luna – dem Tal des Mondes. Mitten in der Mittagshitze wandern wir durch den skurrilen Steingarten, an erodierten Wunderwelten vorbei, starren in tiefe Rinnen und bewundern die beinahe gotisch geformten Steinorgeln. Hübsch, erinnert mich an den Bryce Canyon in den USA, das Valle de la Luna ist aber kleiner und nicht rot, sondern grau.

Ein paar Tage Großstadt sind für uns in Ordnung, aber irgendwann halten wir es nicht mehr aus, mögen die Cafés, Restaurants und unser Zimmer noch so gut sein. Also, Pferde satteln, und weiter geht es. Das graubraune Altiplano umfasst uns schnell, und ich spüre die Freiheit wieder, bin befreit von der städtischen Last, die ich vorher nicht bemerkt habe.

»Nur die Wüste hat diese Faszination – allein zu fahren – in der Sonne, in dem ewig unbesiedelten Land – weitab vom Menschen. Dies ist eine große Verlockung ...«
D. H. Lawrence

Sandpisten, Salzseen und heiße Quellen

Uwe Rodacker

Bolivien. Das heißt für uns, dass wir uns überwiegend auf über 4.000 Metern aufhalten werden. Doch zunächst müssen wir erst einmal absteigen: Wir schwingen uns nördlich aus La Paz heraus, überqueren unterhalb schwarzer Berge einen 4.700 Meter hohen Pass und biegen ab auf die »Todesstraße«, die sich von den trockenen Ostanden hinunter in den Regenwald auf 1.700 Meter Höhe windet. Alles auf einer Distanz von nur 70 Kilometern. Yungas nennt man dieses grüne Bergland zwischen der Cordillera und dem Amazonas-Becken. Hoch über uns gleitet ein Andenkondor, langsam, in langen Schleifen. Wunderschöne steile grüne Bergwände fallen Hunderte von Metern in die Tiefe, teilweise senkrecht.

Die Straße ist unglaublich schmal. In einer Rechtskurve kommt mir plötzlich auf meiner Seite ein LKW entgegen. Spinnt der denn? Ich rutsche in den Graben und bleibe an der Felswand stehen. Der LKW-Fahrer schimpft genauso wie ich, Beate fragt: »Hast du die Schilder nicht gesehen? Hier herrscht Linksverkehr.« Super. Die Straße ist einspurig mit unzähligen kleinen Ausbuchtungen und 90-Grad-Kurven. »Winker«, die vom Trinkgeld leben oder dies freiwillig tun, weil hier Verwandte verunglückt sind, signalisieren mit großen roten und grünen Paddeln, ob frei ist oder nicht. Manchmal schauen sie nicht genau, und nach dem grünen Paddel kommt ein Truck um die Ecke – grande sorpresa.

Je tiefer wir kommen, desto wärmer wird es. Die Wände werden weniger steil, und irgendwann entschließen wir uns, umzukehren, denn in den heißen Regenwald wollen wir nun doch nicht. Die Rückfahrt ist genauso schön, die Blicke sind anders, das Wasser, das von den Bergen auf uns herunterfällt, ist kühl. Dann sind wir wieder im Altiplano, das weit und graubraun vor uns liegt.

Kleine Lehmhütten ohne Fenster stehen in der unsagbar trockenen Landschaft, Ziegen und Esel warten am Straßenrand, Frauen in dicken Röcken starren uns an. Im Westen wächst langsam der Sajama, mit 6.542 Metern Boliviens höchster Berg, dahinter liegen die Zwillingsvulkane Parinacota und Pomerape, die schon zu Chile gehören. Der kegelsymmetrische schneebedeckte Parinacota spiegelt sich idyllisch im Lago Chungaro. Rosafarbene Flamingos nehmen in dem seichten Gewässer ein Fußbad, heißen uns in Chile willkommen.

Die chilenischen Grenzer wollen unsere Taschen durchleuchten. Das komme überhaupt nicht in Frage, werfe ich ein. Wir würden doch nichts schmuggeln, und überhaupt wüsste ich nicht wofür. Sie lassen uns in Ruhe, bestehen aber darauf, dass wir die drei Äpfel, die wir in Bolivien gekauft haben, schnell aufessen. Es könnten sich ja gefährliche bolivianische Schädlinge darin eingenistet haben.

Chile ist anders, es kommt mir weiter vor, die Menschen können Englisch in diesem langen Land. Es ist kalt, eiskalt, der Wind dringt durch die Kleidung. Kurz nach der Grenze biegen wir ab und finden uns prompt auf einer fiesen Sandstraße wieder. Wir müssen einen Fluss durchqueren, der einen schlammig-sandigen Untergrund hat. Weil ich die längeren Beine habe, starte ich mit der Transalp und bleibe prompt beim Durchfahren stecken. Beate flucht, weil sie in den Fluss springen muss, um mich rauszuschieben. Dann fahren wir nur noch durch Wüste, die Vulkane leuchten dunkelrot mit weißen Kuppen, und der Himmel ist unglaublich blau. Schilder gibt es nur sehr selten, meistens sind sie ohnehin unleserlich, und wir freuen uns, an einer Kreuzung wieder auf eine befestigte Schotterstraße zu kommen. Nun düsen ständig LKWs an uns vorbei, auf dem Weg zu einer Mine, die irgendwo in der Pampa liegt.

Nach Stunden fahren wir in Guallatini ein. Eine echte Ghosttown mitten im Nichts, die aber ein kleines Restaurant besitzt. Die nächste Tankstelle, wird uns gesagt, sei 40 Kilometer weiter am Salar de Surire. »Das schafft ihr in einer Stunde«, versichert uns der Restaurantbesitzer. »Die LKWs brauchen eineinhalb.« Klar, nur dass die vier Reifen haben und damit auf diesen üblen Straßen schneller sind als wir. Aber das macht nichts: Wir haben Zeit. Die Landschaft ist wunderschön, die Berge schimmern, Vicuñas springen wie Rehe vor uns her, und Alpacas laufen mit ruckenden Bewegungen und waberndem Fell davon.

Der Lauca Nationalpark ist herrlich wild und war früher sogar noch wesentlich größer. Dann entdeckte man, dass die Salzmine am Salar de Surire wirtschaftlich genutzt werden kann, die korrupte Regierung verkleinerte den Nationalpark und freute sich über Zuwendungen der Borax-Gesellschaft, die die Mine betreibt. Die Mine ist der Salzsee.

Wie eine Welt aus Eis liegt er da, Salzberge stehen wie dicke Stalagniten auf dem Salar, mit Nummern versehen für den Transport. Hier können wir etwas Sprit kaufen und fahren auf einem üblen Bodenwellenweg bis zu den heißen Quellen. Wir campen auf dem Salar. Sobald die Sonne untergegangen ist, wird es saukalt, wir springen ganz schnell in die Schlafsäcke.

Morgens ist das Trinkwasser gefroren, der Dampf der Quellen hat unser Zelt und die Motorräder mit einer dünnen weißen Eisschicht überzogen, in der Luft hängen stinkende schwere Schwefeldämpfe. Das Wasser verwandelt Silberringe in Goldschmuck, und wir baden, bis unsere Haut krebsrot ist.

Irgendwo auf der Buckelpiste haben wir gestern unseren Rucksack mit den Sandalen, der neuen kleinen Thermoskanne, dem Chile-Reiseführer und tausend Kleinigkeiten verloren. Heute suchen wir nach ihm auf der Straße, bei der Policia, bei der Salzmine und bei dem Ranger des Reserva Nacional. Der Ranger wohnt oben an einem Hang, eine üble Sandstraße führt hinauf. Also warte ich bei den Motorrädern, während Beate zum Ranger geht.

Auf dem Weg dorthin kann sich Beate zwar mehreren Hunden erwehren, die laut bellend den Hang hinuntergelaufen kommen, doch zwei wagemutige Lamas galoppieren ihr entgegen und bedrängen sie mit kräftigen Brustschupsern. Ich lache mich kaputt, wie sie vor den Riesenviechern steht und mit ihnen rangelt. Als sie ganz außer Atem wieder neben mir steht, lacht sie auch: »Unverschämtheit! Hast du das gesehen? Na, zum Glück haben sie mich nicht angespuckt!«

Der Rucksack bleibt verschwunden, aber wir nehmen die Einladung des Minenvorarbeiters an und dürfen in der

Kantine Mittagessen. Muschelsuppe, Reis, Pommes und Fleisch mit warmen, dicken Brötchen, von denen ich zwei einstecke. Zum Nachtisch gibt es Orangen. Das ist genau das, was wir brauchen, denn wir haben kaum noch Proviant. Nie hätten wir gedacht, dass es in dieser Gegend absolut nichts zu kaufen gibt. Wir spenden der Küchencrew ein paar Dollar. Immerhin mussten wir nichts bezahlen und brauchten nicht von Blechtellern zu essen, sondern bekamen das Essen auf Porzellantellern an den Tisch gebracht. Dafür dürfen die Minenmänner Beate ein bisschen anstarren. Hier oben kommen sicher nicht oft Frauen vorbei – schon gar nicht langhaarige Blondinen auf einem Motorrad.

Danach: Wüste. Auf 4.500 Meter Höhe. Wir treffen stundenlang keinen Menschen, grün bemooste Steine liegen in den Hängen, Kakteen blühen, kleine raue Bäume wachsen. Die Einsamkeit tut mir gut. In einem kleinen Ort tanken wir Wasser und fragen nach den Thermen, die hier irgendwo sein sollen. Ein kleiner Mann gibt uns Auskunft. Aber dort schlafen? Das sei doch viel zu kalt, er habe eine Hospedaje. Was die kostet, wollen wir wissen, er antwortet: »Esta voluntario.« Komische Antwort, der Beitrag ist freiwillig? Aber wir wollen sowieso zelten, zu kalt gibt es für uns nicht, und wir biegen ab zu den Thermen. Was für eine Ausstattung: Toiletten, Picknickplätze, Umkleidekabinen und zwei Pools. Am nächsten Morgen springe ich hinein, plansche und schwimme. Das tut gut!

Dann geht es wieder auf die Sandpisten. Vicuñas und Alpacas flüchten in den menschenleeren Hochanden vor uns, den ganzen Tag sehen wir kein Auto. Die Straße wird schlechter, und irgendwann – wieder in Bolivien – beginnen Bauarbeiten an der neuen Straße. Die alte existiert nicht mehr, nur eine sandige Behelfspiste mit tiefen Rillen ist befahrbar. Wir kämpfen uns ein paar Kilometer durch den tiefen Sand der Hilfsstraße, die schon mindestens sechs Monate alt ist, dann haben wir die Nase voll. Um zu verhindern, dass Autos auf der neuen Baustraße fahren, sind zwar tiefe Rinnen gezogen und Erdberge aufgehäuft, aber für uns ist das kein Hindernis. Wir schaffen Steine und Erde beiseite, ich fahre, Beate schiebt, und los geht's: Wie Easyrider gleiten wir über das verdichtete Neubaustück. Doch schon nach wenigen Kilometern ist Schluss, die mühevolle Prozedur auf der Behelfspiste beginnt erneut. Abends haben wir 80 Kilometer geschafft und sind todmüde. Wir zelten inmitten der Altiplano-Wüste unter Tausenden von Sternen und der Milchstraße, die hier wie eine lange Wolke aussieht.

Oruro ist eine ehemalige Silberminenstadt in der bolivianischen Wüste, nach Sonnenuntergang herrscht dort ein unglaubliches Getümmel. Jungen rufen laut und monoton die Zielorte der Buslinien aus, Frauen blockieren mit ihren Süßigkeitenständen die Bürgersteige, Männer schieben Schubkarren voller salziger Nüsse die Straßen entlang. Die Konkurrenz der Marktwirtschaft zeigt hier noch nicht ihre Wirkung: In der einen Straße gibt es zehn Tischlereien, in der nächsten einen Frisörladen neben dem anderen, eine dritte Straße ist voller Eisenwarenhandlungen, und alle bieten das Gleiche an. Dasselbe gilt für die kleinen Gemischtwarenstände: 20 Stück hintereinander mit ein und derselben Auswahl.

Wir shoppen, was das Zeug hält: Ein neuer Rucksack und neue Sonnenbrillen müssen her. Frisch gepresster Saft auf dem Markt, danach Internet, und abends legen wir eine Fernsehsession ein. Wir halten das glatt zwei Tage aus.

Kurz vor unserer Abfahrt trage ich die Koffer zu den Motorrädern, als die Nachbarin mit einem Riesenhund von ihrem Hof kommt, auf dem unsere Bikes geparkt sind. Das

Tier sieht harmlos aus. Doch in dem Moment, als ich mein Bein über die Sitzbank schwinge, wendet er sich zur Seite und beißt mit voller Kraft in meinen Stiefel. Ich glaube es nicht! Dieser Mistköter! Zum Glück sitzt der Protektor an der richtigen Stelle. Und die Besitzerin? Unternimmt nichts, hält den Hund nicht zurück, sagt nichts, macht einfach gar nichts. Jetzt wird mir klar, wozu sie die ganze Zeit einen Behälter mit Wasser bei sich trägt. Nicht um eventuell andere zu beschützen, die von dem Vieh angefallen werden, sondern nur um sich selbst zu schützen. Wenn der Köter ein Kind anfällt, was ist dann?

Ich bin stinksauer, und werde noch wütender, als die Dame sagt, sie bekomme noch Geld fürs Parken. Dabei war das laut Aussage des Hotelmanagers »incluido«. Der hält sich natürlich jetzt dezent zurück, der Feigling. Als ich der Frau sage, ich müsste eigentlich noch Geld von ihr bekommen, weil ihr blöder Hund mich angefallen habe und ich nun Löcher in meinem Stiefel habe, brennt bei ihr die Sicherung durch. Sie kreischt, ich sei ein blöder Gringo, und alle Gringos seien Betrüger. Das macht mich noch wütender. Ich schreie zurück, sie wisse doch überhaupt nicht, was ein Gringo sei. Und dann diese Verallgemeinerungen. Und überhaupt wolle nicht ich sie betrügen, sondern der Hotelmanager. Da zieht Beate mich am Ärmel: »Komm, wir fahren, sonst kriegt ihr beide noch einen Herzinfarkt.«

Später hält ein alter BMW neben uns, und der Fahrer spricht uns auf Deutsch an. Er habe über 30 Jahre in Deutschland gearbeitet, aber seine Rente sei für dort zu knapp. Na, hier wird er damit leben können wir ein König.

Das Altiplano ist grau und öde, der Lago Poopo nicht zu sehen, er ist wohl total zugewachsen. Wir gleiten auf der neuen Asphaltstraße nach Potosi, das auf 4.000 Metern liegt und mit seinen 100.000 Einwohnern die größte Stadt der Welt in dieser Höhe ist. Außerdem gilt Potosi als die berühmteste Silberstadt Südamerikas. Nach einer Sage wurden schon die Inkas von dem silbernen Berg geblendet. Aber ihre Götter befahlen ihnen, auf die zu warten »die von drüben kommen«.

Zur Blütezeit Potosis sollen sogar die Hufeisen der Pferde aus Silber gewesen sein. 1658, so heißt es, wurden anlässlich der Corpus-Christi-Feiern die Pflastersteine der Straßen entfernt und durch Silberbarren ersetzt. 1573, keine 30 Jahre nach Beginn der Ausbeutung des Berges, hatte die Stadt 120.000 Einwohner und war damit größer als Sevilla, Madrid, Rom und Paris. New York war zu dieser Zeit noch nicht einmal in Planung.

Potosi ist heute zwar längst nicht mehr reich, doch immer noch ein Wirbel und Taumel. Die Straßen sind voll mit jungen Leuten, überall läuft Musik, die Menschen gehen auf der Fahrbahn, müssen von den Autos weggehupt werden. Dunkle Holzbalkone hängen an den alten weißen Kolonialhäusern, aus unzähligen Kuppeln kann man über die Stadt sehen, die verwinkelt und alt wirkt.

Mir wird wieder einmal klar, dass unsere Spanischkenntnisse noch längst nicht perfekt sind. Ich bin auf der Suche nach einem winzigen silbernen Schweizer Messer. Beate ist schon ganz genervt, folgt mir aber geduldig in jeden Laden. In dem dritten sieht mich die Verkäuferin völlig entsetzt an, als ich frage. Beate schaut auch ein wenig verwirrt. Draußen sage ich zu ihr: »Man, sind die Leute hier manchmal begriffsstutzig!« Sie lacht sich krumm und meint: »Wenn du nach einer silbernen Zwiebel fragst, ist das auch kein Wunder.« Da habe ich wohl »cochillo«, Messer, und »cebolla«, Zwiebel, verwechselt.

Sucre, die offizielle Hauptstadt Boliviens, die nur 130.000 Einwohner hat, ist weiß und mit ihren vielen herrlich erhaltenen Kolonialhäusern auch sehr andalusisch. Die Suche nach einem Hotel gestaltet sich kompliziert, denn viele Straßen sind gesperrt. Wir werden hin- und hergeschickt, fahren im wilden Zickzack. Später erfahren wir, warum: Der bolivianische Präsident hält sich momentan in Sucre auf und hatte gestern den Präsidenten von Argentinien zu Gast. Tausende von Schulkindern wurden auf die Plazas gekarrt und winkten dem bolivianischen Präsidenten fröhlich zu. Der argentinische Präsident jedoch hatte eine Stunde Verspätung und die Bolivianer keine Geduld. So war bei Ankunft des argentinischen Staatsoberhauptes niemand mehr da zum Winken. Ob dieser Vorfall die Beziehung zwischen den Ländern verschlechterte?

Wir fühlen uns gut zwischen den leuchtend weißen Kolonialbauten mit terrakottafarbenen Ziegeln, die in der Sonne liegen, genießen das mediterrane Klima, wandern abends in T-Shirt und Sandalen durch die grünen Plazas und essen in der In-Kneipe »Joyride« ein dickes Steak. Die Atmosphäre ist entspannt, es gibt herrliche Kirchen, die Vögel zwitschern, riesige Blumen duften. Leider sind die Bettler äußerst aufdringlich. Ständig fassen sie uns an, ziehen an unseren Hosen, starren um die Ecken in die Restaurants, so dass man keine fünf Minuten Ruhe hat. Auch die kleinen Schuhputzer verstehen kein »No, gracias!«, gehen einfach nicht weg, stehen penetrant vor uns und starren uns an.

Die Armut in Sucre ist groß. Es ist nicht mehr viel zu spüren von den reichen Silbervorkommen, die es hier einmal gab, und von denen die Stadt ihren alten Namen erhielt: Villa de la Plata. Im Jahr 1839 wurde sie zu Ehren des ersten bolivianischen Staatspräsidenten, Antonio Jose de Sucre, umbenannt und zur Landeshauptstadt erhoben.

Aber Sucre ist nicht nur die Hauptstadt Boliviens, sondern auch der Platz, an dem die größten und ältesten Fußspuren der Welt existieren: In Cal Orcko stießen Arbeiter einer Zementfabrik auf eine fast vertikale Wand mit über 3.000 Fußabdrücken von 300 verschiedenen Dinosauriern. Der größte Fund dieser Art auf der Welt. Unglaublich: Man kann die dreizackigen Riesenzehen vom Tyrannosaurus Rex und die Tapsen vom Brontosaurus erkennen, die hier in Scharen umherwanderten. Besonders die Entdeckung des T-Rex war eine Attraktion, denn bisher hatte man immer geglaubt, es hätte ihn nur in Nordamerika gegeben.

Da die aufgefaltete Erde aus harten und weichen Sedimenten besteht, sorgt die Erosion für einen steten Wandel. Alte Fußspuren verschwinden, neue treten hervor. Unsere Führerin sagt, wenn wir neue entdeckten, würden sie nach uns benannt: Beatesaurus und Uwesaurus.

»Ride hard or stay home.«
Biker Rule

Surreale Wüstentour auf irrealem Untergrund

Beate Block

Manchmal ist der Weg nicht mehr das Ziel, sondern wir wollen einfach nur ankommen. So auch auf dem Weg von Potosi nach Uyuni. Die Landschaft ist so lala, nix Spannendes, grau, grau, grau, bergig, haben wir alles schon gesehen. Ich schwimme im Sand, schlittere durch den Kies. Inmitten dieser Wüste kommen uns drei Motorradfahrer entgegen. Wir jubeln: René und Amy sind mit Tony auf dem Weg nach Potosi. Das Land ist so klein. Wir reden nur ein paar Minuten, sind alle spät dran, wollen weiter. Irgendwann eine Militärkontrolle. Wie viele Kilometer noch? »Siete« – sieben. Gott sei Dank, ich bin wirklich alle, 184 Kilometer sind wir über diese Piste gefahren. Doch nach weiteren zwanzig Kilometern immer noch keine Zivilisation in Sicht. Uwe lacht: »Das habe ich dem gleich angesehen. Wenn wir ihn gefragt hätten, wie viele Finger er an einer Hand hat, hätte er auch sieben gesagt.«

Kurz darauf kündigt sich Uyuni durch bunte Mülltüten an, die wie Lametta in den kleinen trockenen Büschen hängen. Uyuni ist eine echte Wüstenstadt, völlig flach, breite Sandstraßen, kein Grün. An ihrem Rand liegt der Friedhof der Züge, die wüstenbraun vor sich hinrosten, ausgeschlachtet. Das hier ist Butch-Cassidy- und Sundance-Kid-Country. Hier gab es zwar damals noch keine Züge, die die beiden ausrauben konnten, und hier hatten sie auch keine Farm. Aber ich kann mir gut vorstellen, wie die beiden in dieser Einöde umhergezogen sind.

Am nächsten Morgen brechen wir früh auf und kämpfen uns über tiefes Wellblech, bei dem die Koffer klappern. Aber dann liegt er vor uns, schimmernd: Der Salar de Uyuni, der weltgrößte Salzsee, mit 160 Kilometer Durchmesser 17-mal so groß wie der Bodensee. Die weißen Salzhäufchen sehen aus wie Zuckerhüte, und die endlose weite Ebene wirkt wie ein zugefrorener See. Mein Gehirn signalisiert mir: »Vorsicht, rutschig! Kälte!« Aber es ist heiß, die Sonne brennt. Und als ich zögernd auf das Weiß fahre, die Füße neben dem Motorrad auf dem Untergrund, fühle ich das stumpfe, weiße Salz rau unter dem Bike.

»Dies ist die beste Straße Boliviens«, sagt Uwe lachend. Und er hat Recht. Wir gleiten durch die weiße Welt, die sich bis in die Ferne erstreckt, am Horizont liegen blaubraune Berge, die an den Rändern flimmernd verschwinden. Nur zwei Farben leben hier: das blendende Weiß des Salzes und das Azurblau des Himmels. Die dritte Dimension des Raumes geht verloren, es ist, als wären wir in einer Zeitschleife gefangen. Weder die Inseln noch das andere Ufer kommen näher. Mir wird klar, wie begrenzt unser Zeitverständnis ist. Unvorstellbar, wie lange dieser See gebraucht hat, um aus dem Meer zu entstehen, das an dieser Stelle einst war.

Irgendwann vor einigen zehntausend Jahren gab es hier richtige Seen, denn die Erdachse hatte einen anderen Winkel. Deshalb war das Klima kälter. Heute verdunstet wesentlich mehr Wasser, und der See bleibt trocken.

Wie eine Fata Morgana taucht aus dem weißen Nichts am Horizont die Isla de los Pescaderos, die Insel der Fischer, auf. Mannshohe grüne Kakteen, die lange orange Stacheln haben, bevölkern die Hügel, scharfe Korallenfelsen liegen auf 3.700 Meter über Meereshöhe wie riesige Schwämme daneben. Ich denke an das Great Barrier Reef in Australien, vielleicht wird es ja in einigen Millionen Jahren auch mal Teil eines Salzsees sein. Das Salz wirkt hier so glatt, dass selbst die Spuren der Autos kaum mehr zu sehen sind. Mein Gesicht brennt von der Sonne. Ab und zu tauchen Löcher auf, die Salzschicht ist nur 10 bis 20 Zentimeter dick, darunter befindet sich noch Wasser. Überdimensionale Wabenformen aus zwei bis drei Zentimeter hohen Salzkristall-Stegen überziehen den See wie ein Mosaik, ihr Rand zerspringt knirschend, wenn wir darüber fahren.

Mitten im unendlichen Weiß treffen wir Meg, eine Hardcore-Japanerin auf einer Kawasaki KLR 650, die seit einem halben Jahr alleine durch Südamerika düst. Wir reden ein wenig, dann springt sie auf ihr Bike und saust davon. Uwe schaut ihr bewundernd nach: »Wenn die Japaner hart sind, dann richtig.« Und weiter geht es auf dem See, der so weiß ist, dass die hellen Wolken fast grau wirken.

Nach der besten Straße Boliviens folgt die schlechteste. Bodenwellen bis San Juan, ich finde einfach nicht die richtige Geschwindigkeit, um dem Rhythmus des Wellblechs zu entgehen, alles klappert, rüttelt, schwingt sich auf. Ich weiß, ich fahre zu langsam, aber schneller traue ich mich nicht. Wenn dann ein Sandloch kommt, reißt es mich weg. So bin ich am Schlingern, die Transalp schwingt sich ab und zu so auf, dass ich mich mit den Füßen abstoßen muss, um nicht zu stürzen. Bei Uwe sieht alles so leicht aus.

San Juan ist ein Adobe-Nest im Nichts mit drei kleinen Läden. Adobe werden die für diese Trockengebiete typischen luftgetrockneten Lehmziegel genannt. Wir füllen unsere Tanks mit Zehn-Liter-Eimern und mit Hilfe eines Plastikflaschenhalses, der als Trichter dient, kaufen Wasser, und ab geht es wieder in die trockene, leere Altiplanowüste.

Dann geraten wir auf die mit Abstand miserabelste Straße, die ich je gefahren bin. Auch wenn die Soldaten an dem einsamen Militärposten uns bewundernd und ein bisschen neidisch anschauen, ich fühle mich kaum beneidenswert. Hinter dem grauen Salar de Chiguana lege ich meine Transalp das erste Mal auf die Seite. Uwe flucht, das Abpacken und Aufheben muss schnell gehen, sonst läuft zu viel Sprit aus. Wir haben ohnehin gerade ausreichend Benzin, um die 400 Kilometer zu schaffen. Auch der Flüssigbatterie tut so ein Sturz nicht gut.

Irgendwann kann man nicht mehr von Weg sprechen. Große Steinbrocken ragen aus der Erde, nur mit Mühe komme ich einen Steinhügel hoch, schlage mit der Federung vorne und hinten durch, muss die Kupplung schleifen lassen, bete, dass sie nicht kaputt geht, nur nicht jetzt und hier. Halb im Stehen schaffe ich es. Eines ist sicher: Wenn ich bis jetzt nicht Motorrad fahren konnte, hier werde ich es lernen. Einmal rutscht Uwes Vorderrad auf einem Stein weg, und die Twin liegt ebenfalls. Diesmal brauchen wir zum Aufheben noch mehr Kraft, das Ding ist derartig schwer.

Heute ist ein echter Frust-Tag: Ich falle noch zwei Mal, die Landschaft ist nicht besonders eindrucksvoll, und wir kommen nicht voran. Direkt nach der Steinwüste folgt Sandwüste, teilweise spaltet sich der Weg in zehn oder mehr Jeepspuren auf, die dann irgendwann wieder zusammenführen. Also nicht irritieren lassen. In einer zwanzig Meter breiten Schlucht müssen wir durch ein »Schotterbad«, das so tief ist, dass wir unsere Motorräder ohne Seitenständer abstellen können.

Als ich das vierte Mal falle, sind unsere Nerven am Ende. »Was machst du denn? Warum sagst du nicht, dass ich das Stück fahren soll?«, schreit Uwe. Ich schreie zurück: »Du glaubst wohl, ich kann nicht fahren? Claro, ich weiß ja vorher, dass ich hinfalle und finde das auch ganz toll!« Keiner von uns weiß in diesem Moment, warum wir eigentlich diese Miststrecke fahren. Ich habe keinen Bock mehr: »Wenn hier ein Taxi auftaucht, überlege ich keinen Moment, steige ein und fahre nach Hause!« »Und Tschüss!«, sagt Uwe nur. Dann sind wir erst mal still.

Ich bin so sauer. Jedes Mal, wenn ich umkippe – und mehr ist es ja nicht – das gleiche Theater. Humor ist ein Fremdwort, immer wird gleich geschimpft, immer drauf, als wäre es nicht genug, dass ich mir den Fuß unter dem Koffer eingeklemmt habe. Immerhin haben wir uns abreagiert und finden dann doch noch ein annehmbares Plätzchen zum Zelten. Die Temperatur fällt schnell unter null Grad. Tief in unsere Schlafsäcke eingemummelt schauen wir noch mal auf die Karte und stellen fest, dass die Strecke viel länger ist, als wir dachten. Bei unserem jetzigen Tempo von gerade mal 100 Kilometern am Tag wird unser Essen nie reichen. Was sind wir für naive Planungsstümper geworden.

Der nächste Morgen ist eiskalt, unser Wasser ist gefroren, kein Wunder bei 4.300 Meter Höhe und minus 13 Grad. Demotiviert brechen wir auf, nach einer Stunde fahren wir über eine Kuppe, und vor uns liegt die Laguna Cañapa. Keine Wolke steht am Himmel, auf dem spiegelglatten See, in dem sich das Blau und die leuchtend rot-braunen Berge spiegeln, stolzieren rosa Flamingos mit stakeligen Beinen, brechen knirschend in das morgendliche Eis ein. Am Rand der Laguna laufen Vicuñas, und plötzlich durchflutet mich eine immense Ruhe, der Stress ist verschwunden. Um das hier zu sehen, bin ich gestern diese üble Strecke gefahren, und es hat sich gelohnt. Und noch etwas: Auf einem Schild finden wir eine Kilometerangabe: 195 Kilometer bis zur Laguna Verde. Das ist zu schaffen, wir jubeln, müssen nicht zurück, sind nicht Gefangene des Altiplano.

Die Laguna Hedionda ist rosarot mit weißen Salzrändern, Hunderte von Flamingos genießen die wärmende Morgensonne. Bis auf etwa fünf Meter lassen sie uns heran, senken langsam ihre dünnen Hälse, tauchen ihre gelben Schnäbel in den See. Tagelang sehen wir keinen Baum, keinen Busch, kein Gras, kein Grün – keine Menschen, nur wir zwei. Hoffentlich passiert hier nichts, auf Hilfe kann man lange warten. Laguna Chiarcota, Laguna Honda und Laguna Ramedites ziehen an uns vorbei, türkisgrün und kalt. Der Himmel ist unendlich blau. Die Berge über dem Desierto de Siloli sind wie marmoriert, leuchten wie die Wüste auf Salvador Dalis Bildern, surrealistisch. Es sieht aus, als sei er wirklich hier gewesen und habe sich inspirieren lassen: Die Steinformationen des Arbol de Piedra, eines bizarr geformten Steinbaumes, und die ihn umgebenden Felsen sind zerfressen, zerlöchert, skurril geformt vom harten Altiplanowind.

Wir treffen auf vier Tourenjeeps und erfahren, dass eine bolivianische Kommune an der Laguna Colorada eine Blockade errichtet hat. Blockade? Wieso blockieren irgendwelche Hochland-Bolivianer mitten im Altiplano die Straße? Keiner weiß etwas Genaues, die Jeepfahrer wollen nicht weiter, schließlich brechen sie im Konvoi auf, eine riesige Staubfahne hinter sich herziehend.

Wir schlagen unser Zelt auf, haben genug getan und sind gerade am Kochen, als Uwe auf einen Sandwirbel deutet und meint: »Das gibt es nicht, das ist ein Motorrad.« Und verdammt schnell, denke ich und sage scherzhaft: »Das ist sicher Heizer-Albert.« Keine fünf Minuten später steht Albert auf seiner Africa Twin vor uns, fährt sich durch seinen staubigen Zopf und strahlt. Ihm folgt mit etwas Abstand Jochen, der mit seiner BMW R 80 ungebremst über zwei Sandwälle springt. Als er ankommt, ist sein erster Kommentar: »Scheiße, meine Hinterbremse ist gerissen!« Die beiden sind wirklich die ganz Harten, sehen nach dem Essen fast mitleidig auf unsere Töpfe, die wir mit Spüli auswaschen. Sie nehmen Sand dazu. »Den gibt's überall«, amüsiert sich Jochen.

Dann sind auch die Jeeps zurück, sie sind nicht durch die Blockade gekommen. Alle sind sauer, ich bekomme ein mulmiges Gefühl im Magen. Egal, für heute ist ohnehin nichts mehr zu machen. Die Jeeps verkaufen uns für fünf Bolivianos jeweils fünf Liter Sprit, den sie mit Schläuchen von den Kanistern auf ihren Dächern abzapfen, und machen sich davon zurück in Richtung Norden. Die Sonne geht unter, und plötzlich ist es wieder eiskalt – wir sind auf 4.600 Meter Höhe.

Als wir Tags darauf die Motorräder starten wollen, streiken die Transalp und die BMW. Kein Wunder bei der Kälte und dem wenigen Sauerstoff in dieser Höhe. Anschieben? Unmöglich, hier gibt es nur Sand. Zum Glück haben wir ein Überbrückungskabel im Gepäck.

Später an der Laguna Colorada bleibt die Schranke des Reserva Nacional, durch das wir müssen, geschlossen. Zirka fünfzig Männer, Abgeordnete aus den umliegenden Wüstendörfern, sind hier versammelt, um mit einer Barrikade gegen Bezirksgrenzen zu demonstrieren. Bezirksgrenzen? Wo bitte verlaufen in dieser Einöde Grenzen? Und wer will noch mehr von diesem Landstrich haben, wer hat in dieser unwirtlichen Landschaft Interesse an ein paar Quadratkilometern mehr oder weniger? Gibt es hier Bodenschätze, Öl? Der »Oberbürgermeister« ist ein echter Häuptling, mit buntem Poncho, silberner Pfeife, Hut und moderner Aktentasche. Die anderen sind eher westlich gekleidet, tragen dicke löchrige Thermo-Overalls. »Seid freundlich und geduldig«, sagt der Mann, der uns begrüßt, »wenn die Frau Doktor von der Präfektur aus Potosi kommt, könnt ihr vielleicht morgen schon weiter.« Heute Nachmittag um drei soll sie kommen, die Frau Doktor. Wer's glaubt wird selig. Wie will denn hier jemand einen Zeitplan einhalten? »Wieso? Das sind doch nur zehn Stunden im Jeep«, antwortet der Mann auf meine Skepsis, und ich kann nur nicken. Die arme Frau, zehn Stunden im Jeep!

Die Kommunenmitglieder sitzen oder liegen in kleinen Gruppen um die Hütte des Reservates herum. Alle sind freundlich, beäugen uns heiter, rufen ab und zu »Hola, Gringos!«, und wir bekommen Frühstück, Fladenbrot und supersüßen Kokatee aus der Feldküche. So richtig erklären, was hier los ist, will uns keiner. »Paciencia,« sagen alle. Ja, Geduld mussten wir in Südamerika bereits lernen.

Jochen repariert seine Bremse, Albert liest, ich spiele mit ein paar Teenagern Domino, alle sind froh über ein bisschen Ablenkung. Irgendwann wird eine »Reunion«, ein Zusammentreffen, einberufen. Über eine Stunde wird palavert, jeder darf sich zu Wort melden. »Echte Demokratie«, sagt Jochen. Ich frage mich, wo die Frauen sind. Vermutlich an den Kochtöpfen.

Es geht wohl darum, wie die Gruppe der Frau Doktor entgegentreten wird, und was sie von ihr wollen. Viel verstehe ich nicht, die Männer nuscheln furchtbar mit ihren Mündern voller Kokablätter. Schließlich heben sie ihre Hände zur Abstimmung und gehen auseinander. Zufrieden sehen sie nicht gerade aus. Ein Bolivianer klärt uns über die

Lage auf: »Wir haben die Blockade um zehn Tage verlängert.« Ich glaub es nicht! »Und wir?«, fragt Jochen völlig ruhig. »Ihr könnt warten oder zurückfahren, ganz wie ihr wollt.« »Zum Zurückfahren brauchen wir Benzin. Könnt ihr uns das verkaufen?« Der Mann schüttelt den Kopf: »Nein, wir haben selbst kaum etwas.« Essen? Tja, da ließe sich etwas machen, aber mitgeben könnten sie uns nichts.

Uwe wird sauer: »Es kann doch nicht Sinn der Sache sein, 'turistas muertas' zu haben.« Der Mann schiebt seine Nike-Fake-Mütze in den Nacken. »Nein«, sagt er ernsthaft, »ihr könnt aber zurückfahren.« Ich würde dem Kerl am liebsten an die Gurgel gehen, er scheint nicht zu kapieren. Außerdem: Glaubt der, ich quäle mich drei Tage lang über diese Wahnsinnspiste wieder zurück?

Gott sei Dank taucht in diesem Augenblick die Frau Doktor aus Potosi auf, und nach kurzem Palaver wird die Blockade aufgehoben. Nach sechs Stunden Warterei zögern wir nicht lange, springen auf die Bikes und fahren bis in die tiefe Dunkelheit, bloß weg von hier. Neben heißen Quellen schlagen wir unser Zelt auf, die Salzkruste des Salar de Chalviri schimmert im Mondschein.

Die leuchtende Laguna Verde ist am nächsten Morgen eher eine Laguna Azul. Wir schwatzen einem Jeepfahrer fünf Liter Sprit ab, die er mit einem Schlauch aus seinem Tank in einen Wasserkanister saugt. So schaffen wir es gerade bis zur chilenischen Grenze. Sobald die Teerstraße erreicht ist, schalten wir den Motor aus und rollen im Leerlauf weiter. Dreißig Kilometer lang gleiten wir von 4.500 Metern auf 2.500 Meter hinab, am Vulkan Licancabur vorbei hinab ins Atacama-Wüstental bis San Pedro. Das ist wie fliegen aus Bolivien.

»Übriger Wein macht Durst!«
Deutsches Sprichwort

Im Zickzack mit Steak und Rotwein

Uwe Rodacker

Wir sind im wahrscheinlich längsten Land der Welt: Chile. 4.225 Kilometer lang und dabei nur 120 bis 380 Kilometer breit. Endlich wieder Wärme, wir frieren nachts nicht mehr, ein paar grüne Bäume und Vögel, wir sind in einer Oase. San Pedro de Atacama in Nordchile ist ein originelles Wüstenstädtchen, bestehend aus Adobehäusern, staubigen Straßen und unzähligen Touristenagenturen. Wir entstauben uns und unsere Sachen, genießen die Zivilisation und kaufen teuer mit chilenischen Pesos ein. Die bevölkern aufgrund des Wechselkurses – ein Dollar sind 600 chilenische Pesos – zu Tausenden unsere Portemonnaies.

Wir stehen morgens um 3.30 Uhr auf und rauschen in der Dunkelheit durch die Atacama, die trockenste Wüste der Welt. Es geht wieder hinauf, bis auf 4.500 Meter. Nach und nach wird etwas mehr als die Silhouette der Andenberge sichtbar, und es wird wieder kalt, eiskalt. Mit dem ersten Morgenschimmer erreichen wir ein dampfendes Geysirfeld: El Tatio. Die ganze kleine Hochebene qualmt, aus Steinlöchern brodelt und zischt es, kleine Kalkterrassen schimmern in der Sonne. Es ist so kalt hier oben, ich verfluche mich, habe nur Sandalen und einen leichten Pulli an, zittere. Schwefelgeruch zieht durch die Luft. Als ob man über einer riesigen unterirdischen Dämonenfabrik steht. Fast hundert Grad heiße Fontänen steigen auf. Ein merkwürdiger Ort, voller Hitze und Kälte, voller Grau und voller Farben. Feuer und Wasser so dicht beieinander, die Sonne wird durch Wasserdampf verdunkelt und erscheint darum noch heller. Magisch.

In San Pedro können wir nicht lange entspannen, finden nach unserer Zeit in Bolivien Chile viel zu teuer und brechen über den Paso de Jama nach Argentinien auf. Meine Twin saust ohne Probleme den Berg hoch, Beate bleibt hinter mir zurück. Als ich auf sie warte, sagt sie schmollend: »Manchmal hätte ich schon gerne ein paar PS mehr.« Aber irgendwann sind wir oben. Dies ist echtes Niemandsland. Manche Berge sehen aus wie große rotbraune Dünen, in der Ferne stehen dunkle Gipfel mit Schneeflecken, und beim Blick nach Bolivien blinzelt die Laguna Verde durch die Hügel. Windhosen ziehen über die Hochebene, manchmal fahren wir hinein, sie wirbeln uns staubig durch, lassen uns dann im Auge des Sturms eine Sekunde ausruhen und wirbeln ein zweites Mal um uns herum. Salzseen liegen neben der Straße, Kreuze zeugen von tödlicher Raserei.

An der Grenze zu Argentinien treffen wir eine deutsche Familie mit drei Kindern, die ein Jahr, vier und fünf Jahre alt sind. Beate strahlt: »Endlich mal ein Paar, das zeigt, dass Reisen mit Kindern in diesen Ländern auch möglich ist.« Der vierjährige, antiautoritär erzogene Sohn boxt Beate als Bestätigung in den Bauch. Ich grinse, und wir bekommen ihre Argentinienkarte geschenkt. Die chilenischen Kilometerangaben sind wieder mal völlig falsch. Von wegen nach

200 Kilometern kommt eine Tankstelle – es werden rund 380 daraus. Also versuchen wir in einem Straßenarbeitercamp fünf Liter Sprit zu kaufen und bekommen ihn geschenkt. In Salta kommen wir spät und ausgehungert an, doch heute ist unser Geschenktag: Eine Reisegruppe lädt uns zum Abendessen ein: Steak, Salat und Kartoffelbrei.

Argentinien gefällt mir von der ersten Minute an. Die Menschen sind nett und starren uns nicht mehr an. Mit den Scheinwerfern aufgeblendet wird hier nur, weil uns alle begeistert grüßen. Auf gar keinen Fall, weil man wie in Zentralamerika glaubt, wir würden mit unserem Licht Energie verschwenden. Auch werden wir nicht mehr dauernd gefragt, wie viel die Maschinen wert seien.

Das argentinische Spanisch ist irgendwie anders als in den übrigen Ländern Lateinamerikas. Hier leben die Schwaben Südamerikas, Straße wird nicht »caje« ausgesprochen, sondern »casche«, das Huhn heißt nicht mehr »pojo« sondern »poscho«. Wir haben das Gefühl, kein Spanisch mehr zu können. Auch die Automarken erscheinen uns ein wenig merkwürdig. Bei dem ersten »Gol«, den wir sehen, lachen wir: »Sieh mal, da ist das f abgefallen.« Als wir weitere »Gols« sehen, müssen wir dann doch einsehen, dass VW in Südamerika andere Modellnamen benutzt. Bei der Fußballbegeisterung kein Wunder: »Gol« heißt auf Deutsch Tor.

Die Landschaft wird grüner, Bäume, Weiden – Heimatgefühle und Sehnsüchte werden wach. Wir durchfahren an einem Tag den Frühling, subtropischen Regenwald, australisches Outback, marokkanische Canyons und landen in Cafayate zwischen den Weinreben. Argentiniens Reiz liegt für mich darin, dass es weit genug entwickelt, aber nicht überentwickelt ist. 1940 befand sich das Land unter den zehn meistentwickelten Staaten der Welt. Viele Autos stammen noch aus dieser Zeit. Auch manche Dörfer sehen aus, als würde gleich John-Boy um die Ecke kommen – Latzhosen sind modern. Diese Orte haben noch ihren Charme, alte Autos sind genauso gut wie neue, die Weite des Landes strahlt eine große Ruhe aus. Die Inflation von 2001 brachte die Preise für uns auf ein angenehmes Niveau, und wir gönnen uns eine gute Flasche Shiraz, eine anständige Portion Filetsteak und sitzen abends vor dem Zelt, genießen.

In Richtung San Miguel de Tocumen durchstreifen wir ein Wolkenwaldgebiet. Feuchtes Grün, der schwere Geruch zieht in meine Nase, ich muss mein Visier öffnen, um den Duft zu inhalieren und den Gesang der Vögel zu fangen. Dann ist plötzlich alles wieder vorbei, wir fahren weiter hinab, bis auf 400 Meter. Hier quält uns die Hitze, plötzlich kommt uns die Kälte der Anden eher verführerisch als abstoßend vor. Spontan entschließen wir uns, über den legendären 4.748 Meter hohen Paso de San Francisco nach Chile zu fahren. Hierfür müssen wir unseren Benzinvorrat aufstocken, denn die nächsten 470 Kilometer gibt es nichts, gar nichts. Wir kaufen drei Plastikkanister, in die wir 20 Liter Sprit tanken und auf unsere Koffer schnallen.

Hinter Fiamballa wird die Straße zum Passerlebnis, knallrote Felsen tauchen vor uns auf, formen eine kurze Schlucht und versinken wieder im graubraunen Berg. Die Erde ist wild aufgefaltet, der Faktor Zeit kaum begreifbar. Mein Leben wirkt wie ein Wimpernschlag in diesem Braunrot, das durch enorme tektonische Kräfte von der Horizontalen in die Vertikale gehoben wurde und immer noch wird, unsichtbar in der Zeit meines Lebens, in der Zeit meiner Zivilisation, meiner Welt.

Der Wind wird stärker, die Berge werden höher und karger. Ich muss ab und zu in den Spiegel schauen, um Beate nicht davonzusausen. Gerade noch in Argentinien befindet sich ein Salzsee, an dessen Ufer riesige Salzschollen liegen, 10 bis 20 Zentimeter dick. Dann umringen uns die Sechstausender mit ihren Schneeflecken, der Höchste ist der Passis mit 6.882 Metern. Die riesige Laguna Verde empfängt uns schon aus der Ferne türkis leuchtend. Es folgen Felder großer weißer Eismesser, die aus dem braunen Boden stechen, Schneestalagniten, leuchtend und bizarr.

Es wird spät, es ist fast sieben, als wir die chilenische Grenzstation erreichen. Im Register sehe ich, dass wir heute die ersten und wahrscheinlich auch die letzten sind. Dafür erwischen wir bei der »Aduana«, dem Zoll, den langsamsten Beamten Chiles. Als ich irgendwann zu ihm sage, er solle mal ein bisschen flotter machen, weil es bald dunkel werde, und einfach die Stempel auf die Formulare knallen, ist er völlig durch den Wind, stolpert über seinen Stuhl und wirft mich aus seinem Büro. Er schickt Beate hinter mir her, damit sie mir sagen soll, in seinem Büro dürfe niemand so mit ihm sprechen. Mein lieber Mann, da haben sie wieder mal einen strafversetzt, der keine Ahnung hat und auf seinem Posten nichts anrichten kann.

Auch wenn es vielen Menschen in Chile besser geht und wir nicht mehr so viele Bettler sehen, fallen uns doch ein paar Frauen auf, die lange weite Röcke und Blusen oder weite bunte T-Shirts tragen. Alle haben lange braunschwarze Haare, einige tragen Kopftücher. Das erste Mal kommen sie in Conception an einer Tankstelle auf uns zu, groß, aufrecht. Laut fragen sie, wo wir herkommen und ob wir ihnen Geld geben können. »Ein Ärgernis«, sagt der Tankwart. In La Serena stellen sie sich mit aufmüpfigem Gesichtsausdruck vor uns auf den engen Bürgersteig und fordern »Dinero«, Geld. Als wir auf der Plaza sitzen, kommt ein kleines Mädchen, vielleicht sechs Jahre alt, auf uns zu und sagt: »Gebt mir Geld, ich brauche es für das Baby.« Als wir sie wegschicken, zuckt sie nur mit den Achseln, geht weiter und zündet sich eine Zigarette an.

Unser Host-Vater nickt mitleidig mit dem Kopf, als wir ihm davon erzählen: »Ja, hier in Chile gibt es viele Zigeuner. Einige leben ganz normal, andere bleiben in ihren Clans, arbeiten nicht, wollen nur haben, gehen betteln für ihren König.« »König?«, lachen wir und sind uns nicht sicher, ob wir ihn richtig verstanden haben. »Ja, sie haben einen König. Der ist unglaublich reich und lebt im besten Viertel Santiagos. Seine Untertanen haben nichts, weil sie ihm alles geben.« Später sehen wir die großen bunten Zelte, in denen die Familien leben, noch häufiger.

Die Wüste des Altiplano ist südlich der Atacama noch längst nicht zu Ende. Seit Peru begleitet sie uns. So bekomme ich ein ungefähres Gefühl von der immensen Ausdehnung dieses Wüstenstreifens.

Chile ist voller Kontraste: Hier erleben wir die kältesten Nächte und die heißesten Tage. Weit ab von Städten kann man sich über Dirtroads kämpfen und trifft auf absolut unterentwickelte Dörfer oder verlassene Ortschaften, in denen die Fenster wie blicklose Augen schauen. Heute hingegen sind wir über eine Autobahn gerauscht, um schließlich zwischen den Hochhäusern Santiagos umherzuirren, von Baustellen und mangelnder Beschilderung zur Verzweiflung getrieben.

Die Hauptstadt liegt direkt vor der Andencordillere, die Berge sind leider von Wolken verdeckt. 70 Prozent der Chilenen leben hier. Im Scott's Place, unserem Hostal in Santiago, entbrennt abends in der Küche eine heftige Diskussion über die Entwicklungsmöglichkeiten der südamerikanischen Staaten. »Bolivien«, so ein Österreicher, »ist das traurigste Land, weil es so viel Potential, so viele Ressourcen hat. Die Unterentwicklung dieses Staates ist die Schuld der Politiker.« Ja, Potential hätten wahrscheinlich die meisten Länder hier, aber wenn man sich die Geschichte und auch die Gegenwart Lateinamerikas ansieht, ist es kein Wunder, dass sich nichts entwickelt. Dieser ganze Kontinent war immer nur zur Ausbeutung bestimmt, und viele Industrienationen sehen das auch heute noch so. Dass es massenhaft korrupte Politiker gibt, macht die Sache natürlich nicht leichter. Ich bin froh, dass wir durch ein friedliches Bolivien fahren konnten.

Seit zwei Tagen herrscht mieses Wetter in Santiago. »El Niño«, sagt der Amerikaner, der meint, wenn er lauter lacht, werden seine Witze besser. 2004 soll ein Niño-Jahr sein. Ich hoffe, es lässt uns im Süden in Ruhe und schickt keine Stürme, Sintfluten oder Hitzewellen.

Von der Hauptstadt aus kreuzen wir die Anden erneut, auf einem Pass, der uns erst in eine hochalpenähnliche Landschaft führt und dann eher wie das Colorado-Plateau aussieht. Der Aconcagua, mit 6.959 Metern der höchste Berg Südamerikas, zeigt uns nur seinen imposanten Fuß.

In Mendoza leben wir wie die Könige: 400-Gramm-Steaks entwickeln sich zu unserer Hauptspeise. In Argentinien gibt es eindeutig die besten Steaks, bezüglich Geschmack und Konsistenz. Ein durchschnittliches 250-Gramm-Steak kostet nur 50 Cent, wir haben unsere »Tiempo de Asado«, unsere Grillzeit entdeckt. Wenn wir den Rinderwahn bekommen, merken wir es wenigstens nicht. In Mendoza, der Weinmetropole Argentiniens, entdecken wir außerdem, dass Steak mit argentinischem Rotwein noch besser schmeckt. Natürlich nur mit Shiraz. Wir genießen die Bodegas und Weinprobierstuben mit ihren dicken dunkelbraunen Holzfässern.

Als wir südlich von Mendoza das erste Mal tiefe graue Wolken sehen und in eine Regenfront fahren, fallen unsere Seelen in tiefe Depressionen. Außer in der Dusche kennen wir seit drei Monaten kein Wasser von oben, und eigentlich dachten wir, dass das so weitergeht. Dafür wird die Landschaft endlich grün. Manchmal scheint es, wir würden endlos an den Voralpen entlangfahren. Pappelwälder liegen an den Straßen, und Alleen aus Trauerweiden durchziehen das Land. Wir atmen Ölgeruch ein, fahren durch Felder voller Ölpumpen, orange Riesenhämmer, die sich gemächlich auf und ab bewegen.

Die auf der Karte versprochene Teerstraße weist erstaunlich wenig Teer auf, dafür sind die Berge wunderschön rosa, beige, rot, gelb, gestreift, marmoriert. Vulkanberge fangen in der Ferne die Wolken, und wir durchqueren ein riesiges dunkles Lavafeld. Ein Fluss gräbt eine tiefe, schmale Schlucht durch den rauen Lavastein und glättet seine Oberfläche zu glänzendem, schwarzem Speck.

Patagonien begrüßt uns mit Windböen. Ortschaften wirken wie verweht, haben keine Plaza, kein Zentrum, bestehen aus Häusern, die sich verstreut zwischen den Hügeln verstecken. Patagonien beträgt 17,5 Prozent der chilenischen Landmasse, aber nur ein Prozent der Bevölkerung leben hier. Dabei ist Patagonien doppelt so groß wie Deutschland. Irgendwo in der windigen, kalten Ebene fahren wir an einem Gasthof vorbei. Kinder stehen vor dem Haus, barfüßig, winkend und jubelnd.

Wir fluchen, wollten ja nach Patagonien, wollten, dass es grüner wird. Aber diese Kälte, dieser Wind, gegen den wir uns lehnen müssen – so haben wir uns das nicht vorgestellt.

Mich beschleicht das Gefühl, dass wir zu früh sind für den Süden. Der Frühling kommt gerade erst, es ist Mitte November, und wir sind kurz vor dem gefürchteten 40. Breitengrad, ab dem die stärksten Winde Patagoniens wehen – die »Roaring Fourties«.

In Junin de los Andes bestaunen fünf Indiokinder unsere Motorräder. »Woher kommt ihr?«, fragen sie schüchtern. »Alemania«, sagt Beate und lächelt sie ermunternd an. Sie reißen ihre schwarzen Augen auf. Als das kleinste Kind Beates Motorrad besteigen will, erklärt sie, das sei zu gefährlich, denn die Motocycletas seien »cansado«. Die Kinder gucken komisch, denn »schwer« heißt »pesado«, und Beate hat den Kindern gerade erklärt, dass die Motorräder unheimlich müde seien. Für die Kids wahrscheinlich ein guter Grund, die Bikes in Ruhe zu lassen. Sie winken uns lange nach, die kleinen Indios vom Stamm der Mapuche. Mit 20.000 Angehörigen sind die Mapuche die größte Minderheit in Chile und bei weitem der größte Stamm. Bis ins späte 19. Jahrhundert haben sie sich den Kolonialherren widersetzt, noch heute wirken sie stolz, sind aber arm.

Dann erreichen wir die Seenregion, die argentinische Schweiz. Endlich glasklare, blaue Seen mit Stränden, umgeben von grünen Wäldern und steilen Bergen. Nach monatelanger Trockenheit können wir uns am Wasser gar nicht satt sehen: Überall tröpfelt, gluckert, rauscht und braust es. Die Seen sind verbunden durch gurgelnde Flüsse, Wasserfälle stürzen majestätisch und weiß schäumend in die Tiefe, Wiesen stehen unter Wasser.

San Martin ist ein netter Urlaubsort mit gemütlichen Holzhäusern und gepflegten Gärten. Dunkle Holzschilder verweisen auf edle Ferienanlagen wie die »Bärenkate« oder das »Casa Edelweiß«. Wir bleiben fünf Tage, wechseln Öl,

Ketten, Ritzel und Vorderreifen, lassen meine Motorschutzhalterung schweißen und machen den Frontbremszylinder der Transalp wieder gangbar – nach 28.000 Kilometern nur kleine Wartungsarbeiten. Wir fühlen uns wie zu Hause in den Alpen, genießen die warme Frühlingssonne, erste Erdbeeren und hausgemachte Schokoladentorte.

Unser Hotelbesitzer findet unsere Reise höchst interessant und fragt nach allen Pässen, die wir bisher überquert haben. Als er wissen will, wie lange wir für so eine Passüberquerung brauchen, antwortet Beate selbstsicher auf Spanisch: »Na ja, für den letzten haben wir so fünf bis sechs Jahre gebraucht.« Ich muss lachen, noch mehr, als ich das staunende und ungläubige Gesicht des Mannes sehe, und rufe: »Años? No, horas!« – Jahre? Nein, Stunden. Unser Wirt schaut erleichtert. Das wäre ja noch schöner, wenn wir so lange für einen Pass brauchen würden.

Manchmal, vor allem wenn wir müde sind, klappt das eben nicht so recht mit dem Spanisch. Aber wir haben ja gute Vorbilder: Als vor knapp 100 Jahren Butch Cassidy und Sundance Kid hierher kamen, konnten die beiden überhaupt kein Spanisch. Um eine Farm zu bauen, brauchten sie es aber auch nicht. Begleitet wurden die beiden Ganoven von Butchs Freundin Etta Place, einer Lehrerin. »Siehst du? Auch damals gab es schon Lehrerinnen, die abenteuerlustig waren«, sagt Beate strahlend, »und Schurken liebten.«

Was das nun wieder heißen soll, weiß ich nicht. Ich und Schurke? Na ja. Wenigstens ist kein Kopfgeld von 50.000 Dollar auf mich ausgesetzt wie auf Butch. Ich habe allerdings auch nicht das Bedürfnis, Banken auszurauben. Butch, Etta und Sundance konnten es nicht lassen und überfielen 1905 und 1907 auch hier in Argentinien Banken. Immerhin konnten sie sich von dem Geld etwas Anständiges leisten, denn ihr kleines Farmhaus am Fuße der Anden steht heute noch.

Wir wandern auf den Gipfel des Cerro Colorado, durch mit hellgrünem Moos behangenen Elfenwald. Riesige Schachtelhalme stoßen wie Bambus aus dem Boden. Nach fast 1.000 Höhenmetern stoßen wir auf Schneefelder und einen roten Lavasteingipfel. Endlich mal wieder auf einem Gipfel sitzen und eine ausgedehnte Brotzeit genießen. Im Westen schimmern die Berge, im Norden ragt der Vulkan Lanin empor.

»Dem ersten der Tod, dem zweiten die Not, dem dritten das Brot.«

Redewendung deutscher Einwanderer in Chile

Deutschland in Chile

Uwe Rodacker

Von San Martin wegzufahren ist wie eine Wochenendtour in den Alpen zu unternehmen. Berge und Seen verschmelzen, Pferde stehen auf den Weiden, schauen ruhig zu, wie wir vorbeifahren. Auf dem »Camino de siete lagos«, dem Weg der sieben Seen, streifen wir durch die Nationalparks Lanin und Nahuel Huapi. Mehr als vier Seen schaffen wir nicht an diesem Tag, denn das Plätzchen für unser Mittagessen am Rio Pichi Traful ist so schön, dass wir unser Zelt aufschlagen. Natürlich müssen wir die Umgebung erkunden und durchqueren den eiskalten Fluss zwei Mal, bis unsere Füße krebsrot leuchten. »Kneipen im Weserbergland ist auch so kalt«, lacht Beate.

Abends sitzen wir am Lagerfeuer, frei laufende Pferde grasen um uns herum, ab und zu kommt uns ein neugieriges Kalb besuchen. Es ist so friedlich, und ich fühle eine unglaubliche Ruhe in mir. Diese Reise ist ein so wunderschönes Erlebnis für mich, ich würde sie am liebsten noch einmal machen. Und so frage ich Beate vor dem knisternden

Feuer, ob sie die Tour Alaska-Ushuaia mit mir unternehmen möchte, in zwanzig Jahren. Sie strahlt, sagt ja, wir geben uns dieses Versprechen und kuscheln uns vor dem Lagerfeuer aneinander.

Die Weiterfahrt auf dem »Camino de siete lagos« ist schön. An einem Aussichtspunkt neben der Straße umringt uns eine Reisegruppe aus Buenos Aires, fragt uns zehn Minuten aus, ruft »oh« und »ah«, alle geben uns die Hand, wünschen uns »Suerte«, Glück, streben zu ihrem kleinen Reisebus und verschwinden winkend in einer riesigen Staubwolke. Dem schönen Ausblick haben sie keine Minute gegönnt.

Über einen weiteren Andenpass erreichen wir die chilenische Seite der Seenregion mit dichtem Mischwald, saftig grünen Weiden und gelben, roten und weißen Blumen. Ich sauge die Farben in mich auf. Die Seen haben viele kleine runde Inseln, die Landschaft ist für mich wie eine Mischung aus Schweden und Norwegen: Die Seen sind fjordähnlich verwinkelt, die Häuser klein und aus Holz.

Ein Supermarktbesitzer erzählt uns, dass seine Vorfahren vor vier Generationen aus Deutschland, Bayern, nach Chile kamen. Er sei mit seiner Frau schon in Europa gereist und sei sehr stolz auf sein Land. »In der Diktatur«, so sagt er, »ging es unserem Land schlecht, die Wirtschaft lag am Boden.« Eine nachdrückliche Handbewegung unterstreicht die Aussage. »Jetzt, in der Demokratie, ist alles gut, alle wichtigen Staatsmänner sind schon hier in Chile gewesen: Bush, Putin, die Premierminister von Australien, Neuseeland und Japan.« Schröder oder Europa ist demnach nicht besonders wichtig für ihn.

Am Lago Llanquihue – das heißt so viel wie »überschwemmter Ort« – dem drittgrößten See Südamerikas, stößt plötzlich eine weiße Spitze über den Wolken in den hellblauen Himmel. Bisher war der Cotopaxi in Ecuador mein Favorit, der Vulkan der Vulkane, aber jetzt bekommt er Konkurrenz: Der Osorno (2.652 m) verzaubert mich durch seine fast perfekte kegelsymmetrische Form, seinen leicht abgerundeten Kraterrand und seinen grünen Fuß, der in einen blauen See fließt. Und das alles in einer Voralpen-Landschaft.

Wir schlagen unser Zelt in Puerto Octay auf und bewundern den Friedhof, der auf einem Hügel über dem Lago liegt. Hier hat José Alt neben seinem Bruder Edelbert seine letzte Ruhe gefunden, und ein paar Reihen weiter ist Francisco Hausdorf begraben. Puerto Octay ist ein deutsches Siedlerörtchen mit roten Dächern und kleinen Häusern, in denen »Kuchen« und »Strudel« verkauft wird.

Wir umrunden den See, fühlen uns zu Hause, kein Wunder, dass sich die deutschen Siedler hier wie in ihrer Heimat vorkamen. Zu Beginn war die ganze Gegend jedoch mit undurchdringlichem Urwald bewachsen. Für die ankommenden Einwanderer musste erst ein Weg gebaut werden, damit diese zu ihrem Land gelangen konnten.

Zwischen den Bergen hindurch winden wir uns zum Lago de Todos los Santos, der wie der Königssee in Bayern aussieht, nur dass man hier einen riesigen Vulkan im Rücken hat. Wir campen direkt am schwarzen Lavasandstrand, lassen uns von den Sandfliegen stechen und haben einen herrlichen »deutschen Abend« mit Simone und Uwe aus Neufahrn. Tut das gut, mal wieder deutsch zu sprechen.

Der nächste Tag ist mein Geburtstag. Ich bin gesund, glücklich und wache in der freien Natur an einem wunderschönen Seeufer neben Beate auf. Strahlend blauer Himmel, die Sonne kriecht hinter den Bergen hervor. Wenig später weht mir duftende Luft in den Helm, alles blüht – ich wollte schon immer mal im Frühling Geburtstag haben. Hier ist das möglich, im November. Wir stoppen bei den Wasserfällen des Rio Petrohue, wo rauschende Kaskaden mehrere Meter tief in hellgrün wirbelnde Pools fallen und weiße Wasserstrudel durch tiefschwarze, enge Schluchten rasen, vorbei an tiefen, dunklen Felslöchern, in denen das Wasser still und geheimnisvoll glänzt.

Von Meeresspiegelhöhe aus erklimmen wir den Osorno, auf steiler, steiniger Straße mit tiefen Rinnen. Wir sitzen kurz unterhalb der Schneegrenze auf 1.140 Metern und blicken über den Lago de Llanquihue bis ans Meer nach Puerto Montt. Auf dieser Reise feiern wir unsere Geburtstage mit und auf den weltschönsten Vulkanbergen.

Kurz vor Las Cascadas betrachten wir ein weißes Häuschen mit rotem Dach, das am Berghang liegt. Ein Pick-up hält, und der Fahrer, ein älterer Mann mit Cowboyhut, stellt sich als Besitzer des Hauses vor. Als er hört, dass wir Deutsche sind, freut er sich: »Meine Großeltern kamen auch aus Deutschland.« 20 Jahre hat Señor Appel in Puerto Octay gelebt, 45 Jahre hier. Sein Vater war Schmied, ebenso wie sein Großvater. »England hat, als mein Großvater jung war, große Fabriken gebaut, aber Deutschland war lange nicht so weit, und für Handwerker gab es wenig Arbeit.«

Deutschland durchlebte damals eine harte Zeit: Nach der misslungenen Revolution von 1848 wurden Liberale verfolgt, nach Missernten in Oberschlesien gab es eine Hungersnot. Die »neue Welt« lockte mit Freiheit, Gleichheit und guten Zukunftsaussichten. In über 30 deutschen Zeitungen suchte die chilenische Regierung nach einwanderungswilligen Deutschen, um die südchilenische Wildnis zu besiedeln. So kam 1846 die erste Kolonistengruppe mit einem Segelschiff nach Chile. Bis zur Jahrhundertwende waren 10.000 Deutsche in Chile angekommen und kämpften gegen Schlamm und Regen. Erst die dritte Generation konnte die Erfolge ernten. Bis unter Allende den eifrigen Einwanderern die Enteignung drohte.

Señor Appel selbst hat 450 Tiere auf seinen 150 Hektar. »No es mucho«, das ist nicht viel, sagt er bescheiden. Er spricht noch Deutsch, spuckt die Worte hart aus, sie kommen schwer wie dicke Steine aus seinem Mund. Er lädt uns ein, auf seinem Strandgrundstück zu campen. Wenig später sitzen wir am schwarzen Strand und trinken Rotwein, schauen zu, wie der See dunkel wird. Am Morgen kommt uns Señor Appel hoch zu Pferd besuchen, ruft »Guten Morgen«, wir »Buenos Dias«. Als wir unseren Gastgeber fragen, ob er sich eher als Chilene oder als Deutscher fühlt, lacht er: »Ich bin Chilene. Auch wenn ich Strudel liebe.« Wir bewundern seinen makellosen Garten, lassen uns von dem riesigen Bernhardiner, der an der Kette zerrt, anbellen, und sind bald darauf wieder unterwegs.

Die Vulkane begleiten uns durch das Seengebiet, Chile besitzt mit 130 aktiven Vulkanen die meisten der Welt. Wir kehren über den Tromen-Pass nach Argentinien zurück. Der Name des Passes erinnert mich an skandinavische Trolle, die lange Bärte haben, so lang wie die hellgrünen Moose, die hier von den Bäumen hängen. Beate sagt: »Schau mal, alle Bäume, die vom Moos befallen sind, sterben.« Ist mir so noch gar nicht aufgefallen.

Überall stehen Araucaria-Bäume, sehr seltene, geschützte Bäume, die aussehen, als wären sie riesige Kunststoffweihnachtsbäume. »Wer einen Araucaria fällt, der kommt in Chile für ein paar Jahre ins Gefängnis«, sagt ein Ranger zu uns. Die gleichmäßige Krone des Vulkans Lanin glänzt in der Sonne, als wir nach Argentinien hineinfahren.

Dort herrscht echtes Nordhalbkugel-Novemberwetter. Grauer geht's nicht, es regnet, nieselt, die Tropfen fallen hart aufs Zelt. Wir frühstücken spät, spielen Hangman, schlafen bis mittags. Als der Regen eine Pause macht, packen wir schnell zusammen und sausen nach Esquel.

Der Motorradhändler, bei dem wir gestern Reifen bestellt haben, hat die Reifen noch nicht – wie sollte es auch anders sein. Natürlich ist es nicht seine Schuld: »No es mi culpa!«, aber morgen Früh sind sie da, »seguro!« Wir sind stinksauer, ich habe das Gefühl, der Meister hat vergessen, die Bestellung noch mal zu bestätigen. Wie auch immer – manchmal können wir der Amerikanerin Sade nur beipflichten, die gesagt hat: »Bei dem Geschäftsgebaren ist es kein Wunder, dass diese Staaten noch halbe Entwicklungsländer sind.«

Dabei jedes Mal diese treuen Dackelaugen, wenn mal wieder etwas nicht geklappt hat. Die Leute sehen auch nie ein, dass man sauer über dieses »seguro« ist. Wenn sie ehrlich sagen würden: »Vielleicht morgen, aber die Collectivos sind unzuverlässig«, wäre das gar nicht so wild. Aber gut, dies ist eben nicht Europa, wo ein »sicher« eine Garantie ist. Eigentlich muss man nur verstehen, dass »seguro« heute, morgen, vielleicht aber auch nie heißen kann.

Also gut. Das Wetter ist ohnehin mehr als bescheiden. Der nächste Morgen dafür umso sonniger. Ich sage mir: Wenn der Motorradfritze lächelt, sobald wir ankommen, hat er die Reifen. Lächelt er nicht, hat er sie nicht. Er lächelt, und eine Stunde später rollen wir auf neuen Hinterreifen in Richtung Chile.

»Wer den chilenischen Wald nicht kennt, kennt unseren Planeten nicht.«

Pablo Neruda

Neuzeitliche Pionierpfade – Carretera Austral

Beate Block

Rückblick auf einen kalten Abend im bolivianischen Hochland, campen mit den beiden Hardcore-Bikern Jochen und Albert. Uwe: »Jochen, du bist die Carretera Austral doch schon gefahren, wie ist es denn da so?« Jochen, trocken, mit hartem Neu-Ulmer Dialekt: »2.000 Kilometer übelste Wellblechpiste oder dicke Steinbrocken. Dort hat mein Federbein seinen Geist aufgegeben. Und sehen tust du auch nur das, was du schon kennst.« Nicht gerade ermutigend, aber lassen wir uns davon abhalten, die wohl berühmteste Straße Chiles zu fahren? Nie im Leben.

Der Weg zur Carretera Austral beginnt mit einem kleinen Verbrechen: Wenn der Grenzbeamte des Landwirtschaftsministeriums in den Rucksack geschaut hätte statt in den Koffer, hätte er all das gefunden, was in Chile absolutes Einfuhrverbot hat: Fleisch, Gemüse, Obst, Schinken, Brot. So aber machen wir kurz nach der Grenze einen Stopp, fühlen uns wie Kriminelle, die dem Sheriff entkommen sind, und genießen ein feines Picknick mit der geschmuggelten Ware.

Dann folgen wir dem gletschergrünen Rio Futaleufu, der mal reißend und weiß in Schluchten wirbelt, mal weit und ruhig dahinströmt oder auch Wellen schlagend durch den dunklen Wald peitscht. Kalter Urwald umgibt uns, grüne Schlingpflanzen umklammern hohe Bäume, ohne sie zu töten, und aus seltsam grauen, stehenden Gewässern stoßen Baumgerippe hervor, mit Moos behangen. Das alles vor Bergen, in denen blauweiße Gletscher liegen.

Am hellen, jadegrünen Lago Yelcho erheben sich die Berge steil und abrupt, ich bin sprachlos vor Staunen. Wunderschöne Wasserfälle rauschen zu uns herunter wie in Zeitlupe, Wolken sprühen in den Gipfeln Regen ab, leuchten in der Sonne, die am Rand der fjordartigen Berglandschaft glüht. Den ersten Abend auf der Carretera Austral campen wir dicht an der Schneegrenze, am Rio Frio, am kalten Fluss.

Morgens rasen die Wolken über den Himmel, ich kann nicht sagen, ob nord- oder südwärts. Ich habe sie mir größer vorgestellt, die Carretera Austral, breiter, aber wozu? Alle Stunde begegnen wir mal einem Auto. Dann wird's aber auch eng, denn rechts ist die Straße ziemlich schräg, ich habe das Gefühl abzurutschen. Pinochets ehrgeiziger Plan, Chile durch diese Schotterstraße auch im Süden vollständig zu erschließen, ist nur teilweise gelungen.

Der Diktator hatte Angst, dass Argentinien, das damals auch unter einer Militärregierung stand, über die unbesiedelten Gebiete in Chile einfallen könnte. Diese Angst war gar nicht so unbegründet, denn die beiden Staaten rüsteten in den 70-ern um die Wette und hatten beinahe einen militärischen Konflikt um den Beagle-Kanal. Die Konstruktion der 1.200 Kilometer langen Carretera Austral – manche nennen es das ehrgeizigste Architekturprojekt der Welt – begann 1976 und kostete 300 Millionen Euro.

Die Straße ist zwar überraschend gut, doch die kleinen Farmhäuser an ihrer Seite sind schäbig, häufig stehen zusammengefallene Häuser oder Hütten auf verwilderten Grundstücken, als hätten die Bewohner sie frustriert verlassen. Der Wald wird hier noch brandgerodet, um Weideland für das Vieh zu schaffen. Verkohlte Baumriesen liegen kreuz und quer zwischen den grasenden Rindern. Zäune sind aneinander gereihte Baumstammstücke mit einem Meter Durchmesser.

In La Junta essen wir in einem kleinen Restaurant direkt neben dem Pinochet-Carretera-Monument ein riesiges Lachssteak. Uwe stöhnt: »Jetzt brauche ich einen Schnaps!«, und ganz gegen unsere Prinzipien holt er den Flachmann heraus. Dann fängt es an zu nieseln, zu regnen, zu gießen. Wir kuscheln uns in Puyuhuapi in einem Hostal am Kamin ein und schauen in den diesigen Fjord. Auch hier folgen wir den Routen der Deutschen: Puyuhuapi wurde 1935 von vier sudetendeutschen Brüdern namens Hopperditzel gegründet.

Ich wache in unserem hellgrünen Dachzimmer mit dem Ofenrohr in der Ecke auf und höre den Regen prasseln. Kein Tag für die Carretera Austral? So etwas gibt es bei uns nicht, und kaum hat der Regen für eine halbe Stunde aufgehört, ziehen wir weiter. Im Parque Nacional Queulat erwischen wir gerade rechtzeitig ein kleines Sonnenloch. Der überhängende Gletscher Ventisquero Colgante speit unter seinem blauweißen Eis zwei dicke Fontänen aus, deren Wasserfälle in die weit darunter liegende türkisgrüne Laguna fallen. Kaum haben wir den Gletscher verlassen, zieht sich der Himmel wieder zu. Wir heizen über die nassen Schotterwege durch dichten Wald, erklimmen einen Pass und erhaschen ab und zu einen Wimpernschlag der majestätischen Schönheit um uns herum: tiefe Schluchten und hohe steile Berge mit Schneekuppen.

Der Wald ist wunderschön dicht und grün. Durch den wabernden Wolkennebel sieht es so aus, als würde er atmen, langsam und schläfrig. Der Süden Chiles ist so grün, aber der Wald wird immer weniger, denn seit Beginn der Militärdiktatur 1973 unter Pinochet wird der Holzeinschlag subventioniert, Flächen von der Größe Bayerns fielen dem Kahlschlag zum Opfer, darunter auch riesige Bäume, die bis zu 3.000 Jahre alt werden können. Die Chilenen schaffen es, den Wald mit einer Geschwindigkeit abzuholzen, der das Tempo in den brasilianischen Amazonaswäldern übertrifft. Chile hat sich mittlerweile den traurigen Rekord verdient, eines der Länder mit den umfangreichsten Plantagenwäldern zu sein.

Beim Mittagessen in Villa Amenguai spüren wir das erste Mal einen Hauch von Weihnachten: Im Wohnzimmer, das auch als Restaurant mit zwei Tischen dient, steht ein kleiner Plastik-Weihnachtsbaum mit bunter Beleuchtung. Wenig später stehen wir wieder im Regen: Straßensperre wegen Baustelle bis 18.00 Uhr, und es ist gerade mal kurz vor vier.

Hier treffen wir auch die 49 Militärfahrzeuge wieder, die wir vorher mühevoll auf dem engen Weg überholt haben. Liutenent Coronel Vidal bietet uns seine LKWs als Regenschutz an, aber wir bleiben lieber draußen. Der Coronel trägt den Spitznamen »Vampiro«. »Solo en la noche«, nur in der Nacht, lacht er. Er kommt mit seiner Nahkampf-Einheit gerade von einem neuntägigen Manöver, das ihm offensichtlich viel Spaß gemacht hat. »Gibt es auch Frauen in der chilenischen Armee?«, frage ich, und er reckt sich noch ein bisschen gerader: »Dieses Jahr habe ich das erste Mal Frauen in meiner Combat-Einheit.« Ob es Probleme gebe? »Nein«, sagt er, »nicht dass ich wüsste.« Hoffentlich weiß er auch alles, denke ich. Aber die uniformierten Mädels sehen ganz fröhlich aus.

Als wir den Coronel zur Carretera Austral befragen, wird er noch erzählfreudiger: »Diese Straße wurde von einem Straßenbaukommando des Militärs gebaut. Und übrigens: Das Stück, auf dem wir stehen, ist das älteste und gerade mal 22 Jahre alt.« Wow, mir ist nie bewusst geworden, dass die Siedlungs- und Erschließungsgeschichte hier so jung ist. Vor dem Bau konnten die Orte nur übers Wasser oder durch die Luft erreicht werden, nach Futaleufu kam man nur per Boot, das auf Seen und Flüssen fuhr. Er spricht sehr gut Englisch, unser Coronel, und ich frage mich, wie alt er wohl unter Pinochet war.

Um Coihaique ist die Carretera Austral etwa 150 Kilometer geteert, und wir sind uns einig: Dadurch verliert sie ihren Reiz, ihren Charme und ihr Abenteuerflair. Wieder auf einer engen Dirtroad passieren wir den Lago Verde, der sehr grün zwischen den dunklen Felsen schimmert. Dann leuchtet der Lago General Carrera, der zweitgrößte See Südamerikas, in der Ferne. Magisch, mintgrün mit einem großen Regenbogen über dem vom Wind aufgewühlten Wasser. In unserem Reiseführer steht, dass hier das beste Klima in Südchile herrsche: 300 Tage Sonne im Jahr. Unsere Gastmutter in Puerto Tranquilo lacht, als wir ihr das erzählen: »300? 30 vielleicht«, sagt sie und schiebt die Holzscheite tief in den kleinen Ofen unserer Cabaña.

Der Lago General Carrera entpuppt sich als echte Perle der Carretera Austral. Sein hellgrün leuchtendes Wasser, seine wilden Inseln und Buchten, seine Ufer voller Blumen und die schneebedeckten Berge ringsum. Aber der Wind wird hier stärker, pustet meinen Nierengurt in einen der eisigen Flüsse. Die Brücken sind teilweise uralt, die Holzbalken klappern unter den Rädern, und einsame Reiter mit ihren Hunden grüßen ernst. Einer der Reiter hat hinter sich ein totes Schaf quer über dem Sattel hängen, dessen Beine schwarz von getrocknetem Blut sind.

Morgens kommt uns auf unserem Wildwiesencampingplatz direkt neben der Carretera ein Farmer mit seinen drei Hunden beim Frühstücken besuchen. Er lebt seit 20 Jahren hier mitten im Nichts. Die Carretera Austral führt erst seit 1992 vorbei. Vorher gab es nur Pferde und Pfade. Die ideale Möglichkeit für Verbrecher abzutauchen, denke ich. »Hat sich mit der Straße viel geändert?«, fragt Uwe. »Nein, eigentlich nicht«, antwortet er und grinst uns mit schwarzen Zähnen an. Das glaube ich, denn wenn hier fünf Autos am Tag langfahren, ist das schon viel.

Die Landschaft wird langweilig, und so langsam frage ich mich, warum wir noch diese letzte 300-Kilometer-Sackgasse fahren müssen. Uwe sagt, weil die Carretera Austral für Motorradfahrer so klangvoll sei wie der Mount Everest für Bergsteiger. Also weiter.

Mit einem kleinen Fährboot überqueren wir einen Fjordarm. Ganz umsonst, Service vom Militär. Kurz vor Villa O'Higgins kommt uns im tiefen Wald ein Motorrad fahrender Polizist entgegen. »A donde van?«, wohin fahrt ihr, fragt er uns, als gäbe es 100 Meter weiter eine Kreuzung, die uns ermöglichen würde, woanders als nach Villa O'Higgins zu fahren. Und das, wo wir gerade am Ende der 300 Kilometer langen Sackgasse angekommen sind.

Minuten später fahren wir in das südlichste Kaff der Carretera Austral ein, das malerisch in einer kleinen Ebene zwischen Seen und Bergen liegt, mit geraden Straßen, vielleicht 15 Straßenvierteln und 490 Einwohnern. Gefällt mir hier, die bunten Häuser, die zwei kleinen Kirchen und daneben die Radiostation. Die Menschen rufen »Hola!« und winken, als wir vorbeifahren. Wir bleiben als einzige Gäste in der »Residencial Apocalypsis« und wandern auf einen der umliegenden Berge, während die Wolken immer dünner werden. Das erste Mal sehen wir die Schönheit dieser wilden Berge wirklich: die Flüsse und die grünen, dicht bewaldeten Hügel im Norden, im Westen Teile des Campo de Hielo Sur, des nach der Antarktis zweitgrößten Eisfeldes auf der Südhalbkugel, und im Süden den türkisfarbenen Lago O'Higgins. Wir sitzen auf einem steilen Felsvorsprung und picknicken unter einer zerfetzten Chile-Flagge, als sich direkt unter uns ein Kondor in der Luft hochzuschrauben beginnt, mit riesigen Flügeln, deren Endfedern wie lange schwarze Finger aussehen.

Die Señora vom Hostal ist unglaublich nett, und wir nutzen die Gelegenheit und stellen Fragen. Villa O'Higgins, so erfahren wir, ist erst 35 Jahre alt, die Carretera führt erst seit fünf Jahren hierher. Vorher lief die Versorgung nur über Flugzeuge oder eben durch die Wälder. Per Pferd brauchte man eine Woche bis Cochrane, zu Fuß einen Monat. Der Boden ist zu schlecht, um Gemüse anzubauen, also muss alles hergebracht werden. Vor dem Bau der Straße lagen die Transportkosten für ein Kilo bei 850 Pesos, heute sind es 80. Touristen, sagt die Señora, gibt es erst seit dem letzten Jahr, und ich bewundere ihre Geschäftstüchtigkeit, denn ihre Hospedaje hat mindestens zehn Betten.

Überall im Ort und auf dem Weg zum Hafen werden kleine Hütten gebaut, die schönsten gehören dem Schuldirektor, der gleichzeitig Bürgermeister ist. »Un hombre muy rico«, sage ich, »y mas rico en la futura.« Die Señora nickt heftig – ein reicher Mann, und in Zukunft wird er noch reicher sein. Wir sind die ersten Motorradfahrer dieses Jahr, was ich genial finde. Überhaupt: Ich sehe uns fast als Pioniere an, weil wir in den ersten Jahren des Tourismus' hier sind, bevor es damit richtig losgeht. Wenn der Pass nach Argentinien, der gerade gebaut wird, fertig ist, dann wird es auch in Villa O'Higgins vorbei sein mit dem Ende der Welt.

Die Kinder sind so fröhlich hier. In der Schule gibt es acht Lehrer und acht Klassen für die 90 Kinder des Ortes. Wer die neunte oder weitere Klassen besuchen will, muss ins Internat nach Coihaique, Temuco oder Puerto Montt gehen. Der Arzt und der Zahnarzt kommen alle vier Wochen, es gibt nur eine kleine Krankenstation. Wer so krank wird, dass er ausgeflogen werden muss, ist arm dran. Nicht nur, weil er krank ist, sondern weil er den Flug selber bezahlen muss. Wer hier vom Gerüst fällt oder einen Schlaganfall bekommt, der ist richtig schlecht dran.

Unsere Señora knetet einen riesigen Teig für die herrlichen Brötchen, die sie verkauft, und erzählt uns, sie sei vor zwölf Jahren hergekommen, um zu arbeiten. Als was denn, fragen wir, da wir uns kaum vorstellen können, was man hier tun kann. Sie deutet auf die Teigschüssel. Um zu backen: Brötchen, Empanadas, Süßigkeiten. »Los Chilenos viven!«, die Chilenen leben, lacht sie, und das sehen wir bei all dem Pioniergeist, der hier in der Luft schwebt.

Am nächsten Morgen scheint die Sonne, ein letztes Pionierfrühstück mit Señoras frischen Brötchen, dann leuchten die Gletscher, die Straße staubt, und wir sind wieder on the Road, um die Erinnerung an 924 Kilometer legendäre Dirtroad reicher. Gut, dass wir uns nicht haben abschrecken lassen, schon gar nicht von Jochen. Uwe ist ohnehin der Meinung, dass Jochen damals die 2.000 Kilometer nur zusammenbekommen hat, weil er seine Freundin ständig verloren und das erst 100 Kilometer später bemerkt hat. Denn 2.000 Kilometer finden wir weder auf unserem Tacho noch auf irgendeiner Karte. Wellblechpiste und Steinbrocken? Da muss Jochen die Carretera Austral wohl gefahren sein, bevor Pinochet überhaupt die Idee des Straßenbaus hatte.

»Was lässt die Brust eines Mannes anschwellen voller Stolz, mehr als jede andere Erfahrung ihm bringen kann? Entdeckung!«
Mark Twain

Patagonien – weite Himmel und rastlose Winde

Uwe Rodacker

Ruta 40 – drei endlose Tage Pampa. Ich höre noch unsere Señora in Villa O'Higgins auf meine Frage antworten, warum keine Ware aus Argentinien komme: »No hay nada alli, nada, solo pampa! Es todo pampa!«, dort gibt es nichts, nichts, nur Steppe. Alles ist Steppe. Und wenn man etwas als Pampa bezeichnen kann, dann dieses öde, graue Land mit dem staubfarbenen Gras, das in die Finger schneidet, wenn man daran entlangfährt, und dem Wind, der niemals aufhört. Morgens rauscht er schon wie Deutschlands übelster Herbststurm. Beate will gar nicht aufstehen, als sie das Heulen hört, aber die Sonne scheint herrlich, ich kitzele sie wach.

Mittags ist der Wind noch stürmischer. Manchmal haben wir Rückenwind, dann ist kein Laut zu hören. Ab 15.00

Uhr vermischt sich der Sturm mit ausgewachsenen Böen, die das Vorderrad wegschlagen, und wir fahren auf der endlosen Schotterpiste der Ruta 40 in voller Schräglage mit 40 km/h im zweiten Gang.

Dies sind die berühmtesten patagonischen Winde, die so genannten »Roaring Fourties«, die brüllenden Stürme südlich des 40. Breitengrades. Meine Hände klammern sich am Lenker fest und kämpfen mit dem Vorderrad gegen den böigen Wind, der permanent versucht, mich auf die linke der beiden ausgefahrenen Spuren zu schieben, um mich anschließend ganz von der Straße auf das Gefälle zu pusten. Neben der Fahrbahn liegt ein weißer Pick-up auf dem Dach, keine Insassen mehr drin, nicht nur wir kämpfen gegen den Wind. Ich sehe Beate im Rückspiegel durch den tiefen Schotter schlingern. Als wir eine Pause machen, heult sie vor Wut: »Ich kann das nicht! Ich mach mich fast lang!« Aber ein Stückchen weiter geht es immer, sie ist doch die stärkste Frau der Welt.

Mir kommt Hardcore-Jochen in den Sinn, der alles Gepäck auf eine Seite packte, sich selbst wie ein Kunstreiter nach außen lehnte und »dann trotzdem nur 100« fahren konnte. 100 km/h? Ich muss stellenweise im ersten Gang fahren, um auf der Straße zu bleiben. Wenn das so weitergeht, habe ich bald Oberarme wie Popeye nach einer Tonne Spinat.

Ab und zu winden wir uns zwischen grünen Tafelbergen in ein Tal, und plötzlich ist das Land so weit, unglaublich weit. Eine Weite, die den Himmel blauer macht und die Sterne heller. Eine Nandumutter, Nandus sind eine winzige Straußenart, flüchtet mit ihren sieben Jungen vor uns, und ein kleines Gürteltier versucht, sich schnell im Sand zu vergraben. Auf der Estancia, auf der wir zelten, stehen kräftige Stuten im sumpfigen Grasland und säugen ihre Fohlen, deren Mähnen im Wind wehen. In dieser Region gibt es nichts, keine Siedlungen, keine Autos, nur trockene Steppe auf 500 Kilometern.

Und so fahren wir weiter nach Süden, der Wind knallt gegen das Visier, bringt mein Bike zum Zittern, rauscht und lärmt. Ich singe schreiend das erste Lied dagegen, das mir in den Sinn kommt: »Die Hände – zum Himmel – und lasst uns fröhlich sein! – Wir trinken – zusammen – und keiner trinkt allein!« Das mit den Händen lasse ich lieber. Doch nachdem Beate und ich abends zusammen etwas getrunken haben, sind wir tatsächlich wieder fröhlich.

Ein Stück weiter westlich schlängelt sich ein weißgrau gestreifter Gletscher um die Berge und fließt in den hellblauen Lago Viedma, in dem große Eisschollen treiben. Wir zelten vor dem Örtchen El Chalten am Fuß des Monte Fitzroy (3.405 Meter). Rötliche Granitnadeln stechen spitz in den Himmel, nur den Gipfel haben wir noch nicht gesehen. Bei der Wanderung zum Fitzroy fallen mir wieder die orangebraunen runden Pilze auf, die an den Bäumen hängen. »Pan de Indios«, Brot der Indios, werden sie genannt, weil sie von den ersten Bewohnern dieser Region gegessen wurden. Weiße kleine Orchideen wachsen auf den Wiesen, die krüppeligen Bäume haben steife, dunkelgrüne Blätter und heißen Nothofagus Antarctica.

Mir wird klar, wie weit südlich wir uns schon befinden. Die durchschnittliche Jahrestemperatur beträgt hier unten 7,5 Grad, im Sommer sind es 13,4 und im Winter 0,6 Grad. Die Sonne brennt heiß, aber der Wind ist kalt und heftig. So heftig, dass wir zwei Mal das Zelt umbauen, ehe wir auf dem freien Campingplatz ein annehmbares Plätzchen finden. Aber auch hier lärmt der Wind in den Bäumen, zerrt ohne Pause an den Ästen, schiebt uns vor sich her, lässt

Schilder klappern. John, ein Motorradfahrer aus Alaska mit seiner Suzuki DR 650, wurde schon mehrfach von der Straße geweht.

Wir lernen, woher der Wind in Patagonien überhaupt kommt: Eine alte indianische Legende erzählt die Geschichte von einem Prinz, der nach Westen floh, verfolgt von den spanischen Eroberern. Als er von diesen hemmungslosen weißen Männern, die sein Gold wollten, gefangen genommen wurde, brachten sie ihn um. Bevor er starb, rief er seinen Gott an, er möge ihn retten, und dieser schickte seinen Boten, den Wind, der ihn aus den Händen seiner Feinde wegtragen sollte. Aber der Wind konnte ihn nicht finden, denn der Prinz war schon tot. Seitdem sucht der Wind rastlos in jeder Ecke Patagoniens, das ist der Wunsch seines Herrn.

Wir nutzen einen Schlechtwettertag zum »Socializing«. Außer uns sind noch zwei Schweizer Pärchen mit Autos und die beiden Aachener Jörg und Kirsten auf dem Campingplatz. Jörgs Africa Twin heißt Lopecito, Kirstens BMW Bertha. In einer Pizzeria unterhalten wir uns mit Reise- und Beziehungsgeschichten.

Ein paar hundert Kilometer weiter südlich. Hohe weiße Wände, zerfurcht und leuchtend, mit blau glühenden Ritzen, 60 Meter hoch und fünf Kilometer breit: der Gletscher Perito Moreno. Wir stehen und staunen. Ich habe einmal gehört, dass die Eskimos mehr als 20 Wörter für die Schattierungen der Farbe Weiß haben, und jetzt verstehe ich das. Hoch oben schimmert der Campo de Hielo Sur, das südliche Eisfeld. Der Gletscher vereinigt sich aus vier Eisflüssen, schiebt sich donnernd und krachend unaufhörlich in den grau-türkisfarbenen Lago Argentino. Vierzig Zentimeter wächst der Gletscher am Tag. Manchmal lösen sich an der riesigen Kante, vor der wir stehen, Brocken, fallen wie in Zeitlupe ins Wasser. Verzögert ertönt das Aufschlagen, brüllend, verstärkt von der riesigen Eiswand. Er ist mächtig, majestätisch, und wenn sich von der Front 30 Meter hohe Eistürme beinahe lautlos lösen und mit unglaublichem Getöse unter hohen Fontänen im Wasser verschwinden, fühle ich mich so klein, wieder wie ein Kind, das einfach nur begeistert staunt.

Eigentlich wollten wir nach einem Tag aufbrechen. Aber als wir bei dem morgendlichen Abschiedsbesuch am Gletscher entdecken, dass ein kleiner Spalt an einem 50-Meter-Riesenturm heute viel größer als gestern ist, überlegen wir nicht lange. Ohne ein Wort kommen wir überein, dass wir den Tag hier verbringen müssen, wartend auf ein Stück weiterer Zerstörung und Wachstum des für uns schönsten Gletschers der Welt.

Wir platzieren uns weit ab von allen Touristen und warten ganz alleine. Es ist fast eine Art Meditation, die nur ab und zu durch das Kalben des Perito Moreno unterbrochen wird. Ansonsten Stille, Weite, Sonne und kalter Wind, der über das Eisfeld kommt. Eines ist unübersehbar: Der Riss wächst. Und mit ihm die Spannung. Nach acht Stunden wird um 18.00 Uhr die Bewegung endlich sichtbar, und Sekunden später beugt sich der 50 Meter hohe Eisturm, neigt sich weiter und weiter, kippt und versinkt wie in Zeitlupe im milchigen Wasser. Wir können uns nicht halten, die Anspannung löst sich, wir schreien und jubeln. Können kaum glauben, was wir sehen. Schließlich stoßen wir mit Bier auf das Erlebnis an und singen: »Eins kann uns keiner nehmen, und das ist die pure Lust am Leben!« Ich umarme Beate, küsse sie und weiß, dass uns diesen Moment niemand nehmen kann, diesen Moment, der uns noch näher zusammenbringt.

In El Calafate treffen wir Kirsten und Jörg wieder, gemeinsam brechen wir nach Süden auf. Abends campen wir wild, wir Männer suchen Feuerholz, die Frauen kochen – diese Arbeitsverteilung gefällt mir. Später genießen wir die Wärme und Gemütlichkeit des Lagerfeuers.

Auf dem Weg in den Nationalpark Torres del Paine kaufen wir erst mal ein, denn dort gibt es nichts, und wir wollen an Weihnachten ein richtiges Festmahl haben. Ein gutes Tröpfchen darf natürlich nicht fehlen. Aber wohin mit dem vielen Wein? Flaschen sind wirklich unpraktisch. Jörg hat die Eingebung: »Ich habe doch einen Fünf-Liter-Wasserkanister an meinem Koffer!« Also nichts wie rein damit. »Wenn du fällst, dann bitte auf die andere Seite«, lacht Beate. Weihnachten ist gesichert.

Der Nationalpark beginnt teuer und regnerisch. Wir verbringen einen Tag unter einem Tarp, quatschen, lachen, spielen. Am nächsten Tag dann das Highlight im Sonnenschein: Die Torres del Paine. Braun leuchtende Granitnadeln stehen stolz vor uns, Guanaco-Rudel, eine Lamaart, mit vielen Babys und arroganten Gesichtern schauen zu uns herüber. Riesige Kondore fliegen über uns und gleiten in die unendliche Höhe des blauen Himmels.

Der Salto Grande, ein Wasserfall, stürzt weiß brausend mit Regenbögen in die Tiefe, den Lago Nordenskjoeld und Lago Pehoe verbindend. Wir umrunden die Cuernos, die Hörner, die riesig aus der Hügellandschaft hervorragen, granitschwarz, mit Gletschern in ihren derben Falten. Ich muss mich immer wieder umdrehen, um es zu glauben, diese massive Größe, die Unverwüstlichkeit, die die Cuernos ausstrahlen. Trotz aller Erklärungen von Gletscherkräften, Erdbewegungen und all dem Zeug kann ich mir nicht wirklich vorstellen, wie so etwas Gewaltiges entstanden ist.

Heiligabend verbringen wir vor diesem gewaltigen Panorama am Ufer des türkisfarbenen Lago Pehoe. Nachmittags werfen wir unsere Vorräte zusammen und bereiten ein leckeres Campingbüffet mit Avocadocreme, belegten Crackern, Tomatensalat, gemischtem Gemüse und Käsetortellini vor. Dann wird, wie jeden Tag, das Lagerfeuer angezündet, und wir stoßen mit Pisco Sour, einem sauren Limonenlikör, auf unser Glück an, in dieser Landschaft ganz in Ruhe und mit Freunden Weihnachten feiern zu dürfen. Die untergehende Sonne erleuchtet die wilden und von Gletschern zerfurchten Berge im Abendrot. Hier unten ist Heiligabend einer der längsten Tage im Jahr. Nichts von all dem Weihnachtsgeglitzer in Deutschland fehlt mir, es ist ein perfekter Tag.

»Ich habe herausgefunden, dass es keinen sichereren Weg gibt, herauszufinden, ob du Menschen magst oder hasst, als mit ihnen zu reisen!«

Mark Twain

Feuerland – am Ende der Welt

Beate Block

Die Fähre schwankt, als wir die Magellanstraße an ihrer engsten Stelle überqueren, und als wir endlich wieder Land unter den Reifen haben, fühlen wir uns feierlich: Wir sind endlich auf Tierra del Fuego, auf Feuerland, dem ersehnten Archipel. Wir sind auf den Spuren Ferdinand Magellans, der hier als erster Europäer 1520 landete und zunächst einmal nur Rauch sah, das von den Feuern der Einheimischen stammte – was er allerdings nicht wusste. Also wollte Magellan dieses Stück Erde Rauchland nennen. Aber seinem König Karl V. gefiel das nicht. Der sagte: »Wo Rauch ist, muss auch Feuer sein«, und nannte die Neuentdeckung Feuerland.

Das weite flache Land teilen sich nur wenige Farmer. Große Pferde- und Schafherden ziehen frei über die kahle Steppenlandschaft. Wir treffen wieder auf Butch Cassidy und Sundance Kid. Ein Tankwart erzählt uns, dass die beiden tatsächlich auf Feuerland waren und von hier aus anarchistische Revolutionen finanzierten. In dieser Wildnis muss man ja auch raue Ideen haben, um zu überleben. Der Wind braust ungehemmt mit 100 km/h durch die graue Pampa, und die wenigen Bäume, die sich ihm in den Weg stellen, hat er längst nach seinem Willen geformt. Sie sind klein, verkrüppelt und schief gewachsen.

Im Nichts überqueren wir die Grenze nach Argentinien. Auch das Städtchen Rio Grande liegt irgendwie im Niemandsland, direkt an der Atlantikküste und am Fluss Rio Grande, der mit den Gezeiten sinkt und steigt. Dicke Wolken brauen sich über uns zusammen. So haben wir uns das nicht vorgestellt: Im Regen bis ans südlichste Ende der Welt. Immerhin lassen wir jetzt die Pampa hinter uns zurück. Es wird hügelig, waldig, und dunklen Seen folgen rotbraun moorige Landschaften.

Dann endlich, am Ende der Straße, lichtet sich der Himmel, die Sonne scheint wieder, der Beagle-Kanal fließt vor uns, und in eine Bucht genestelt liegt vor grünen Hügeln und weißen Gletschern Ushuaia, die südlichste Stadt der Welt. Hinter dem Beagle-Kanal ragen glänzend die Berge der chilenischen Isla Navarina empor, auf der die südlichste Siedlung der Welt steht: Puerto Williams. Südlicher befinden sich nur noch unbewohnte Inseln, Kap Hoorn, das Meer und nach weiteren 2.000 Kilometern Antarktika.

Auf dem Campingplatz treffen und erweitern wir die »Motorradfamilie«. Endlich sehen wir Jörg und Kirsten wieder, die uns heimlich überholt haben und nun jubeln. Auch René ist da, ohne Amy, die nach einem unglücklichen Crash in Bolivien zurück in die USA musste. Dafür hat er seine Schwester Brigitte dabei. Wir sehen Peter auf seiner Honda Dominator und seine Freundin Jessy auf ihrer zierlichen Kawasaki KLR 250, mit der Peter am liebsten durch den Wald crosst. Peters Dialekt hört sich nach Prince Charles an, allerdings gemischt mit einem speziellen Vokabular: »The road down here was the most fucking shitroad I have ever ridden.« John mit seiner uralten BMW R 90 ist auch da. Die Maschine muss immer von seiner Freundin Sarah angeschoben werden, weshalb die arme Sarah zum »official pusher« ernannt wurde. Aus Kanada mit seiner vergammelten Suzuki DR 650 angereist ist der urige, ewig verloren wirkende »Old Jon«, dessen Schlafsack so dünn ist, dass er ewig friert, und dessen Kocher so kaputt ist, dass er sich nichts kochen kann und fast nur von trockenem Brot lebt.

Dann ist da noch Dave mit seiner BMW F 650 Dakar aus Großbritannien. Er hat die unglaublichste Story überhaupt zu erzählen: Er stürzte in der Pampa Chiles und war ein paar Stunden unter dem Motorrad eingeklemmt, bis ihn Chilenen retteten, die dann allerdings sein Motorrad zu Schrott fuhren. Unglück im Glück? Der rothaarige Dave nimmt es gelassen: »Besser als da oben zu erfrieren. Außerdem hatte ich nur eine kaputte Karre, der Typ aber lag hinterher im Krankenhaus.« Tony aus England mit seiner Kawasaki KLR 650 ist auch schon ein paar Tage hier, ein eher schüchterner Typ.

Nicht zu vergessen Rainer, ein gewaltiger Angeber mit orangener Protz-KTM LC 8. Kirsten vermutet, dass er nicht nur sein Motorrad mit Karbon veredelt hat, sondern auch seine Slips.

Die meisten der Biker haben wir schon irgendwo auf der Strecke getroffen. René in Peru und Bolivien, Kirsten und Jörg in La Paz und Argentinien, Peter und Jessy in La Paz, Tony bei Potosi, John und Sarah am Fitzroy, Jon ebenfalls dort sowie am Perito Moreno. Südamerika ist eben doch kleiner, als man denkt. Und wohin fahren Biker sonst an Weihnachten und Sylvester als nach Ushuaia?

Am 31. Dezember brechen Uwe und ich trotz dunkler Wolken und Nieselregens auf, das Ende der Welt zu erkunden, das im Parque Nacional Tierra del Fuego liegt. Nach ein paar Kilometern klart es auf, und als wir am südlichsten Zipfel ankommen, scheint die Sonne, und die Seen glitzern.

Uwe legt den Arm um mich, als wir über den Holzsteg gehen. Ich bekomme vor lauter Glück ein flaues Gefühl im Magen. Am Ende des Steges bewundern wir die Berge, die See und haben wirklich das Gefühl, am Ende der Welt zu sein.

Wir holen uns in der Bahia Ensenada vom südlichsten Postamt der Welt den Fin-del-Mundo-Stempel für unsere Reisepässe. Der Beamte hat eine Glatze und einen dicken Zwirbelbart, eigentlich sieht er aus wie ein echter Bayer. Er stempelt voller Sorgfalt und Inbrunst und setzt sich danach vor seine Hütte, über der Dutzende von Argentinien-Flaggen wehen. Was für ein Job!

Als wir nach unserer Rückkehr über den Campingplatz schlendern, treffen wir Jörg. Er erzählt uns, dass er Kirsten gerne fragen will, ob sie ihn heiraten will. Dann geht er, kehrt aber nach einigen Minuten völlig nervös zurück, fragt sich, ob es denn auch der richtige Ort ist, die richtige Situation? »Weißt du«, beruhige ich ihn, »wichtig sind nicht der Ort oder das Datum, sondern nur die Worte.« Er wird ganz blass: »Super, das beruhigt mich ja ungemein.« Ich muss lachen, aber ich weiß, dass er es schon richtig machen wird.

Sylvesterfeier in Ushuaia: René hat mit Brigitte ein Lamm gekauft. Für 80 Pesos, das sind etwa 20 Euro. Es wird nach argentinischer Art auf Eisenstangen gespießt und über offenem Feuer gegrillt. Jeder steuert etwas fürs Büfett bei: Salate, Guacamole, Tomaten-Knoblauch-Butter, Baguettes, wir schlemmen gewaltig. Irgendwann sind alle pappsatt, haben ein Glas Bier in der Hand und könnten nicht zufriedener mit sich sein. Da erhebt sich Jörg, meint, er müsse etwas sagen. Weil das so wichtig sei, müsse es auf Deutsch sein. Dann macht er vor versammelter Mannschaft Kirsten einen Heiratsantrag. Klar sagt sie ja, keine Frage. Sie ist in Tränen aufgelöst, und wir lachen und weinen gleichzeitig. Die Señora vom Campingplatz drückt sie, gratuliert und findet, wir müssten morgen tanzen.

Später sitzen wir im Kreis um ein großes Feuer, trinken und reden, tauschen Traveller-Stories aus. »Lagerfeuer statt Raketen, wir sind ja auf Feuerland«, strahlt Uwe. Um zwölf umarmen wir uns alle. Ich bin froh über das, was im vergangenen Jahr geschehen ist, über all die Menschen, die wir kennen gelernt haben, über alles, was wir gesehen haben. Was war das für ein schönes Jahr. Wir trinken auf 2005, auf uns, auf unsere Gesundheit, auf unsere Liebe.

»Wenn wir schon nichts besonders Angenehmes finden, sollten wir zumindest etwas Neues finden.«
Voltaire

Argentiniens Osten – endlose Pampa, endlose Leere

Uwe Rodacker

Der 3. Januar 2005. Wir verlassen Ushuaia gemeinsam mit Jörg und Kirsten. Neun Monate sind wir mit dem südlichsten Punkt im Visier gereist. Ab jetzt geht es nur noch in Richtung Norden. Ein komisches Gefühl. Was folgt nun?

Pampa und Wind. Volle Seitenlage bei 80 km/h, der Sturm rauscht, schreit, brüllt ununterbrochen in meinem Helm, entgegenkommende LKWs reißen mich fast vom Motorrad. Es ist wie in einem Traum, ich rausche durch einen endlosen Tunnel, alle anderen Wahrnehmungen sind taub. Den ganzen Tag Wind, Wind, Wind, der zerrt und zieht, heult und pfeift. Beate sagt, sie glaube, schon tot zu sein, dies sei die Hölle für Motorradfahrer. Kirsten lacht, klingt auch schon ein bisschen irre. Der Wind zermürbt nach und nach jeden von uns. Es gibt kein einziges windstilles Plätzchen für eine Pause. Und in der ganzen Region lebt kein Mensch.

Heute habe ich es wirklich satt, will endlich mal wieder Ruhe in den Ohren spüren. Beate ist ständig auf der Flucht, findet aber auch in den Hausruinen der Pampa, in denen wir übernachten, keine ruhige Ecke. Kirsten versucht hysterisch, ständig alle raschelnden Tüten zu beseitigen. Wo hören dieser Wind und die Steppe Patagoniens endlich auf? »Kurz vor Buenos Aires«, versichern uns ein paar reisende Senioren an einer Tankstelle im Nirgendwo. Na super, sind ja nur noch 2.500 Kilometer.

Typisches Gespräch in einer Pampa-Pause: Ich: »Warum haben wir vorhin eigentlich keinen Fotostopp gemacht? Da stand doch ein Verkehrsschild.« Jörg: »Kann mal einer den Wind abstellen?« Kirsten: »Ich hasse Wind!« Beate: »Die LKWs reißen mir fast den Kopf ab.« Ich: »Fuck Patagonia!« Jörg: »Da fliegt eine Tüte, ist das eure?« Beate: »Mist, da war unsere Salami drin.« Kirsten: »Jetzt raschelt sie wenigstens nicht mehr.« Ich: »Mensch, Beate, pass doch auf, jetzt ist der Ketchup auf meinen Arm geweht!« Jörg geht pinkeln, kommt wieder. Jörg: »Voll ätzend. Vor dem Zaun ist alles voller Plastiktüten und Glassplitter von Flaschen. Hinter dem Zaun liegt ein totes Schaf.« Beate: »Hat sich sicher zu Tode gelangweilt.« Kirsten: »Nee, das ist verhungert.« Ich: »Quatsch, das hat sich umgebracht, konnte den Wind nicht mehr ertragen.«

Erste Abwechslung bringt ein Abstecher von der Ruta 3 auf eine Schotter-Sandstraße. So etwas wollten wir eigentlich nicht mehr fahren, dennoch ist sie uns willkommen, denn sie führt in eine Gegend mit roten, sanften Canyons. Bei einer Estancia entdecken wir einen mumifizierten Puma. Es gibt sie also doch noch. Inklusive Schwanz werden sie bis zu drei Meter lang. In dieser Gegend leben noch einige Paare, wie uns der Ranger versichert.

Kurz vor dem Naturdenkmal »Versteinerter Wald« tummeln sich zwei Graufüchse, eine Mutter mit fast ausgewachsenem Jungen, die sich zärtlich in den Nacken beißen. Die versteinerten Bäume leuchten in warmen Rotbrauntönen. Riesige Exemplare liegen in der steinig-trockenen Wüstenlandschaft, als seien sie gerade gefällt worden. Astlöcher und Rinde sind ebenso fantastisch konserviert wie die Jahresringe. Wir stehen staunend vor den steinernen Baumriesen, die wie die Säulen in Athen in große Stücke zersprengt sind. 150 Millionen Jahre alt sind diese bis zu 100 Meter hohen Bäume, ihre Durchmesser betragen 1,50 Meter und mehr.

Wie kann die Zeit so lange stehen bleiben? Zu Lebzeiten dieser Baumdinosaurier war der amerikanische Kontinent noch mit Afrika verbunden, und die Anden existierten noch nicht. Winde, die Vulkanasche mit sich trugen, hatten die Bäume vollkommen eingeäschert. Später führten Wind und Wasser, angereichert mit Mineralien der Vulkanasche, dazu, dass die Bäume versteinerten. Mit der Zeit kamen die versteinerten Bäume durch Erosion wieder zum Vorschein. Und nun stehen wir hier, berühren die Steinriesen, die so warm sind, noch so lebendig. Ich komme mir klein und unbedeutend vor in Zeit und Raum.

In Puerto Deseado fliegen wir in einem motorbetriebenen Schlauchboot über den spiegelglatten Fluss an der Meeresmündung. Plötzlich huschen schwarzweiße Schatten durch das Wasser, dann ein Auftauchen und elegantes Abtauchen. Wie kleine Orcas sehen sie aus, die Commerson-Delfine, die kleinsten Delfine der Welt. Sie flitzen unter unserem Boot hindurch, gleiten durch das Wasser mit unglaublicher Energie und offensichtlichem Spaß am Mitschwimmen. Mit welcher Leichtigkeit sie zu uns kommen, wie junge Hunde voller Spieltrieb. An der Steilküste ziehen schwarze Rotfußkormorane ihren ewig hungrigen Nachwuchs groß.

Wir picknicken auf einer kleinen Insel, am Kiesstrand inmitten Hunderten von Magellanpinguinen. Wenn man sich langsam bewegt, kann man sich bis auf einen Meter annähern. Einige drehen ihren Kopf neugierig herum, und ich frage mich, wer hier wen beobachtet. Die Ängstlichen watscheln ganz aufgeregt weg und machen ab und zu schon mal eine Bauchlandung. Wir lachen über ihre unbeholfenen Bewegungen, über ihre Frackfarben und die komischen Schwänze, ohne die sie sicher umkippen würden. Im Wasser allerdings verwandeln sie sich in blitzschnelle Gleiter, die wie Fische durch die türkisfarbene Bucht sausen.

Auf den Felsen im Fluss liegen faul und dick Seelöwen. Der Seelöwenmacho – Machos werden hier alle Männchen genannt – grunzt und rülpst, als er seine Haremsdamen beiseite schubst, um sich ins Wasser zu wälzen. Er hat eine richtige Löwenmähne.

Bei der Einfahrt in das Schutzgebiet der Peninsula Valdes bin ich etwas verblüfft: Ausländer müssen 35 Pesos, Argentinier nur 10 Pesos zahlen. Seit wann ist Argentinien ein Entwicklungsland? Ich stelle mir vor, das wäre bei Schloss Neuschwanstein auch so: Alle Japaner müssten 50 Euro zahlen, wir Deutsche nur 10 Euro. Der Zeltplatz auf der Halbinsel hat noch argentinisches Potential, für uns ist er so dicht, so überfüllt, dass wir in die Pampa flüchten. Es sind argentinische Ferien, das ganze Land ist unterwegs.

Ein letztes Mal kämpfen wir uns bei patagonischen Winden durch Wellblech, Kies und Sand. Der Strand am Punta Norte ist voller Seelöwen, etwa 500 von ihnen sind dort versammelt. Doch die erwarteten Orcas mit ihrer Strandjagdtechnik, bei der sie auf den Strand gleiten, um dort junge Seelöwen zu fangen, bleiben leider aus.

Am Strand vom Punta Delgada liegen riesige Seeelefantenkühe. Mehr als drei Meter lang und 800 Kilo schwer, dicht aneinander, wie erlegt und aufgereiht. Sie rülpsen, grunzen und furzen. Wenn sich eine der schweren Kühe bewegt, heben ihre Nachbarinnen erbost den Oberkörper, rammen einander, brüllen laut mit geöffnetem Maul und fallen schwabbelnd wieder zu Boden. Wenn mal eine Seekuh ein paar Meter nach vorne robbt, dann wabern Wellen durch die ganze Fettmasse. »Seeschweine«, sage ich, und Beate lacht. Fünf Zentimeter Fett haben die Weibchen, zehn die Machos, die drei bis vier Tonnen auf die Waage bringen. Sie kommen zu einem späteren Zeitpunkt hierher zum Kollektivhäuten. Denn das ist der Sinn dieses Landaufenthaltes, der fünf Wochen im Jahr andauert. Deshalb sehen alle Seeelefanten aus, als wären sie leprakrank.

Zurück in der Pampa ist alles unverändert. Sie ist zwar erst grau, dann wird sie beige, dann graugrün, aber wir bleiben in der Pampa. Endlose gerade Straßen führen durch das flache Land, nicht die kleinste Erhebung ist zu sehen, in alle vier Himmelsrichtungen nur Pampa. Doch ganz langsam wird das Land grüner, ab und zu wächst Getreide. Als wir endlich auf ein Feld mit Sonnenblumen treffen, jubeln wir. Und kaum haben wir den Rio de la Plata überquert, wird das Klima sogar tropisch.

Auf der Ruta 14 werden wir alle paar Stunden von Polizeikontrollen aufgehalten. Sie wollen alle Papiere sehen, die Originale, auch die Versicherungen und sind so cool, so provokativ, dass ich mich immer wieder mit ihnen anlege. Ich streite mit den korrupten Beamten, Beate streitet mit mir. Die Polizisten wollen Geld, weil entweder die Versicherung nicht gültig ist – Unsinn! – oder wir angeblich im Überholverbot überholt haben – großer Unsinn! Doch mit uns nicht, sie bekommen keinen Peso. Ein Polizist schielt auf meine Weinflasche: »Es mi, no?« »No, es mi!«, antworte ich barsch. Ich glaube ich spinne. Er glotzt blöde. Hat er wirklich geglaubt, dass er den guten Shiraz bekommt?

Nach 5.000 Kilometern und siebzehn Tagen erreichen wir endlich wieder nach Abenteuer riechende, tiefrote Erde und in Misiones, einer zwischen Paraguay und Brasilien liegenden argentinischen Provinz, eine Oase der Ruhe.

»Das Land, das seine Kinder vergisst, gibt seine Zukunft auf.«
Eva Peron

Misiones – so fern und so nah!

Beate Block

Wir kommen in der Provinz Misiones an, die nach den Jesuitenmissionen benannt wurde, die es hier bis ins 18. Jahrhundert gab. Auch wir finden Asyl bei einem Missionar, dessen Adresse wir von deutschen Freunden bekamen. Padre Enrique empfängt uns vier herzlich, ein warmes Willkommen. Der lebhafte 72-Jährige verkündet den katholischen Glauben schon über 30 Jahre in Kolumbien und zehn Jahre in Argentinien. Seine Umsetzung des Katholikentums ist etwas freier, nach dem Motto: »Der Papst ist ein weiser Mann, der gute Taten vollbracht hat. Im Vatikan ist er gut aufgehoben, da kümmert man sich schon um ihn. Aber hier spielt das echte Leben.« In Kolumbien betreute er schon 1958 seine Gemeinden auf einer BMW, und noch heute besitzt er ein Motorrad: eine Suzuki GS 500.

Ein Paradies. Alles ist in voller Blüte, im Vorgarten wachsen Kirschtomaten und Weintrauben, unzählige Zikaden singen in den dichten Bäumen ihr eintöniges Lied: Sssissssissssssissssssi! Wir lassen uns verwöhnen von Graciella, Enriques Hausfee, die uns jeden Wunsch von den Augen abliest. Das Frühstück steht schon auf dem Tisch, wenn wir morgens aus unserem Gästehaus verschlafen ins Haupthaus kommen. Die restlichen Mahlzeiten werden mit einem energischen »Hola! Van a comer!«, hallo! Kommt zum Essen, angekündigt.

Auch der Padre verwöhnt uns, wenn auch anders, er erzählt von seinem Leben. Der Tod hat für ihn den Schrecken verloren, so viele Menschen hat er schon begleitet. »Ich halte die Sterbenden immer ganz fest im Arm, damit sie sich in den letzten Sekunden aufgehoben fühlen«, sagt er, und ich bin fasziniert von diesem Menschen, der das bei uns in Deutschland so tabuisierte Thema Tod wie jedes andere menschliche Thema betrachtet.

»Ich bin ein alter Mann«, lächelt der 72-Jährige, der auf uns so jung wirkt. Wir sollen ihn gleich duzen, »wie man das unter Motorradfahrern so macht.« Er lacht viel und gerne, ab und zu raucht er eine Zigarette und erzählt, dass er vor fünf Jahren, als ihm die Stelle in Azara angeboten wurde, Angst hatte, die Menschen könnten ihn nicht akzeptieren. Die Leute hier seien Nachkommen von Polen und Ukrainern, und »die halten ja oft nichts von den Deutschen«.

Die Nächte sind heiß und die Tage noch heißer. Samstagmittag gehen wir zum Asado zu Graciella. Ihr Mann Pichon, der so unglaublich polnisch aussieht, erzählt uns ohne Punkt und Komma von der argentinischen Wirtschaft und vom gefährlichen Paraguay.

Nach dem samstäglichen Abendgottesdienst stürmen etwa fünfzehn Jungs unseren ruhigen Balkon, und in wenigen Minuten wird er zum Schauplatz eines fröhlichen Festes mit russisch klingender Musik und wilden spanischen Gesängen. Alle klatschen und lachen, wir sind mittendrin und opfern unsere letzten Bierflaschen. Es ist unglaublich, wie wenig argentinisch die Jungs aussehen mit ihren aschblonden Haaren und der hellen Haut. Immer noch deutlich die Nachkommen der 1903 eingewanderten Ukrainer und Polen. Kirsten und ich raten, wie die Jungs an den Gitarren und dem Akkordeon heißen: Pjetr, Lollek und Bollek, Dimitrij, Marek? Nach zwei Stunden verabschieden sie sich, Küsschen links, Küsschen rechts, einer lächelt und sagt auf Deutsch »Danke«.

Am nächsten Tag gibt es zum Kaffee Honigkuchen, den die Mutter des Akkordeonspielers für uns gebacken hat. Sie hörte, dass der Padre Gäste aus Deutschland hat, und so musste sie einen Kuchen backen, den Kokojo, der Sohn, mit seinem alten Mofa vorbeibrachte. Unglaublich lecker.

Viele der Jugendlichen bleiben nach der Schule nicht in Azara. Enrique erzählt, dass nach einem Gottesdienst ein altes Paar zu ihm kam und der Mann sagte: »Wir haben vier Söhne, aber keiner will den Hof übernehmen. Wenn wir sterben, werden die Türen geschlossen, und nichts bleibt mehr.« In dieser Gegend gebe es viele Höfe mit geschlossenen Türen, sagt Enrique. Seit der Wirtschaftskrise in Argentinien sind die meisten Bauern verarmt. »Vorher hatten viele wenigstens einen Traktor, heute können sie sich nicht einmal mehr einen neuen Reifen leisten.« Und wer will schon auf dem Land leben, wenn es nichts einbringt, und man während der Regenzeit wochenlang den Hof nicht verlassen kann, weil der Schlamm zu tief ist?

Um die Landflucht zu verhindern, hat der Staat Agrarschulen gegründet, die Escuelas Familiar Agricola. Die Kinder brauchen nicht mehr stundenlang mit dem Bus zu fahren oder auf Internate zu gehen. Hier lernen die Kids jede Menge über das Land und den Boden, über den Enrique sagt: »Wenn du beim Müll wegbringen einen Orangenkern verlierst, wächst dort nach einer Woche schon ein kleiner Baum.« Trotzdem gehen die meisten Jugendlichen fort.

Der Padre erzählt auch von mangelnder sexueller Aufklärung: »Da frage ich die Frau: 'Ja, merkst du denn nicht, dass du einen Zyklus durchläufst?', und sie hat keine Ahnung, was das ist«, sagt er und lacht, als ich ergänze, wir würden unsere Kondome spenden. Zu einer Witwe mit zehn Kindern habe er gesagt, wenn sie sich einen neuen Mann suche, dann müsse sie aber verhüten. Auf ihre ängstliche Frage, was denn der Papst dazu sage, habe er geantwortet: »Der Papst sitzt in Rom, und wir leben hier.«

Wir besuchen mit Graciella und ihrem 19-jährigen Sohn Dardo ein Indiodorf, das Enrique unterstützt. Auf der Ladefläche eines Pick-ups sitzend, rauschen Uwe, Kirsten, Jörg und ich über dunkelrote Lehmstraßen. Wir fahren auf einem Schlammpfad durch tiefen Dschungel auf dem Land, das ein Großgrundbesitzer dem Stamm zur Verfügung gestellt hat, und erreichen schließlich das kleine Dorf mit seinen zehn Familien. Kinder spielen Fußball auf dem roten Boden, unter einem Strohdach sitzen Frauen mit vielen kleinen Kindern. Die Frauen sind fast alle schwanger, eine hat gerade ihr elftes Kind bekommen. Die Jungen und Mädchen sind unglaublich scheu, gucken ernst. Manche tragen nur Unterhosen, ihre T-Shirts sind schmutzig und löchrig.

Stolz zeigt uns der Häuptling die neue Hütte mit noch feuchten Lehmwänden: »Unsere neue Kirche«, meint er stolz. »Dann muss der Padre ja mal kommen und eine Messe halten«, schlage ich vor, und er nickt begeistert.

Früher lebten die Indios als Nomaden, zogen immer weiter. Das geht heute nicht mehr, weil das Land überall in Privatbesitz und von Zäunen durchzogen ist. Dieser Prozess kehrt sich jedoch allmählich um: Damals nahm der Staat den Indios das Land weg, auf dem sie lebten. Heute kauft er ab und zu Land zurück und überlässt es ihnen als Lebensbereich. Eine solche Aktion bedeutet aber jedesmal einen großen Kampf.

Diese Gruppe Indios lebt seit vier Jahren hier. Der Abuelo, der Großvater, ist ein winziger Mann von 82 Jahren und präsentiert uns einen großen Korb, den er gemacht hat. Selbst gefertigte Ketten aus Samen, Krokodile und Affen aus Holz sowie geflochtene Körbe bieten dem Stamm eine kleine Einnahmequelle. Alle vier Wochen wandern die Indios in die umliegenden Dörfer, um ein paar von den Waren zu verkaufen. Spanisch sprechen nur wenige, und mit Touristen wie uns haben sie normalerweise keinen Kontakt.

Wir verteilen Essenspakete vom Padre: Mehl, Salz, Zucker, Nudeln, Reis, Tee und Seife für jede Familie. Von uns gibt es drei Bälle für die Kinder und Caramelos, Bonbons, für alle. Uwe fragt auf Spanisch: »Sprecht ihr Spanisch?« Sie schütteln die Köpfe. Er fragt weiter auf Spanisch: »Und wer will Caramelos?« Da schreien alle und strecken ihre Hände aus, lachen. Sie stopfen sich die Süßigkeiten in die Münder, lassen das Papier einfach fallen.

Der Müll scheint ein großes Problem zu sein: Plastikreste, alte Schuhe und Stofffetzen liegen auf und in der feuchten Erde. Diese Menschen wissen nicht, wie man mit den Schattenseiten der Zivilisation umgeht. Der Bach, aus dem sie ihr Wasser holen, ist ein Rinnsal voller Müll, das Wasser ist schmutzig. Unglaublich, dass Menschen so leben können. »Das hier«, sagt Jörg, »ist nicht Argentinien, das ist Brasilien, Bolivien.« Irgendwie stimmt das. In puncto Menschen und Klima unterscheidet sich die Provinz erheblich vom übrigen Argentinien. Diese tiefroten Straßen, die mich an Australien erinnern, diese schwüle Hitze, diese Armut, ich kann mir gut vorstellen, dass Misiones bis 1870 zu Paraguay gehörte.

Enrique erzählt uns, dass in Misiones über 40 solcher Indiogruppen leben, deren Häuptlinge sich regelmäßig treffen. Langsam, aber nur sehr langsam wandelt sich auch das Verhalten des Staates gegenüber den Indios, von denen es in Argentinien immerhin mehr als eine Millionen gibt.

Einige Tage später kommt eine andere Indiogruppe zum Pfarrhaus, eine Stammesabspaltung von acht Familien aus dem Süden, die sich ein paar Kilometer von Azara entfernt niedergelassen haben. Der dortige Pfarrer, so Enrique, hält nicht viel von dieser Art sozialer Arbeit, deshalb wollen sie, dass Enrique sie unterstützt. Graciella verzieht ihr Gesicht: »Ich mag den Häuptling nicht. Er sagt immer nur 'Yo quiero, yo quiero!', ich will, ich will.« Enrique kauft ihnen ein paar Orchideen ab, schaut ihnen nachdenklich nach, als sie davonziehen.

Es ist kaum zu fassen, wie dicht unterschiedliche Kulturen, Hunger und Überfluss hier beieinander liegen. Uns ist wieder einmal bewusst geworden, wie einfach wir auf dieser Reise zwar leben, aber wie viel wir doch haben. Genug, um anderen davon zu geben. Jede Kleinigkeit ist auf diesem Kontinent so unendlich wertvoll. Viele Dinge sind uns hier so nah, andere wieder so fern.

»Der Brasilianer vereint den Kopf des Europäers, das Herz des Afrikaners, den Bauch der Latinos und den Instinkt der Indianer.«

Brasilianisches Sprichwort

Brasilien – Land der Kontraste

Uwe Rodacker

Wir sind müde, unentschlossen. Sollen wir noch bleiben? Sollen wir weiterreisen? Wo können wir noch hin? Brasilien ist für uns nur ein Riesenland voller Strände, Dschungel, Flüsse und Hitze. Das reizt uns nicht, wir sind nicht die Dschungelhelden. Aber unsere Reise ist noch nicht zu Ende, kann noch nicht zu Ende sein. Ich fühle mich noch nicht so weit. Vor allem, weil die letzten Wochen nicht besonders spannend waren. Als wir abends auf unserem Balkon sitzen, entschließen wir uns, am nächsten Tag nach Brasilien aufzubrechen. Karneval ist nah, wir wollen nach Rio. Gesagt, getan, wir kommen wieder, lassen ein paar Sachen hier, umarmen Graciella, winken Enrique, der uns die Adresse von seinem Ordenshaus in Sao Paulo gibt, und sind wieder frei.

Brasilien – Land des Amazonas, der Strände, des Karnevals. Wir verstehen kein Wort, die Brasilianer sprechen eine

Sprache, die klingt, als hätte man Spanisch und Holländisch in einen Topf getan und heftig geschüttelt: Portugiesisch. Die Menschen verstehen uns, wenn wir schön langsam Spanisch sprechen, aber auf unsere Fragen antworten sie schnell und lebendig. Ich fühle mich hilflos und ungeduldig, doch mit Händen und Füßen geht es.

Südbrasilien ist das europäische Brasilien, das reiche Brasilien. Millionen europäische Einwanderer haben sich hier niedergelassen. Mir kommt es vor, als würden wir durch Deutschland fahren, durch die Rhön: weite grüne Wellenlandschaft, saftige Felder, vereinzelt Bäume. Doch mein Auge findet auch Palmen und Araucarien. Auf großen landwirtschaftlichen Flächen wächst Mais, der mit kleinen Schildchen markiert ist – ich glaube nicht, dass gentechnisch veränderte Pflanzen hier verboten sind. Autos wie Städte sind modern, sauber, hektisch. Modisch gekleidete Menschen bevölkern breite Bürgersteige, die Tankstellen sind riesig. McDonalds-Schilder tauchen auf.

Doch auch in Brasilien wird die Zweiklassen-Gesellschaft schnell deutlich, denn zwischen Städteoasen durchqueren wir dichten Urwald. Bunt geschmückte Bambustrommeln und kleine Bögen mit Köchern, die voller rosa gefederter Pfeile stecken, hängen an primitiven Ständen am Straßenrand. Dahinter dienen aus Resten zusammengenagelte Hütten oder abgespannte Planen als Behausung für Indios, davor qualmen halb erloschene Feuer. Ich frage mich, in welcher Welt die Indios heute leben, ob sie ihre Kultur noch erhalten konnten, tief im Busch? Oder ob sie verloren sind, nicht mehr aufgehoben in der »alten Welt« und nicht aufgenommen in der »neuen Welt«? Welche Chancen gibt es für sie?

Abends suchen wir ein Hotel, finden ein Motel, das umgeben ist von dicken Mauern. Es ist relativ preiswert und luxuriös. Dann entdecken wir, dass es eigentlich ein Stundenhotel ist. Immerhin ein edles. Auf der Suche nach »Beweisen« finden wir auf dem Nachttisch Kondome, eine Tube mit Intimgel, »Lubricante de Intimo«, und an der Tür hängt eine genaue Beschreibung zur Benutzung von Kondomen. Wichtigster Hinweis: Kondom immer nur einmal benutzen! Beate kreischt vor Lachen.

Dunkle Wolken hängen am Himmel, als wir auf sieben Spuren in die 18-Millionen-Einwohner-Metropole Sao Paulo hineinfahren, die größte Stadt Südamerikas. Der Horizont ist voller Hochhäuser. Lange brauchen wir, bis wir durch das Wirrwar der Einbahnstraßen in die Rua Verbo Divino finden, die Straße des göttlichen Wortes, wo Enriques Orden ein riesiges Haus besitzt, das sich hinter grünen Bäumen und Palmen versteckt – eine ruhige Oase, eingebettet inmitten der Großstadt.

Im Garten kreischen Vögel, winzige graue Äffchen flitzen durch die Zweige der Bäume und über die Dächer. Jaime, ein junger Padre aus Mexiko, führt uns durch die langen dunklen Gänge mit den hohen Holztüren. Bilder an den Wänden zeigen das Haus kurz nach dem Bau vor 100 Jahren allein auf einem Hügel stehend, weit und breit nichts als Felder.

Im Stadtzentrum fahren wir in das 41. Stockwerk des höchsten Gebäudes. Hochhäuser übersäen das wellige Land wie ein hoch gewachsenes Kornfeld soweit das Auge reicht. Darauf sind die Einwohner Sao Paulos stolz. Ende der 30er-Jahre lebten im Bezirk Sao Paulo bereits eine Million Italiener, 500.000 Portugiesen, 400.000 Spanier und 200.000 Japaner. Die Stadt selbst finde ich nicht schön, sie hat kein Flair. Ihre Häuser sind heruntergekommen, mitten im Zentrum stehen Hochhausruinen mit schwarzen Fensteraugen, Putz ist abgebröckelt.

»Die Brasilianer unterscheiden drei Jahreszeiten: vor dem Karneval, Karneval und nach dem Karneval.«

Brasilianisches Sprichwort

Samba die ganze Nacht – Karneval in Sao Paulo

Beate Block

In der Straße des göttlichen Wortes fragen wir Padre Jaime nach Karneval. Er lacht: »An Karneval ist alles erlaubt.« »Auch für Priester?«, frage ich, er antwortet verschmitzt: »Warum nicht?« Auch Padre Thaddaeus aus Kenia ist begeistert vom Karneval: »Uh, so viele Leute und Tanz die ganze Nacht, vier Nächte lang!« Geistliche im katholischen Südamerika habe ich mir irgendwie anders vorgestellt – ernster, lebensferner.

Die beiden großen Städte des Landes, Rio de Janeiro und Sao Paulo, sind so etwas wie Karneval-Rivalen, Mainz und Köln von Südamerika. Damit die Fernsehaufzeichnungen beiden Städten gerecht werden können, wird am Freitag und Samstag aus Sao Paulo, am Sonntag und Montag aus Rio de Janeiro übertragen. Und da wir schon mal in Sao Paulo sind, warum nicht auch hier Karneval mitnehmen? Klarer Fall. Aber wo findet Karneval statt? Im Sambadrom, einer langen Straße mit riesigen Tribünen zu beiden Seiten, durch die die Sambaschulen ziehen.

Also auf zur Kartenverkaufsstelle. Weil wir das Ganze nur einmal mitmachen, kaufen wir für 75 Reais, ca. 20 Euro, Haupttribünenkarten. Obwohl die große Party erst um 22.00 Uhr beginnt, ist es besser, richtig früh gegen fünf zu kommen, wenn die Tore aufmachen, rät uns ein brasilianischer Helfer auf Englisch. Nur dann bekommt man auch einen guten Platz, denn es gibt keine Platzkarten. Und mit uns wollen noch 7.000 Menschen auf die Haupttribüne.

Die Tore sind um fünf noch fest geschlossen. Um sieben sind wir drin, um acht sehen wir, dass wir locker hätten noch später kommen können. Um 22.00 Uhr ist die Packungsdichte allerdings bei zehn Brasilianern auf einem Quadratmeter angelangt. Aus den Lautsprechern ertönt Samba, um uns einzustimmen, viele Zuschauer tanzen schon mit.

In der VIP-Tribüne vor uns steht ein John Travolta als schwuler Elvis verkleidet und schwingt seinen knackigen Po. Wir plaudern mit zwei jungen Pärchen neben uns, die nicht glauben können, dass wir aus Deutschland kommen. Als wir ihnen erzählen, dass es dort zwar auch Karneval gebe, aber ohne Samba, sind sie entsetzt: »Karneval ohne Samba? Das gibt's nicht!« Sie schenken uns Biermarken, lachen und deuten auf unseren John Travolta vor uns: »Das muss ein Argentinier sein, die sind doch alle schwul. Und alle Paraguayaner sind Verbrecher.« In Brasilien ist es also auch nicht besser mit den Vorurteilen gegenüber anderen Nationalitäten.

Kurz nach elf leuchtet die Straße, die durch das Sambadrom läuft, von Tausenden Flutlichtern bestrahlt weiß wie ein riesiger Laufsteg. Um halb zwölf beginnt dann endlich die Show: Der Zug der ersten Sambaschule »Mancha Verde« erzählt die Geschichte der Unabhängigkeit Brasiliens. Der erste Wagen ist groß, etwa zwölf Meter hoch, er funkelt in grün, weiß und silber, ein riesiges grünes Monster brüllt aus der Höhe auf uns nieder. Dazu hallen die Rhythmen des Sambas durch die Tribünen, und alle Zuschauer singen kräftig mit. Wir natürlich nicht. Das »Iiiiiiiieeeeeh, Brasilia!« klappt immerhin ganz gut.

Die Kostüme sind aufwendig, wunderschön: 400 bunte Papageien ziehen an uns vorbei, 400 türkisfarbene Fische, 400 silberne Konquistadoren, die stampfen und winken und zwischendurch ein König mit seiner Königin. Er in hohen Stiefeln und Perücke, sie mit riesigen Reifröcken. Beide drehen und schwingen sich, aufrecht und strahlend. Jede Sambaschule hat 2.000 bis 6.000 Tänzer, vier bis fünf Wagen und eine Sänger- und Trommlergruppe, so dass der gesamte Durchzug von Mancha Verde eine Stunde dauert.

Das heißt: Eine ganze Stunde lang ein Lied in einer Endlosschleife. Für mich etwas anstrengend, zumal das Lied der Manchas wie ein Gegröle zu Sambarhythmus klingt. Ich habe eher den Eindruck, bei einem Fußballspiel zu sein. Die Sambaklänge hören sich wie eine Fußballhymne an, und die Fans in Grünweiß sehen nicht nur wie Fußballanhänger aus, sie grölen auch so: »Mancha! Mancha!« Später hören wir, dass Mancha Verde eigentlich eine sehr erfolgreiche Fußballmannschaft ist, die als Anhängsel eben die Karneval-Sambaschule besitzt. Kein Wunder.

Zwischen den Tänzern erspähen wir aus unserer ersten Reihe viele nicht ganz so hübsche Frauen und Männer, die offensichtlich ihre dicken Bäuche gerne zur Schau stellen. Die Masse der Tänzer tragen zwar schöne Kostüme, jeder tanzt aber für sich alleine. Sie sind überhaupt nicht synchronisiert, wie z. B. beim Mitgehen in einem normalen Karnevalsumzug. Die typischen brasilianischen Schönheiten mit nahtlos braunen und faltenlos schlanken Körpern tauchen dann aber doch zwischendurch auf. »Bisschen wenig String mit oben zwei Sternchen«, lacht Uwe. »Wo sind eigentlich die berühmten Po-Wacklerinnen?« Stimmt. Auch für meine Augen gibt es nicht viel zu sehen, nur ein paar schöne Männer mit herrlich glänzendem Oberkörper. Wo ist das brasilianische Schönheitsideal?

Wir halten bis drei Uhr nachts durch, sind total erschöpft und ein bisschen enttäuscht. Ich habe mir Karneval in Brasilien aufregender, abwechslungsreicher und vor allem choreographisch interessanter vorgestellt. Als wir im Taxi sitzen, das durch die leere Stadt rast, sind wir uns einig: Wir brauchen nicht mehr nach Rio de Janeiro und bewahren uns diese Nacht als einmaliges Erlebnis.

»Poor Niagara!«
Eleanor Roosevelt

Irdische Kräfte, teuflische Tiefen – die Iguaçu-Wasserfälle

Uwe Rodacker

Im Dreiländereck Paraguay-Brasilien-Argentinien gehen wir auf der argentinischen Seite durch dichten Urwald, es ist heiß und schwül. Weiße, gelbe und rosa Orchideen schmücken den Pfad, handgroße Schmetterlinge flattern durch die stehende Luft. Dann lichtet sich der Urwald am Flusslauf des Rio Iguaçu, und wir stehen vor einem endlosen weißen Vorhang, in dem sich wie in einem Faltenwurf ein Wasserfall dem nächsten anschließt – wir sind bei den Iguaçu-Wasserfällen. Vorhänge aus Wasser, die strömen und reißen, fallen und fließen. In weichen Kaskaden beugt sich das schaumige Wasser, und wir stehen im Sprühregen, der von hoch, hoch oben auf uns niederfällt. Dies ist nicht nur ein Wasserfall: Der Rio Iguaçu weitet sich auf vier Kilometer Breite, dann rauschen über 250 Fälle 74 Meter in die Tiefe. In der Indio-Sprache Guarani heißt »guazu« groß und »I« Wasser, wir sind am großen Wasser.

Eleanor Roosevelt bemerkte beim Anblick der größten

Wasserfälle der Welt: »Poor Niagara!«, armes Niagara, denn die Iguaçu-Fälle sind viermal so groß wie die Niagara-Fälle. Auf Stegen geht es in das obere Zentrum des Rio Iguaçu, dessen braunes Wasser zwischen dunkelgrünen Urwaldinseln langsam auf der riesigen Hochebene dahinfließt. Dann, wie gelenkt durch eine teuflische Kraft, stürzen die Wassermassen mit unglaublicher Wucht und Eleganz in den hufeisenförmigen »Garganta del Diablo«, den Teufelsschlund. Wie ein gigantischer Abfluss saugt er die Wassermassen in die Tiefe, wo nichts mehr zu sehen ist als eine weiße, tiefe, brodelnde Hölle. Alles um uns ist weiß von Sprühnebel, und wir sind triefend nass.

Später stehen wir auf der brasilianischen Seite. Vor uns öffnet sich ein weites Panorama: Das Wasser fällt häufig in Kaskaden, und die langen Gräser an den Kliffhängen dazwischen wirken wie eingefrorenes grünes Wasser. Jeder Felsvorsprung ist überflutet, Regenbögen leuchten im zerspringenden Wasser. Es rauscht ohne Unterlass, ewig, und es wird nicht aufhören, so lange wir leben. Der wolkenlose blaue Himmel leuchtet über den unzähligen weißen Wasserfällen und dem hellgrünen Dschungel. Es liegt eine unglaubliche Fruchtbarkeit und Stärke in der Luft. Kleine Spitznasenwaschbären mit Kringelschwänzen laufen in Scharen umher wie Affen und reißen den Touristen die Naschtüten aus der Hand, pfeifend und schnüffelnd.

In San Ignacio de Mini wandern wir durch die fast 400 Jahre alten Mauern der Jesuitenanlagen. Die steinernen roten Engel am Portal der ehemaligen Kirche scheinen in der Sonne zu verglühen. Die Jesuiten lebten hier gemeinsam mit den Indios und kämpften gegen Sklavenjäger. 141.000 Menschen wohnten 1732 in dreißig Städten auf dem Gebiet des heutigen Paraguay, Brasilien und Argentinien. 1767 wies der spanische König die Jesuiten aus den Kolonien, weil sie zu viel Macht besaßen. Als ich über den ehemaligen Friedhof der Mission gehe, empfinde ich diese Leere eines Platzes, auf dem nichts geblieben ist als Steinmauern, keine Grabsteine, keine Namen, nichts von dem Wissen und dem Willen der berühmten Kirchenmänner.

Die Hitze flirrt zwischen den Wänden, es ist sehr schwül, Vögel kreischen. Mauern sind überwuchert von Gestrüpp, bewachsen von Moos, Bäume haben langsam Steine beiseite geschoben. Die Ruinen sind wie eine verlorene Welt, zeigen mir die Vergänglichkeit einer Gesellschaft, in der schon damals für alle Platz war, außer für Jesuiten und Indios. Heute werden die Indios zwar nicht mehr versklavt, aber die gemeinschaftliche Arbeit unter den Jesuiten mit der Anerkennung einer Seele ist verloren gegangen.

»Handle immer richtig – dies erfreut manche und erstaunt den Rest.«

Mark Twain

Kinder ohne Schuhe

Beate Block

Wir sind zurück in unserem kleinen Paradies: Azara. Nur sehen wir dieses Mal noch deutlicher, dass es nicht für alle Menschen das Paradies ist. Wir finden unsere Ruhe, um ein wenig zu entspannen, wollen uns aber auch etwas nützlich machen. Wir fragen Graciella, was die Kinder am nötigsten brauchen. Sie schlägt vor, mit uns ein paar arme Familien zu besuchen, um zu fragen, was der Nachwuchs benötigt. So machen wir uns auf den Weg.

Anders als bei den Indios sieht es in den kleinen Hütten am Rand von Azara auch nicht aus. Die erste Familie lebt in einer Holzhütte, die aus Brettern zusammengenagelt ist, direkt auf dem roten Lehmboden steht und natürlich keinen Fußboden hat. Eilig werden grob zusammengezimmerte kleine Bänke herbeigebracht, damit wir uns setzen können. Die Kinder laufen in zerlöcherten T-Shirts und kurzen Hosen umher, von Schuhen keine Spur. Und das bei den vielen Glassplittern und Dornen auf den Fußpfaden. Die junge Frau hat drei Kinder, zwei gehen bereits zur Schule. Für Bleistifte und Schreibblöcke besitzt sie kein Geld, für Schuhe schon gar nicht. Wir notieren die Schuhgrößen.

Die zweite Familie, eine Mutter mit sechs Kindern, deren Vater vor vier Monaten verstarb, lebt in zwei kleinen Holzhütten mit nur zwei Betten. Die eine Hütte ist halb verrottet. Eine Restholzlieferung aus einer der zahlreichen Holzfabriken kostet zehn Pesos, das sind drei Euro. »No es mucho«, das ist nicht viel, rutscht es mir heraus, und ich weiß sofort, wie dumm diese Anmerkung ist. »No, no es mucho«, sagt die Frau, »pero no lo tengo«, aber ich habe es nicht. Jetzt im Sommer ist es zwar nachts noch warm, aber im Winter zieht ein kalter Wind durch die offenen Wände.

Wir versprechen, die Lieferung zu veranlassen und gleich noch ein Paket Nägel zu besorgen. Die Arbeit mache der älteste Sohn, sagt sie. Sie ist stolz auf ihr Gemüsefeld, wo sie Kartoffeln, Maniok und Mohrrüben anbaut. Einen Teil verkauft sie auf dem Markt. Die Kinder gehen nur hin und wieder zur Schule, »ich brauche sie bei der Arbeit«, meint die Mutter. Als Graciella ihr sagt, dass Schule und Bildung wichtig seien, schaut sie uns Stirn runzelnd an, sagt nichts.

Für mich ist das schwierig. Am liebsten würde ich ihr sagen, dass ihre Kinder ohne Bildung arm bleiben werden, keine Arbeit bekommen, auch Hütten haben werden, die sie nicht flicken können, auch keine Matratzen haben werden. Aber ich fühle, dass sie nicht verstehen wird, was ich meine.

Nebenan wohnt ein alter Mann, dessen »Hütte« schon fast zusammengefallen ist, weil das Holz verrottet und die Spalten riesengroß sind. Auch für ihn werden wir eine Holzfuhre organisieren.

Wir gehen bei der Schwester von Enriques Helfer Maurizio vorbei. Sie hat neun Kinder, die uns mit grünen Augen neugierig kichernd beobachten. Auch hier notieren wir sechs Schuhgrößen für die Kinder, die in die Schule gehen.

Und so verbringen wir einen Nachmittag. Graciella führt uns durch das Dorf, stellt uns vor, befragt die Menschen, wir notieren. Als nächstes werden wir nach Posadas, die Bezirkshauptstadt, fahren und dort Kinderschuhe kaufen, damit die Kids anständig zur Schule gehen können, die im März wieder anfängt. Ein paar T-Shirts, Schulsachen wie Blöcke und Stifte werden wir gleich mit besorgen.

Am nächsten Tag geht es nach Posadas, wir haben viel vor. Die Kinderschuhe und die ganzen Dinge, die die Kids für die Schule brauchen, das sollte alles leicht zu schaffen sein. Wir wollen aber auch nach Encarnacion in Paraguay fahren, um Teile für das Motorrad des Padres zu kaufen. Hinter der Grenze ist alles wesentlich billiger, außerdem gibt es in Paraguay viele größere Motorräder und somit eine bessere Ersatzteilversorgung. Punkt neun sind wir fertig. Irgendwann taucht auch unser Fahrer Pichon auf. Aber er muss noch tanken, seinen Sohn Johnny holen, und so weiter ... Mit Zielstrebigkeit und Pünktlichkeit haben es die Leute nicht so.

In Posadas besuchen wir Graciellas Sohn Dardo, der hier studiert, sitzen bei ihm ein wenig herum, und ich frage mich langsam, was die eigentlich glauben, weshalb wir hier sind. Nach dem Essen schlägt Pichon vor, wir könnten wegen unseres Einkaufes ja noch einmal nach Posadas kommen. Ich glaube, ich höre nicht richtig und platze fast, denn mir wird klar, dass Pichon überhaupt nicht mit nach Paraguay will. Aber wie sollen wir dann die Motorradläden finden?

In diesem Augenblick treffen die deutsche und die argentinische Arbeitsauffassung zusammen: Wir sind organisiert, zielstrebig und eifrig – in den Augen der Argentinier wahrscheinlich völlig verkniffen. Die hingegen sind chaotisch, aber stets total relaxt. Jetzt dämmert es mir: Keiner von den Jungs hat auch nur den Hauch einer Ahnung, wo es diese

Motorradläden gibt. Hat wahrscheinlich überhaupt noch nie Ersatzteile gekauft. Dardo nicht, Pichon nicht, Johnny sowieso nicht, weil man erst mit 21 Jahren alleine nach Paraguay reisen darf. Aber vorher das große Gerede. Alle wussten ganz genau, wo und wie teuer wir alles kaufen könnten, claro. Uwe meint: »Das ist hier wie in Asien, wo keiner nein sagen kann, weil er sonst seine Ehre verliert.«

Die Wut verleiht uns Energie, und wenig später sitzen wir mit Pichon im Taxi nach Encarnacion. In unglaublicher Affenhitze laufen wir dort von Motorradladen zu Motorradladen, doch schon bei der Nennung des Motorradmodels schütteln alle Verkäufer den Kopf. Pichon wird immer stiller, taumelt hinter uns her, ich schätze, er kann nicht glauben, dass man so hartnäckig sein kann. Tja, nur so kommt man zu etwas. Aber heute haben auch wir kein Glück. Von wegen Paraguay ist das große Einkaufsparadies.

Danach geht es an den Hafen von Posadas, dort gibt es »zollfreie« Ware. Wir kaufen über 20 Kinderschuhe, außerdem Bleistifte, Blöcke, Wachsmaler. »Ihr seid für die Kinder wie der Weihnachtsmann«, sagt Pichon. Ich lächle, aber irgendwie macht mich das traurig.

Morgens ziehen wir mit Graciella los, um unsere Schuhe zu verteilen. Es ist so heiß, der rote Staub liegt in der Luft, und ich rieche die Hitze auf meiner Haut. Die Kinder strahlen, als sie die Schuhe bekommen, drücken sie an sich wie einen Schatz und tragen sie vorsichtig weg. Die Mütter bedanken sich tausendmal, wünschen uns »Suerte«, Glück, und ich habe das Gefühl, das Richtige zu tun.

In den nächsten Tagen wird uns allerdings klar, wie schwierig Helfen sein kann. Wir hören von Enrique, Mari, der Grundschullehrerin, und Graciella immer wieder Geschichten von Familien, die zum Beispiel dringend Matratzen oder Kleider brauchten, sie auch dankbar von der Caritas annahmen und am gleichen Abend an den Meistbietenden verkauften, um das Geld in Alkohol umzusetzen. Wie auch in Deutschland wollen viele Menschen nichts tun, wollen nach dem »Gib-mir-Prinzip« einfach nur nehmen. »Vorsicht bei armen Leuten«, sagt Enrique. »Klar gibt es auch jede Menge guter, hart arbeitender Menschen. Das sind hier komischerweise vor allem Protestanten. Die Katholiken sind alles Lumpen!« Und er lacht wieder mit diesem Lachen, das alles Üble menschlicher erscheinen lässt.

Wir schreiben unseren Familien und Freunden von unseren Aktivitäten und fragen, ob sie nicht vielleicht fünf Euro für ein Paar Schuhe übrig hätten. Vielleicht kommen ja fünfzig Euro zusammen, dann sind schon zehn Kinder glücklicher. Als wir wenige Tage später unsere E-Mail-Adresse checken, sind wir sprachlos: 700 Euro sind zusammengekommen. Wahnsinn! Dass wir damit wesentlich mehr machen können, als Schuhe zu kaufen, ist uns sofort klar. Aber was?

Abends sitzen wir mit Enrique, Mari und Monica von der Caritas zusammen und sprechen über arme Menschen und Familien, die Hilfe benötigen – unsere neuen Projekte. Wichtig ist für uns, dass die Familien, denen wir mit etwas mehr als einem Paar Schuhe helfen, auch die Einstellung und Energie haben, ihre Situation zu verbessern. Wir möchten keine Familien unterstützen, bei denen schon klar ist, dass der alkoholabhängige Vater alles verkauft, um an »Stoff« zu kommen, oder bei denen die Mutter das Herumtreiben der Kinder unterstützt und Schule für eine unnütze Institution hält.

Die Leidenden in diesen Fällen sind leider fast immer die Kinder, die aus diesem Teufelskreis der Armut nicht ausbrechen können. Bei einigen Projekten ist daher Hilfe nicht eine einmalige Sachzuwendung, sondern es ist sinnvoll, eine

Art Fundus anzulegen, auf den zurückgegriffen werden kann. Um die Situation besser einschätzen zu können und die Familien kennen zu lernen, besuchen wir sie vor Ort.

Wir lernen die fünfjährige Milagro Flores kennen, deren Name übersetzt »Wunderblume« heißt. Das kleine Mädchen hat Leukämie und benötigt öfter eine Bluttransfusion. Dazu müssen vorher allerdings vier Leute Blut spenden, denn anscheinend gibt es hier nicht ausreichend Blut. Das Kind bekommt zwar jetzt Medikamente, ist in der Chemotherapie, aber die Familie braucht dringend Unterstützung für die Kosten, die für die Medikamente anfallen. Das Sozialamt zahlt nur einen Teil davon. Auch die Fahrten in die 70 Kilometer entfernte Klinik müssen finanziert werden. Während wir mit der Mutter reden, beobachtet Milagro uns mit ihren braunen Augen, die über der weißen Atemschutzmaske, die sie gegen mögliche Viren trägt, so groß aussehen. Wir entschließen uns, bei Enrique einen Fundus für Milagro anzulegen.

Während wir ein paar Tage durch das Dorf gehen, wird mir bewusst, dass ich in meinem Leben noch nie wirklich mit Armut und Elend konfrontiert worden bin. Ich weiß, dass es auch in Deutschland viele arme Menschen gibt, die Hilfe brauchen. Aber ich bin nun einmal in Azara, kann etwas tun, jetzt ist die Zeit, und man bewirkt hier mit ein paar Euro wesentlich mehr als in Deutschland.

Wir versorgen unsere Indiogruppe nochmals mit Grundnahrungsmitteln und kaufen Schuhe für die elf Kinder, die zur Schule gehen. Eine Familie in Azara hat zwei schwer geistig behinderte Töchter. Sie wohnen in einer kleinen Hütte ohne Toilette und Bad. Hierfür ist Geld dringend nötig, denn die mangelhaften hygienischen Verhältnisse führen dazu, dass die Töchter häufig schlimme Infektionen bekommen. Auch für sie geben wir Enrique eine Summe, die er verwaltet.

Nicht nur Kinder leiden, sondern auch alte Leute. »Nach vierzig Jahren Arbeit bekommen viele nur 150 Pesos im Monat Rente«, sagt Mari. Das sind rund 40 Euro. Es gibt ein altes Mütterchen, 92 Jahre alt, das außerhalb Azaras alleine lebt. Sie erhält nur 50 Pesos im Monat und gibt davon zwei dem Padre, der sie einmal im Monat besucht. Sie sagt: »Dein Auto fährt ja nicht mit Wasser.« Sie heißt Antonia Maria Domanski und spricht Polnisch, Ukrainisch und Spanisch. Sie lebt ohne Elektrizität oder Gas, kocht auf offenem Feuer und muss im Winter, wenn es nachts bis auf drei Grad abkühlt, drei Hosen und alle Pullis anziehen, denn sie besitzt keine Decke. Außerdem hat ihre Hütte keinen Holzboden. Also besorgen wir Decken und ein kleines Speiseschränkchen, damit die Tiere nicht immer alles von ihrer »Speisebank« fressen.

Wir kaufen weitere Schuhe und stellen der örtlichen Grundschule 20 Paar zur Verfügung. Mit Mari, der Grundschullehrerin, einigen wir uns darauf, dass sie diese entsprechend nur an Kinder verteilt, die sich wirklich keine leisten können. Nachdem die ersten Schuhe bei den Familien sind, kommen schon Mütter in die Pfarrei oder direkt zu uns und sagen: »Ihr seid doch die Deutschen, die Schuhe verteilen. Wir sind auch arm, brauchen auch Sachen.« Ob hier wirklich Bedarf besteht, können wir nicht beurteilen. Dafür die Lehrerinnen in der Schule. Sie sollen in der ersten Schulwoche den ärmsten Kindern Schuhe zuteilen. Das erscheint uns als die sinnvollste Lösung. Auch Stifte und Schreibhefte stellen wir der Schule zur Verfügung.

Sobald sich in den Vororten die Neuigkeit herumspricht, dass beim Padre zwei Deutsche wohnen, die Schuhe, Stifte und Hefte verteilen, bekommen wir jeden Tag Besuch. Frauen mit Kindern, ohne Kinder, Kinder alleine, von den

Müttern geschickt. Alle wollen etwas haben, und wir müssen zu fast allen sagen, dass wir nichts mehr haben. Eine Frau fragt nach Schuhen. Als ich sage, es gebe keine mehr, meint sie, wir würden doch sicher wieder welche kaufen. Und wenn es keine Schuhe gebe, dann doch sicher T-Shirts. Es fällt mir schwer, rigoros nein zu sagen. Enrique empfiehlt, wir sollten vorsichtig sein. Manche würden alte, schmutzige Sachen anziehen, damit sie etwas bekämen. Anderen Familien könne man nichts geben, weil sie alles gleich verkauften oder die Sachen im Dreck landeten. Mari ist darüber empört: »Meine eigenen Sachen halten jahrelang, weil ich sie gut behandle.«

Auch mich macht ein solch verantwortungsloses Verhalten sauer. Es ist hier mit vielen Dingen so. Uwe nimmt als Beispiel immer die Autos. Die sehen schon nach wenigen Jahren aus wie vom Schrott, weil niemand Ahnung hat und sich keiner um sie kümmert. Wozu auch soll der abgefallene Auspuff wieder drangeschweißt werden? Der einzige Unterschied ist doch nur die Lautstärke. Andererseits: Diese Menschen sind äußerst gutmütig, freundlich und hilfsbereit. Vermutlich weil hier nicht alles zügig, diszipliniert und zielorientiert sein muss. Manchmal frage ich mich, ob unsere Art zu leben die bessere ist. Die Antwort ist wohl nicht nur ein einfaches Ja oder Nein.

Felicia, die bei der Diakonie arbeitet, fährt mit uns noch zu ein paar Familien, die bedürftig sind. Ein 62-jähriger Mann hatte vor vier Jahren einen Schlaganfall und ist nun linksseitig gelähmt. Seitdem sitzt er den ganzen Tag auf seinem Bett, dessen Schaumstoffmatratze ausgefranst, dünn und löchrig ist. In seinem kleinen Zimmer ist die Hitze unerträglich. Eine Reha gibt es nicht, einen Rollstuhl kann er sich nicht leisten. Es wäre ohnehin schwierig, auf dem buckeligen Lehmboden umherzufahren.

Er freut sich über unseren Besuch. Als Felicia ihn fragt, ob er etwas brauche, sagt er: »Nein.« Ganz einfach, ganz bescheiden und lächelt fröhlich. Wir fragen, ob er denn nicht gerne einen Ventilator hätte, und er antwortet, dass das schon schön wäre. Wir fahren also nach Aposteles, kaufen einen Ventilator und eine Matratze und rumpeln über den roten Staubweg wieder zu der Hütte, die etwa einen Kilometer außerhalb Azaras liegt. Jetzt ist auch die kleine Frau des Mannes da und sagt, sie hätte gedacht, ihr Mann mache Scherze oder sei verrückt geworden, als er erzählte, zwei Leute aus Deutschland seien da gewesen und hätten gefragt, was er brauche. Beide sind zu Tränen gerührt. Der Mann weint, als wir uns verabschieden, die Frau wünscht uns Gottes Segen.

Mit unserer Spendenaktion haben wir eine ganz schöne Verantwortung übernommen und wollen unsere Familien und Freunde nicht enttäuschen. Deshalb sitzen wir abends auf dem Balkon und besprechen die Projekte, in die wir investieren wollen. All die Arbeit und die Zweifel, wenn wieder eine »Missbrauchgeschichte« auftaucht, sind vergessen, wenn wir den Jungen und Mädchen die Schuhe geben und ihre Gesichter so sehr strahlen. Dieses Strahlen und all die Dinge, zu denen uns unsere Freunde »angetrieben« haben, sind ein Geschenk für uns.

»Eine Verbesserung erfindet nur der, welcher zu fühlen weiß: Dies ist nicht gut.«
Friedrich Nietzsche

Schrauber und Stümper

Uwe Rodacker

Der Abend in Azara ist warm. Enriques Motorrad steht vor der Kirche und blitzt. Wir sitzen in der Küche, Graciella ist glücklich, dass sie uns mit Essen versorgen kann. Später, als es richtig dunkel ist, hören wir draußen einen Verrückten mit dem Motorrad durch die Straßen knattern. »Loco!«, verrückt, sagt Beate, darauf Graciella: »Es el padre.« Wir lachen, doch sie meint es ernst und hat Recht. Es ist Enrique. Da verstummt plötzlich auf einen Schlag sein röhrender Auspuff, und wir hören ein ratschendes, metallisches, scharrendes Geräusch. »El padre!«, ruft Graciella und wird blass.

Wir rennen aus der Küche und sehen, wie der Padre mit einem jungen Polizisten sein Motorrad aufhebt. Als wir die zwei erreichen, sitzt Enrique schon wieder auf seinem Bike, winkt: »Nix passiert!«, und saust davon. Zusammen mit dem schockierten Polizisten, der mindestens fünfmal »pobre padre!«, armer Padre, murmelt, betrachten wir die Schleifspuren des Motorrades und gehen nach Hause.

Wenige Minuten später hören wir Enrique das Motorrad

in den Kerzenraum schieben, der auch als Garage dient, dann verschwindet er leise in seinem Zimmer. Wir schleichen zum Fahrzeug, sehen, dass der Lenker total verbogen ist und entdecken etliche Kratzer und Blutspuren. Ich hole Jod und frage Enrique durch die Tür, ob er noch etwas brauche, worauf unser rasender Padre antwortet, er sei schon im Bett. Also stelle ich die Flasche auf den Küchentisch.

Am nächsten Tag ist die halbe Jodflasche leer, Enrique humpelt ein wenig und hat starke Schürfwunden. »Da war eine Frucht auf der Straße, und hui, bin ich weggerutscht!« Wir schauen uns skeptisch an: Claro, eine Frucht auf der Straße. Die berühmte Bananenschale. Was auch immer passiert ist, Glück hat er gehabt.

So ein Crash kann dem 72-jährigen Padre nichts anhaben, da hat er schon ganz andere Sachen erlebt. In Eldorado, seiner letzten Pfarrei in Nordmisiones, wurde er nachts von einem Verrückten überfallen, der dem Priestertum in Argentinien ein Ende bereiten und mit Enrique beginnen wollte. Religion sei Opium fürs Volk, aber er sei intelligenter, durchschaue die üblen Priester und würde sie deshalb alle umbringen. Wohl etwas zu viel Lenin gelesen.

Zunächst schlug er dem Padre immer wieder auf den Kopf, und als er mit einer Machete Enriques Jeans zerfetzte, schnitt er ihm dabei die Beine auf. Dann wollte der Verrückte Enrique Beine und Kopf abschneiden, damit dieser verstümmelt vor den Herrn treten musste. Alle paar Minuten stieß er Todesdrohungen aus: »Kannst deinem Gott, diesem Idioten, schon mal sagen, dass du vor der Tür stehst!«

Enrique wurde klar, dass er nicht sterben wollte, ohne sich gewehrt zu haben, sprang auf, es kam zum Kampf. Enrique lag gerade auf dem Boden, als der Angreifer die Machete hob und ihn von oben hinrichten wollte. Um sich zu retten, fing der Padre das Messer mit seinen bloßen Händen ab, dabei wurde ein Finger abgetrennt. Schließlich gelang es Enrique, in ein anderes Zimmer zu flüchten und die Tür zu versperren, während der Irre mit seinem Messer so auf die Tür eindrosch, dass die Spuren heute noch zu sehen sind. Dann verschwand der Eindringling, und Enrique kam halb verblutet ins Krankenhaus.

Besser als jeder Film, kommentiert er die Story. Dann rückt er die nächste Geschichte heraus: Ein Typ vergiftete Enrique in Kolumbien, um an sein Motorrad zu kommen. Als er dachte, der Padre wäre tot, erzählte er der Polizei, Enrique hätte ihm das Motorrad verkauft, damit er weiter huren und saufen könne. Doch der Padre war nicht tot, lag nur drei Tage lang im Koma. Pech für den Giftmischer.

Beate und ich sehen uns sprachlos an. Dabei dachten wir immer, welch abenteuerliches Leben wir führten. Alles nichts gegen das von Enrique. Was bedeutet da schon ein kleiner Sturz mit der Suzuki?

Um dem Padre wenigstens im Straßenverkehr künftige Abenteuer zu ersparen, wollen wir sein Motorrad gründlich überholen. Doch bei näherer Untersuchung der Suzuki GS 500 wird mir klar, dass sich hinter dem aufpolierten Äußeren eine ziemlich verpfuschte Schrottkarre verbirgt. Ich weiß schon, warum ich solche Dinger eigentlich gar nicht erst anfasse: Alle Schrauben sind vernippelt, Gummiringe mehr als porös, die Bremsscheiben so wellig, dass es an ein Wunder grenzt, dass sie noch bremsen. Der Vorderreifen ist abgefahren, der Blinkerschalter klemmt, kein Bremslicht geht, der Blinker auch nicht. Die Kette ist trocken, Öl tropft aus dem Getriebe, die Tachowelle sitzt nicht in der Halterung, die inneren Elemente des vorderen Bremslichtschalters fehlen gänzlich. Und so geht es gerade weiter.

Was für eine Pfuschkarre: ein Fehler behoben und dabei

auf zwei neue Probleme gestoßen. Ein paar Stunden schrauben und werkeln wir, dann sind zumindest Kleinigkeiten getan. Unterbrochen werden wir nur vom Dorftrunkenbold Moncho, der sich einfach zwischen den Werkzeugen hinlegt und »Hambre! Hambre!«, Hunger, Hunger, jammert. Der Padre hat eine Engelsgeduld mit ihm, lässt ihn reden und schildert uns die Geschichte von Monchos unglücklicher Liebe, die ihn zum Trinker werden ließ. Und er erzählt, wie Moncho drohte, sich im Wald zu erhängen. Der Padre brachte ihn mit folgenden Worten davon ab: »Das wird aber ein paar Tage dauern, bis wir dich finden, dann wirst du schon stinken.«

Nachdem Moncho davongetorkelt ist, gehen wir die Bremsscheiben an. Aber schon beim Versuch, die hintere Scheibe auszubauen, scheitern wir, können die Schrauben nicht lösen. Also fahren wir mit dem Pick-up zur Gomeria, dem Reifenhändler »Oswaldo Obermann y hijos«, wo zwei eifrige Kerle mit geballten Kräften drei Schrauben herausdrehen und eine abreißen. Alle vier waren komplett mit Zweikomponentenkleber eingeklebt. Haben die noch nie etwas von Locktite gehört? Eigentlich eine überflüssige Frage.

Ratlos blicken wir auf den Schraubenstumpf, die beiden Kerle sind bemerkenswert schnell verschwunden. Zahlen brauchen wir auch nichts. Der Schweißer in der nächsten Werkstatt ist ein echter Künstler, aber unser Stumpf sitzt so fest, dass selbst die beste Schweißnaht immer wieder bricht.

Also auf nach Aposteles. Dort werden wir hin- und hergeschickt. Endlich schlägt einer vor, er könne ein Löchlein in den Stumpf bohren, eine kleine Schraube mit einem Linksgewinde hineindrehen und damit den Stumpf lösen. Seine Werkstatt ist zwar karg aber groß. Wir vertrauen ihm unser Problem an und sollen das Rad am nächsten Tag abholen.

Tags darauf ist das Rad erwartungsgemäß nicht fertig. Der

Gute benötigt noch eine Schraube, was uns sehr verdächtig vorkommt. Aber egal, wir tun ihm den Gefallen und holen das Rad später ab. Zurück in Azara stellen wir fest, dass der Mechaniker zwar wie ein Wilder mit der Bohrmaschine herumgewerkelt hat, das Gewinde am unteren Ende jedoch nicht frei ist. Ob er beim Bohren einen Ständer benutzt hat? Ein Gedanke, den man sich sparen kann.

Beate düst also noch einmal nach Aposteles zum Mecanico und kommt irgendwann zu Fuß zurück. Der Sprit ist alle. Meine Güte, habe ich ihr nicht gesagt, dass der Sprit »wahrscheinlich« noch reicht? Das sollte heißen: Sie muss auf jeden Fall noch mal nachschauen. Sie jedoch verstand das als Beruhigung.

Wie auch immer: Den Pick-up bei der schlappen Batterie wieder in Gang zu bekommen, ist nicht leicht. Glücklicherweise findet man hier überall Leute zum Schieben. Mir wird versichert, dass Schieben sowieso wesentlich leichter sei, als das Auto mit einem Überbrückungskabel zu starten. Ich glaube, keiner weiß, was ein Überbrückungskabel ist. Auf jeden Fall lerne ich so, wie leicht es ist, ein Auto im Rückwärtsgang anzuschieben!

Wir arbeiten also weiter am Rad des Motorrades. Immerhin steckt jetzt in dem ehemals kaputten Gewinde wie es sich gehört eine Schraube. Doch als ich sie herausschraube, sehe ich mit Entsetzen, dass dieser Pfuscher von einem Mechaniker anstatt das Gewinde zu vertiefen und am unteren Ende frei zu machen, die Schraube einfach absägte.

Beate vermutete so etwas schon beim Abholen. Sie wies ihn an, er solle die Schraube herausdrehen. Als sie dann den Stumpf sah, log er: Das sei schon so gewesen, er habe das nur sauber gemacht. Wenn es etwas nützen würde, würde ich jetzt nach Aposteles fahren und ihm ein Gewinde in die wahrscheinlich nicht vorhandene Hirnmasse drehen.

Am nächsten Morgen zieht Kokojo, einer unserer 18-jährigen Helfer, die alle gerade Ferien haben, mit dem Rad zu Mechaniker Nummer vier. Als er zurückkommt und mir das Rad zeigt, kann ich nicht mehr. Sind die denn hier alle total behämmert? Dieser Mechaniker arbeitete mit dem nächst größeren Gewindeschneider, weil der von gestern das Loch ja mit seinem Bohrer oben, aber nur oben, ausleierte. Anschließend drehte er die ursprüngliche, nun etwas zu kleine Schraube hinein, zog sie schön fest an und damit das Gewinde komplett heraus. Alles Chapuceros, Stümper! Auch so lernt man Vokabeln.

Enrique lacht, als wir ihm unsere Mechaniker-Odyssee schildern: »Ja, ja, jeder, der hier das Wort Mecanico schreiben kann, darf auch eine Werkstatt aufmachen.« Ich werfe ein: »Aber zum Beispiel bei der Schraubensache, da muss ich doch nur ein bisschen denken.« Da lacht der Padre noch mehr: »Denken? Denken ist hier Glücksache. Die Unterentwicklung«, erläutert er, »findet häufig in den Köpfen statt. Vor einigen Monaten kaufte die Caritas einem Mann einer sehr armen Familie ein Fahrrad, damit er nicht eineinhalb Stunden zur Arbeit laufen muss. Irgendwann traf ich ihn ohne Fahrrad an. Auf meine Frage, wo es denn sei, antwortete der Mann, der Hinterreifen habe keine Luft mehr. Als ich schallend lachte und sagte, ein Nachbar habe ja wohl eine Luftpumpe, erwiderte der Arbeiter, ja, aber vielleicht sei ja ein Loch im Reifen.«

Es ist irgendwie tröstlich zu wissen, dass es nicht nur uns so geht mit der Verzweiflung. Jetzt liegt das Fahrrad hinter dem Haus, und der Mann geht wieder zu Fuß zur Arbeit. Hier fehlt manchmal wirklich der gesunde Menschenverstand.

Ich weigere mich, mit dem Hinterrad zu einem weiteren Stümper zu gehen, weil ich sonst einen Nervenzusammenbruch bekomme. Also bringt Pichon es zum fünften Mechaniker und holt es auch wieder ab. Diesmal wird es endlich fertig, nur dass dieser Spezialist nicht nur das kaputte, sondern alle Schraubenlöcher ausgebohrt hat. Warum auch immer. Egal, dranbauen, fertig, Probefahrt.

Beim Fahren beginnt die Karre zu stottern, geht aus. Anschieben hilft nichts. Es herrscht eine Bullenhitze. Ich drehe wie ein wilder am Benzinhahn, habe keine Ahnung, wo »on« oder »off« ist, oder ob es eine Reserve gibt. Auf jeden Fall ist der Tank völlig leer. Typisch: Man tankt immer nur für fünf Pesos, dafür aber jeden Tag. Beate schiebt mich keuchend zur Tankstelle, aber auch mit Benzin läuft die Karre nicht richtig, nimmt kein Gas an. Was für ein Mist!

Wahrscheinlich sind die Vergaser total zugedreckt, denn einen Benzinfilter gibt es bei der Karre natürlich nicht. Also baue ich einen ein. Damit nicht genug: Der Tank muss durchgespült werden, denn der Spezi von Lackierer hat keine Lappen in die Tanköffnung gesteckt, sondern einfach die ganze innere Öffnung mitlackiert, so dass sich die Farbe durch die Benzingase löst, und der ganze Siff in den Vergaser gelangt. Nachdem Tank und Vergaser gesäubert sind, stottert das Ding immer noch. So langsam habe ich keine Lust mehr.

Die Suche geht weiter. Die Steckverbindungen sind korrodiert, es wird dunkel, ich überprüfe alle Sicherungen. Um 24.00 Uhr habe ich den Übeltäter endlich: Hinter der Steckverbindung der Hauptsicherung ist alles verrostet. Jetzt summt der Motor, der Auspuff röhrt, ich bin saumüde, und bevor wir schlafen gehen, erzählt mir Beate schöne Märchen von Mechanikern, die wissen, was sie tun, die richtiges Werkzeug haben und etwas, das Ausbildung heißt. Was für ein herrliches Land muss das sein, in dem es so etwas gibt.

»Die Armut und die Hoffnung sind Mutter und Tochter. Indem man sich mit der Tochter unterhält, vergisst man die andere.«
Jean Paul

Armut und Asado

Beate Block

Mari, die Grundschullehrerin lädt uns ein, die Schule zu besuchen. Durch die rote Erde wirkt alles ein wenig schmuddelig, und die Farbe an den Wänden ist abgeblättert. Auch das Mobiliar ist ziemlich alt, aber ich glaube, ich bin verwöhnt vom Münchener Standard. Sicher gibt es auch in Deutschland Schulen, die ähnlich aussehen. Ich habe das Gefühl, dass die Menschen hier immer meinen, alles in Deutschland sei sauber, und alle Leute seien reich. »Deutschland ist reich, nicht wahr?«, werden wir immer wieder gefragt, und wenn wir sagen, dass die Wirtschaft »malissimo« sei, schauen alle ungläubig. Dass es auch in Deutschland arme Menschen gibt, können sie sich nicht vorstellen.

Für die Leute hier stellt sich die Lage ganz einfach dar: Die Deutschen können reisen, kommen hierher, haben viel Geld, so viel, dass sie es sogar verschenken können. Natürlich haben die, die beim Padre zu Besuch sind, auch Geld, sind gut situiert, gebildet. Deutschland ist ein sehr, sehr reiches Land. Punkt. Wenn die wüssten, dass auch bei uns Armut existiert. Es ist eben eine andere Art von Armut. In Deutschland kann man nicht in Hütten leben, sonst erfriert man im Winter. Und in Deutschland haben arme Leute keinen Garten, in dem sie noch Gemüse anbauen können. Ich frage mich, ob Armut und Arbeitslosigkeit hier auch so geächtet werden wie bei uns.

Am Sonntag schnappen Uwe und ich uns Enriques uralten weißen Pick-up und rumpeln röhrend über eine rote Sandstraße zwischen grünen Yerba-Bäumen zum »Museo Historico Juan Szychowski«, wo wir sehen können, dass es in Misiones nicht nur Stümper gibt bzw. gab. Juan Szychowski, der mit elf Jahren aus Polen kam, stellte mit nur zwei Jahren Schulbesuch außergewöhnliche Maschinen her und entwickelte sie weiter: das erste kleine Wasserkraftwerk in Argentinien, eine Riesendrehbank, Reis- und Mate-Verarbeitungs- und Verpackungsmaschinen. Was für eine Energie und Geduld muss er gehabt haben. Ich sehe das damalige Leben auf den Fotos und stelle mir die Verzweiflung vor, als die Preise so niedrig waren, dass die Einnahmen kaum zum Überleben reichten und die Familie sogar darüber nachdachte, in die USA zu ziehen oder nach Polen zurückzukehren.

Als wir vor dem »Carro Polaco« stehen, müssen wir lachen, denn das Wort »Polacke« gilt bei uns ja als übles Schimpfwort.

Überall im Museum riecht es nach Yerba, dem Tee, der hier verarbeitet wird, grün und bitter und ein bisschen dunkel. Gesund soll er sein, dieser merkwürdige Tee, der ebenso wie Koka verdauungsfördernd ist und Hungergefühle stillt. Die Frau von der Museumsinformation zeigt uns, wie man Yerba zubereitet: Kräuter in die Mate schütten, wie das rundliche, tassenähnliche Gefäß genannt wird. Nicht zu voll. Hand auf die Mate, einmal umdrehen, damit das Pulver nach oben kommt und nicht unten beim Bombilla, dem Saugrohr, bleibt. Wasser drauf und saugen.

Während wir durch die Räume mit den Maschinen wandern, nippen wir an unserem Yerba mit Orangengeschmack. Die Thermoskanne tragen wir unterm Arm, wie das hier so üblich ist, und saugen am silbernen Bombilla. Immer wieder müssen wir nachfüllen, denn nach zwei Mal saugen ist die Mate nur noch voller Yerba. Dieses bittere Gesöff wird in Brasilien, Argentinien, Uruguay und Paraguay in Massen getrunken. Manche Leute kommen locker auf fünf bis sechs Thermoskannen am Tag, aber ich finde es einfach nur ekelhaft. Uwe meint, wir würden uns daran gewöhnen, es dauere eben nur ein bisschen. Es sei doch so gemütlich, wenn die Mate herumgereicht wird. Stimmt. Aber daran gewöhnen? Ich glaub's ja nicht.

Seit fast drei Wochen sind wir nun in Misiones, und es gibt kaum einen Platz auf der Welt, an dem die Zeit so schnell vergeht wie in Azara. Mittlerweile scheint uns auch jeder zu kennen, die Menschen winken uns aus ihren Autos zu, und wir erhalten Einladungen zu Fiestas.

Langsam macht sich bei uns ein richtiges Alltagsgefühl breit. Wir sitzen abends auf »unserem« Balkon und trinken argentinisches Bier, das dem deutschen in keiner Weise nachsteht. Griselda, eine Nichte von Graciella und Pichon, hat Geburtstag, und die ganze Familie aus Azara, Puerto Azara und Umgebung kommt. Es ist eine große, fröhliche Runde, Kokojo spielt Akkordeon, Ariel auf der Gitarre, später wird eine alte deutsche CD aufgelegt, und wir hören »Schmidtchen Schleicher mit den elastischen Beinen«.

Uns gegenüber sitzt die Dorfdame Doña Dominga, die

heute mit rosa Oberteil und rosa lackierten Fingernägeln für ihre 79 Jahre richtig toll aussieht. Neben ihr Abuela, Pichons Mutter, beide beobachten uns wohlwollend. Doña Dominga war vor zwanzig Jahren einmal in Deutschland, liebt Schwarzwälder Kirschtorte – welche Oma tut das nicht? – und kramt jede Vokabel aus ihrem Hirn, die sie noch kennt. Und sie kennt unglaublich viele. Als sie sich verabschiedet, sagt sie, wir seien gar nicht typisch deutsch, wir seien ja so fröhlich und die Deutschen sonst immer so ernst. Tja, wahrscheinlich liegt das daran, dass ich ein Tröpfchen Ukrainerblut in mir habe.

Wir nehmen die Einladung zu einem 15. Geburtstag an. Das ist für die hiesigen Mädels das Fest schlechthin, bei wohlhabenden Familien werden mehrere hundert Gäste geladen, die Dekoration ist wie bei einer Hochzeit. »Am 15. Geburtstag gibt es eine Riesenparty, danach sind die Frauen nichts mehr wert«, sagt Enrique verächtlich. Die wenigsten Mädchen gehen nach der Secundaria auf die Uni, eine Lehre gibt es auch nicht. Sie versuchen, »einen Mann zu fangen und sich schnell von ihm schwängern zu lassen, damit er sie heiratet«, so unser Padre. Die Eltern unterstützen das, denn eine Tochter im Haus zu haben ist eine Belastung. »Aber wenn der Sohn jahrzehntelang rumgammelt, dann ist das in Ordnung.«

Der 15. Geburtstag von dem Mädchen, das wir gar nicht kennen, denn die Einladung wurde von den Eltern über Graciella ausgesprochen, erweist sich als ein riesiges Grillfest. Das Essen beginnt erst um 23.00 Uhr, und wir als Deutsche sind mit dieser späten Zeit schlicht überfordert, können gar nicht all das gute Fleisch essen, dass der Vater uns ständig anbietet. Kurz vor Mitternacht wird endlich der Tanz eröffnet. Ganz auf ukrainisch: Ein Schritt, Arme schwenken. Auch wir streben zur Tanzfläche und zeigen den Argentiniern, was ein anständiger Disco-Fox ist. So etwas hat Azara wohl noch nicht gesehen. Dardo und seine Freunde erzählen uns am nächsten Tag, auf dem Geburtstagsvideo sei am Rande auch mal das Geburtstagskind zu sehen gewesen, hauptsächlich aber hätte man die beiden Deutschen tanzen sehen. Wir sind prominent.

Von Enriques Erzählungen bekommen wir nicht genug. Besonders gut finden wir die mit der Spinne: In Eldorado wurde er einmal nachts von einer Riesenspinne gebissen, die über sein Kopfkissen krabbelte. Zehn Tage war seine Hand dick, denn natürlich sind diese Biester giftig. Iiiiiih, wir ekeln uns zu Tode. Tapfer reden wir uns ein, dass Eldorado 200 Kilometer weiter nördlich liegt und viel tropischer ist ...

In der nächsten Nacht, als Uwe auf Mückenjagd geht, entdeckt er ein riesiges, schwarzes, haariges Ungetüm neben meinem Bett. Der Körper ist so dick wie mein Daumen. Wir ekeln uns entsetzlich und sind nicht in der Lage, das Ding zu töten. Erst am nächsten Morgen besprühe ich es mit Cucaracha-Gift, und Uwe schlägt mit seinem Badelatschen drauf. Patsch, erlegt.

Enrique ist sehr zufrieden mit uns: »Seit Eldorado bringe ich jede Spinne um die Ecke, die ich sehe«, sagt er grimmig. Graciella bewundert unser Opfer, sagt aber, es gebe noch dickere Exemplare. Dardo hingegen meint, unseres sei das »Maximo«. Ich glaube lieber Dardo. Pichon sieht das Ganze sachlich: Viel mehr Menschen würden durch Autounfälle als durch Spinnen- oder Schlangenbisse sterben. Dazu kann ich nur sagen: Wenn Vogelspinnen neben unserem Bett umherkrabbeln, pfeifen wir auf alle Statistiken.

»You go Uruguay and I'll go mine.«

Groucho Marx

Der letzte Ritt

Beate Block

Wir können nicht ewig bleiben, unsere Arbeit ist getan, die Hitze macht uns zu schaffen, und wir fühlen uns eingesperrt. So verabschieden wir uns von unserer Azara-Familie, fahren am heiligen Antonio vorbei und lassen die rote Erde hinter uns. Unser Weg ist nicht mehr grün, die Hitze hat das Land ausgedörrt. Dann riechen wir schwarze Erde, soweit das Auge reicht, ist das Land verbrannt. Auf der Ruta 14 überqueren große schwarze Vogelspinnen hektisch die Straße. Hier zelten wir nicht!

Uruguay ist ein ruhiges Land mit weiten Hügeln, die von der Sonne trocken gebrannt wurden. Gauchos, die südamerikanischen Cowboys in weiten Hosen und Lederstiefeln, treiben langsam ihre Viehherden zu einem anderen Ort. Es ist still hier, heiß, und wir genießen es, wieder alleine, wieder unterwegs zu sein. Neben der Straße werden aufgespannte Schafs- und Rinderfelle zum Verkauf angeboten. Der Himmel ist weit, und nur verstreut liegen weiße Farmhäuser zwischen den Hügeln.

Dieses Land gehört den Pferden und Rindern. Wir kommen uns vor wie in den 50er-Jahren: Die Gauchos mit selbst gedrehtem Lasso am Sattel tragen oft rotweiße Trachten, und uralte, gut erhaltene Autos brummen durch die einsamen Dörfchen. Noch einmal wildes Zelten abseits der Straße, noch einmal trockene Steppe, noch einmal unerträgliche Hitze, noch einmal rauschender Seitenwind – so überrascht uns der Norden Uruguays.

Dieses Land ist uns dann doch ein wenig zu unspektakulär, um unsere Motorradreise weiter auszudehnen. Durch grüne Hügel fahren wir nach Süden, nach Colonia de Sacramento. Dort ist uns die Fähre nach Buenos Aires zu spät oder zu früh, zu teuer oder zu langweilig. Also machen wir eine abschließende 500-Kilometer-Schleife entlang des Rio Uruguay, um ihn im Norden auf der ersten Brücke zu queren. Dic Landschaft ist langweilig, vor uns bauen sich Wolken auf, die Straße wird richtig schlecht, und dann fängt es auch noch an zu regnen.

Es wird dunkel, als wir den Grenzposten bei Fray Bentos erreichen, wir frieren. Der Grenzbeamte der Policia ist nett. Bei der Inspektion unserer Pässe fragt er, ob wir Deutsche seien. Blöde Frage, da er doch die Pässe vor sich hat, auf denen »Alemania« steht. »Si«, antworten wir. Ob wir Spanisch sprechen? »Si«, antworten wir. Ob wir das erste Mal in Uruguay gewesen seien? »Si«, antworten wir. Da meint er begeistert, unser Spanisch sei fast perfekt, man würde nicht hören, dass wir Ausländer seien. Ja, die Engländer, die hätten einen heftigen Akzent. »Respeto, Señor y Señora!« Ist ihm nicht aufgefallen, dass wir nur dreimal »si« gesagt haben? Aber das ganz sicher ohne Akzent.

»Mi querido Buenos Aires« –
Mein geliebtes Buenos Aires.
Carlos Gardel
(Tango-König)

Motorradlos in Buenos Aires

Uwe Rodacker

Buenos Aires empfängt uns mit vielen Autospuren, schönen Hochhäusern und Sonne. Wir finden wie schon in Sao Paulo Asyl bei den Brüdern von Enriques Orden, bekommen ein ruhiges Quartier, und unsere Motorräder stehen sicher im Innenhof. Wir organisieren den Rücktransport unserer Bikes per Schiff, unseren Rückflug mit Lufthansa und shoppen nebenbei, was das Zeug hält. Es gibt immens viele Sportläden, und wir erjagen coole Turnschuhe, Laufbekleidung und sexy Oberteile für Beate. Sie ist im Kaufrausch!

Donnerstags machen wir uns an den großen Kistenbau: Zwei Motorräder sollen in eine Kiste. Mit Oscar, dem Profi-Kistenbauer unserer Spedition, geht es ans Werk. Er vermisst, sägt und hämmert, wir sprühen dosenweise WD-40-Öl gegen die Salzluft auf die Motorräder, bauen Lenker, Vorderrad, Schutzblech und Verkleidungsscheibe ab, damit auch alles schön klein wird. Denn jeder Kubikmeter kostet 105 US-Dollar. Nach sechs Stunden werfen wir einen letzten

Blick auf unsere Bikes, dann ist die Kiste zu. Macht's gut nach 45.000 Kilometern, ihr treuen Gefährten. Und wir haben gedacht, nach einem Jahr kommen wir auf zwei abgerittenen, schrottreifen Maschinen in Buenos Aires an. Ganz im Gegenteil. Sie haben uns nie im Stich gelassen, glänzen immer noch und sind nun noch wertvoller für uns. Ahoi!

Diese Stadt könnte in Europa liegen. Das hier ist anders als alles, was wir in den letzten Monaten gesehen haben. Die Straßen sind blitzsauber, Bäume säumen die Bürgersteige, die Menschen sitzen an weiten Avenidas und grünen Plazas draußen vor Cafés. Ich fühle mich wohl in dieser Stadt, fast heimisch wie in München. Musik spielt überall, ein alter Mann tanzt Tango mit einer rassigen Frau.

Auf der Avenida 9 de Julio, die mit ihren zwölf Spuren die größte der Welt sein soll, steht hell und 67 Meter hoch ein Obelisk, das Wahrzeichen der argentinischen Hauptstadt. Es wurde zum 400. Geburtstag an der Stelle erbaut, an der das erste Mal die argentinische Nationalflagge gehisst wurde. Hundesitter lassen sich auf Fahrrädern von felligen Meuten durch die Parks ziehen. Es gibt viel Grün in dieser Stadt, die vor lauter Verkehr brummt. Moderne Glasbauten stehen neben Häusern der Jahrhundertwende, deren schöner, kunstvoller Stuck oft von Leuchtreklamen verdeckt wird.

Die Wunden der Inflation 2001 sind noch immer nicht verheilt, der Peso stand damals zum US-Dollar 1:1, heute ist der Kurs 3:1. In der Innenstadt wird vor den ausländischen Banken mit Trommeln lautstark dagegen demonstriert, dass nur die Reichen die »Leche«, die Milch abbekommen. Parolen werden an Mauern und Fenster gesprüht, und Gruppen schlagen rhythmisch mit Hämmern an die großen bronzenen Eingangstore.

Wir nehmen einen Bus nach La Boca in das alte Hafenviertel und wandern den »Caminito« entlang, einen Straßenzug, dessen einfache Wellblech- und Holzhäuser bunt angemalt sind und so die Armut kaschieren. Aus den kleinen Restaurants schallt Tangomusik, auf Tanzflächen wiegen sich verschlungene Tangotänzer in engen Kleidern. Maler sitzen rauchend neben ihren bunten Werken, und in jedem Laden gibt es unzählige Souvenirs zu kaufen, von der Gaucho-Peitsche zum Mate-Topf, der aus einem abgeschnittenen Maulesel-Huf gemacht ist.

Weiter nördlich im Stadtteil Belgrano schimmert das rotbraune Wasser der Bucht des Rio de la Plata vor uns, in der unzählige weiße Segelboote umherziehen. Ursprünglich hieß die Stadt Santa Maria de Buen Ayre, was auf die guten Winde verwies, die Schiffe und Seeleute über das Meer brachten. Wir schnuppern die Mischung aus Seeluft und Sonne und gönnen uns ein großes Bier.

Unseren letzten Tag widmen wir der wohl berühmtesten Frau Argentiniens: Eva Peron, die zweite Frau des Staatspräsidenten Juan Peron. Paradoxerweise beginnen wir unsere Evita-Tour mit dem Friedhof Recoleto, auf dem sie erst Jahrzehnte nach ihrem Tod begraben wurde. In der Mitte der 50er, als die Militärs die Macht ergriffen, stahlen sie den Sarg der 1952 gestorbenen Eva aus den Räumen der Peron-Partei und brachten ihn nach Italien, wo sie sie unter falschem Namen in Mailand begruben. Ihr Grab sollte keine Pilgerstätte für ihre vielen Anhänger werden. Erst in den späten 70ern wurde sie nach Recoleta ins Grab ihrer Familie, den Duartes, überführt.

Hier stehen wir zwischen all den Grabstätten, die mit ihren Engeln, Toren und Marmorsäulen eher kleinen Kirchen ähneln. Evitas Familiengrab liegt in einer engen Gasse, zusammen mit den Gräbern anderer Prominenter. Eine

Friedhofsstadt ist das, schön und trotz der dunklen Wolken hell. Das Evita-Museum hinter dem Botanischen Garten zeigt uns das Leben der »spirituellen Führerin« Argentiniens, ihre Energien, ihr Leben. Sie war so schön und so hässlich zugleich, so rau und so sanft. Geliebt und gehasst wurde sie von so vielen, und unvergesslich bleibt mir das Bild, auf dem sie auf dem Balkon des Rathauses steht, vor Tausenden von Menschen, die zu ihr hochschreien und fordern, dass sie die Vizepräsidentschaft annehmen soll. Ich weiß auch jetzt noch nicht viel von ihr, die so jung gestorben ist – mit nur 33 Jahren – so früh, und wahrscheinlich deshalb zur Legende wurde.

Von den Toten der Vergangenheit wechseln wir in San Telmo zum Leben von heute. Die Hauptattraktion sind nicht die Antiquitäten, sondern die Straßenkünstler. Charlie Chaplin macht an der Plaza Dorrega Scherze mit den Touristen, eine Rastalockenband mit Geigen und Ziehharmonikas spielt wehmütig-scherzhafte Lieder, und ein herbes Pärchen tanzt den Tango so mühelos und schnell, dass wir ihren Schritten kaum mit den Augen folgen können. Das ist wie mit der Zeit – die vergeht manchmal auch so schnell wie ein Tanz. Aber ich finde, die Hauptsache ist, dass man nicht nur daneben gestanden, sondern mitgetanzt hat.

»Von meinem zukünftigen Leben weiß ich wenig, was den Kurs angeht und noch weniger die Zeitfolge.«

Che Guevara

Es ist niemals vorbei!

Der 22. März 2005: Wenn man über so lange Zeit reist, vergeht die Zeit langsam und schnell zugleich. Leben ist dann erleben und so intensiv, wie man es normalerweise nicht im Alltag erlebt. Es geht um die Reise, nicht ums Ankommen, der Weg ist das Ziel, nur dann kann man überhaupt genießen.

Nach 17 Ländern und 45.000 Kilometern auf unseren zuverlässigen, treuen Maschinen ist ein kurzes und gleichzeitig langes Jahr um. Wir sind ein Jahr lang mit der Sonne gereist und freuen uns sehr auf den Frühling. Aber wir kommen wieder: in zwanzig Jahren. Dann, so haben wir uns geschworen, starten wir in Alaska. So können wir die schönsten Plätze unserer langen Reise noch einmal erleben und sehen, was die Zeit an Änderungen mit sich bringt. Vielleicht herrscht bis dahin Frieden in Kolumbien, und die Panamericana verläuft durchgehend.

Auf dieser Reise haben wir jedenfalls gelernt,

- was »Pura Vida« heißt,
- dass Hunde, die bellen, auch beißen wollen,

- dass Spanisch keine Fremdsprache ist,
- dass wir bergsüchtig sind,
- dass wir die südamerikanische Gelassenheit nicht in uns eindeutschen können,
- dass alles geht, auch wenn es eigentlich nicht geht,
- dass wir zwar Arbeitstiere sind, aber gut ohne Arbeit leben können und
- dass lachen mehr bringt als jammern.

Wer wie wir das Reisen liebt, der gibt es nicht auf. Unser Versprechen, in 20 Jahren diese Reise noch einmal, aber klassisch von Alaska bis Feuerland, zu machen, bleibt bestehen. Das heißt mit Sicherheit nicht, dass wir 20 Jahre lang nicht reisen werden, denn die letzten Monate haben unsere Abenteuerlust erst recht geweckt. Und es warten noch viele unentdeckte Länder, Naturwunder und Kulturen auf uns – wie gut.

Wir wissen nicht, wie es weitergeht, aber wir wissen, dass es gut weitergeht!

rukka
APR
ENJOY
THE RIDE
AUCH BEI HOHEN TEMPERATUREN
GORE-TEX
Outlast
CORDURA
AFT
3M
rukka
är
system
rukka
5
year
warranty
rukka
www.rukka.com
Tel. +49 (0) 40 551 1055
Rukka AirPower Technologie
APR AirVision für Herren & APR AirVision Lady für Damen
© 2007 L-Fashion Group Oy / Rukka

»Ich habe keine Heimat und leide natürlich nicht darunter, sondern freue mich meiner Heimatlosigkeit, denn sie befreit mich von einer unnötigen Sentimentalität.«
Ödön von Horvath

Beate Block (Baujahr 69)
Uwe Rodacker (Baujahr 66)

Als wir uns vor mehr als zehn Jahren begegneten, programmierte Uwe Software für elektronische Getriebeschaltungen und langweilte sich, Beate machte sich im Direktmarketing einer Agentur Gedanken, wie man teure Kredite als Schnäppchen verkauft. Neugier traf auf Abenteuerlust, und schon ging es los: Wanderungen durch die Alpen, Fahrradtouren durch Deutschland, eine Motorradtour durch Norwegen und Schweden. Hauptsache, viel Natur und weg von der Zivilisation.

1999 war es dann endlich so weit: Wir brachen zu unserem ersten Sabbat-Jahr auf und reisten mit Rucksack durch Neuseeland, mit dem Auto durch Australien und mit dem Fahrrad durch die USA/Kanada.

Danach zog es uns Bergsüchtige in die schönste Stadt Deutschlands: nach München. Beate kehrte dem Kapitalismus den Rücken zu und wurde Lehrerin für Deutsch und Sozialkunde, Uwes Fotobegeisterung trieb ihn ins internationale Marketing von Agfa.

2004 wurden wir rückfällig. Nach einer Motorrad-Probetour durch Spanien und Marokko stand fest, dass wir unser zweites Sabbat-Jahr einlegen würden: Auf Motorrädern durch die Amerikas – Nord-, Zentral- und Südamerika. So sattelten wir unsere Bikes und zogen los.